本书受到辽宁省教育厅人文社科项目"语言类型学视角下辽宁区域东北官话与胶辽官话语法比较研究"（LJKMR20221397）的资助

| 光明社科文库 |

东北官话语法研究

张明辉◎著

光明日报出版社

图书在版编目（CIP）数据

东北官话语法研究 / 张明辉著 . -- 北京：光明日
报出版社，2022.11
ISBN 978 - 7 - 5194 - 6950 - 4

Ⅰ.①东… Ⅱ.①张… Ⅲ.①北方方言—语法—方言
研究—东北地区 Ⅳ.①H172.1

中国版本图书馆 CIP 数据核字（2022）第 230564 号

东北官话语法研究
DONGBEI GUANHUA YUFA YANJIU

著　　者：张明辉	
责任编辑：杜春荣	责任校对：阮书平
封面设计：中联华文	责任印制：曹　净

出版发行：光明日报出版社

地　　址：北京市西城区永安路 106 号，100050

电　　话：010 - 63169890（咨询），010 - 63131930（邮购）

传　　真：010 - 63131930

网　　址：http：// book. gmw. cn

E - mail：gmrbcbs@ gmw. cn

法律顾问：北京市兰台律师事务所龚柳方律师

印　　刷：三河市华东印刷有限公司

装　　订：三河市华东印刷有限公司

本书如有破损、缺页、装订错误，请与本社联系调换，电话：010-63131930

开　　本：170mm×240mm			
字　　数：245 千字		印　　张：17	
版　　次：2023 年 6 月第 1 版		印　　次：2023 年 6 月第 1 次印刷	
书　　号：ISBN 978 - 7 - 5194 - 6950 - 4			

定　　价：95.00 元

目 录
CONTENTS

第一章

绪　论

第一节　研究对象

本书研究对象为东北官话方言语法，主要是东北官话中特殊的语法现象；研究任务是对东北官话的特殊语法现象进行描写与分析，从句法、语义、语用、认知、语法化及语言共性与差异方面对其做出解释。

一、东北官话的界定

"官话方言"这个名称随着《中国语言地图集》（1987）的出版而得到学界的普遍认可，"东北官话"作为官话之一，其归属及分立问题在学界有着不同的看法。

李荣《官话方言的分区》（1985）根据入声字的归调把官话方言分为七区，其一为"北京官话"。他指出："北京官话的特性是古清音入声今分归阴平、阳平、上声、去声，与其他六区分开。（古清音声母今分归四声蕴涵古次浊入声今读去声，古全浊入声今读阳平。）东北三省有许多方言比河北更接近北京。"可见，李荣先生最初认为东北官话是归属于北京官话的方言片区。

其后，李荣《汉语方言的分区》（1989）又将"东北官话"从"北京官话"中独立出来，理由是："东北三省有许多方言比河北省更接近北京。专就古入声的清音声母字今分归阴平、阳平、上声、去声而言，东北官话区也可以划到北京官话区。考虑到东北官话区古入声的清音声母字今读上声的比北京多得多；四声调值和北京相近，但是阴平的调值比北京低；以及多数方言无［ẓ］声母（北京的［ẓ］声母读零声母［ø］）等特点，现在把东北官话区独立成一区。"

《中国语言地图集》（1987）与李荣先生划分一致，即把东北官话从北京官话中划分出来，独立成区，与北京官话、胶辽官话、中原官话等是平行的方言区。

当然，学术界也有不同的观点，以林焘（1987a）（1987b）和王福堂（1999）为代表，他们认为东北官话仍应划归北京官话。林焘提出的主要原因是东北官话与北京城区话的声韵系统没有重要差异，调类相同，调值相似，所以应归属北京官话；王福堂提出的主要原因与此类似，即"北京官话和东北官话实际上差别很小，在次方言一级加以区分就值得商榷"。

然而，新版《中国语言地图集·B1 官话之一》（2012）仍然认为东北官话是与北京官话并列的两区，书中介绍的官话方言之一即为"东北官话"，包括吉沈片、哈阜片、黑松片，主要分布在辽宁省、吉林省、黑龙江省境内的绝大部分地区和内蒙古自治区的东部地区。

鉴于学术界关于东北官话分立的分歧，本研究对此不做定论。东北官话究竟属于北京官话下属的方言小片还是与北京官话并列的方言片区，都不影响本研究的开展。无论怎么定论，都不会影响我们对其语法现象进行研究。我们依据《中国语言地图集》（2012）的划分方法，将"东北官话"作为官话之一，主要讨论其较有特色的方言语法现象。

二、研究对象

据《中国语言地图集·B1 官话之一》（2012），官话方言之·为"东北官话"，主要分布在辽宁、吉林、黑龙江境内和内蒙古与这三省毗邻的一些地区，共 198 个县市旗，分为三个方言片：吉沈片、哈阜片、黑松片。其中吉沈片主要分布于辽宁大部分地区，主要位于辽宁东部、东北、中南部地区及吉林的东部、东北及东南部地区，还有黑龙江东南角八个县市。哈阜片主要分布于吉林大部分地区，主要位于西部、西北、西南部地区和辽宁的西部、西南地区以及内蒙古自治区东部 10 个县市旗。黑松片主要分布在黑龙江省大部分地区及内蒙古自治区北部的 12 个县市旗。虽然所属行政地域较为广阔，人口数量较多，但其内部一致性强，特别是方言语法方面。因此，我们综合考虑行政地域、方言系属和人口数量等方面因素，从东北官话下辖三个方言片区分别选择部分方言点作为调查对象。吉沈片下辖蛟宁小片、通溪小片和延吉小片：蛟宁小片分布于黑龙江和吉林两省的部分县市，我们分别从这二省中选择鸡西市、舒兰市作为调查点。通溪小片分布于吉林省和辽宁省的部分县市，我们分别从这二省中选择白山市、沈阳市、本溪市、法库县作为调查点；延吉小片分布于吉林省少数几个县市，我们从中选择珲春市作为调查点。哈阜片下辖肇扶小片和长锦小片：肇扶小片分布于黑龙江和吉林两省的部分县市，我们分别从这二省中选择哈尔滨市作为调查点；长锦小片分布于吉林、辽宁二省和内蒙古自治区的部分县市旗，我们选择长春市、四平市、锦州市、新民市作为调查点。黑松片下辖嫩克小片、佳富小片和站话小片：嫩克小片分布于黑龙江省和内蒙古自治区的部分县市旗，我们分别从这二省中选择大庆市、满洲里市作为调查点；佳富小片仅包括黑龙江省部分县市，我们选择牡丹江市、汤原县、同江县作为调查点；站话小片零散分布于黑龙江省西部的几个县市的部分地区，涉及范围很小，我们选择林甸县作为调查点。

如前所述，本书的对象是东北官话 18 个方言点。但是，作为一本 20 万字左右的小书，不可能容纳这么多方言点的语料。更为重要的是，大部分方言点上的语料大同小异，没有必要一一罗列。因此，我们在普遍调查的基础上，基本选择所有方言点的共性语法现象进行描写，同时指出各点差异较大的现象。

三、研究现状

与其他官话相比，东北官话语法研究起步较晚，研究整体较为薄弱。

1978 年乔魁生《东北官话形容词的多样性和生动性》一文的发表，郭正彦
（1981）对哈尔滨方言中形容词的重叠式、动词或形容词的分裂式、特殊副词
"没""别"及助词"着""呢""啊"以及补语的结构形式这些特殊的语法
现象的归纳总结，以及 1983 年常纯民《试论东北方言程度副词》的发表，逐
渐拉开了东北官话语法研究的序幕。相继有更多的学者开始关注东北官话的
语法问题，如常纯民（1983）、徐吉润和张岐山（1983）、徐吉润（1986）、
康瑞琮（1987）。此外，王光全（1991）提出了东北官话中几种特殊的语法现
象，如动作动词贬义描摹体的四种形式，这种形式可在句中做状语、谓语和
定语，此外还谈及东北官话中的代谓词"的"以及词法方面的后缀"ting"
的问题。学术界将东北官话从北京官话中独立出来之后，东北官话方言语法
研究才受到更多学者的关注，开始大规模出现东北官话的专门性研究成果。
只是跟大多数方言研究一样，与语音、词汇的研究成果相比，东北官话语法
研究仍然处于起步阶段。但是从 1980—2020 年这 40 年中，可以看出东北官话
语法研究出现了蓬勃发展之势，研究的广度和深度都有所增加，还出版了一
本从语言和文化角度研究东北官话的著作《东北方言与文化》（王世凯，
2014）。

（一）研究的主要内容

东北官话方言词典的编撰为东北官话语法研究的兴趣和发展起到了推动
作用，比如，辽宁地区出版的许皓光、张大鸣主编的《简明东北方言词典》，
吉林地区出版的马思周、姜光辉主编的《东北方言词典》，黑龙江地区出版的
尹世超主编的《哈尔滨方言词典》。在此基础上，尹世超的《东北方言概念词
典》是对东北官话方言词汇较为全面的总结，是迄今出版的东北方言词典中
收词量最大的一部词典；而且，其所有词条按照词类和语义进行分类和排序，
所有词条标注了词性。可以说，这部词典不仅是辞书和词汇方面的研究成果，
也是东北官话语法的研究成果。上述方言词典中收录的某些方言词语引起了
学者的注意，特别是其中副词、介词及特殊方言词缀现象，引起了更多的关
注，出现了专门的某一词类的研究成果，如聂志平（2003）《黑龙江方言口语
中的介词》、尹世超（2004）《东北官话的介词》、尹世超（2010）《东北官话

的副词》等，推动了东北官话语法研究。随着这些成果的出现，学界渐渐认识到东北官话语法的某些方面确实与北京话存在差异，于是开始调查描写东北官话与北京话语法的差异之处。

总体来说，东北官话语法研究主要集中在词缀研究、词类研究和句子研究三个方面。

1. 词缀研究成果

总体来说，东北官话动词与形容词的构词词缀十分丰富多样，前人普遍认为东北官话中具有特色的动词与形容词的词缀可以分为前缀和后缀两种，这种观点几乎被所有学者认可。其实在前缀研究中的主要成果是形容词的前缀，主要集中在"稀""焦""恶""齁""贼""溜"的研究，其研究的焦点除了其与形容词性语素的组合能力、组合特点等之外，还有对其性质的争论。如林海燕（2010）认为在东北官话的口语中像"精""稀""溜"等多是形容词的前缀，但有些学者却认为这些词是和"贼"等类似的程度副词，如续文嘉（2014）根据逻辑的递归性原则，认为"稀""焦""恶""齁"是程度副词。多数学者还是赞同"稀""焦""精"等属于前缀范畴，如计超（2013）、左乃文（2016）等。后缀的研究可谓成果颇丰，论文的数量也是逐年增多，其中既有动词和形容词共有的后缀研究，也有形容词和动词特有的后缀研究。二者共有的后缀主要是单音节后缀，直接附着在动词或形容词后，如"巴""实""楞""性""叽""登""皮""气"等。聂志平是对东北官话语法研究做出很大贡献的学者之一，他（1998）列举和描写了东北官话中带后缀"实"和"楞"的双音节词语，并认为"实"和"楞"主要是动词、形容词后缀。此外，在2000年时又对后缀进行了补充，认为"性""叽""登""皮""气"等也是动词或形容词后缀。同意此观点的还有林海燕（2010）等。后来的学者又对某一个后缀做了详细的描写，并尝试与普通话进行对比，如计超（2013）、万菁（2015）。动词特有的后缀并不多，使用范围最广的是"挺"，如王光全（1991）、侯海霞（2010）。此外，计超（2013）根据哈尔滨方言中动词的强弱总结了后缀"嗒""登"等。与动词相比，形容词特有后缀相对较多，主要是构成形容词的生动形式的三音节后缀，其中"啦巴唧"

最为典型，还有与其类似的其他形式的三音节后缀，如盛丽春（2012）探讨东北官话中的多音节后缀，如"—拉巴唧、—拉古鲁、—了光当、—不溜秋"等。此外，还有由三音节后缀衍生出的变体，如庞壮国（1999）提出由"啦巴唧"词缀衍生出的三字、二字和一字的多种变体，如"啦巴唆""啦巴兹""啦巴嚓""啦巴嗖""啦乎哧""巴唧""巴啦""唧唧""巴巴""唧""巴"。还有学者认为这类词缀具有改变语义的作用，如王丹（2013）通过分析搜集到的 33 个双音节形容词后缀发现，这些后缀在与词根结合后，其意义的改变可能会呈现出以下四种变化，即与词根义相比程度加深、与词根义相比程度减弱、与词根义相比更加模糊、使词根义更具描述性。

由于东北官话中名词前缀与普通话中的前缀有很多相似之处，故与动词和形容词相比，名词前缀研究的成果不多。在名词前缀中，最有代表性的就是前缀"二"，由"二"作为前缀构成的名词能够体现出东北官话的特色。徐吉润、张岐山（1983）认为由"二"构成的名词在语义上与"二"本身会有些许的联系。计超（2013）是第一篇以东北官话词缀为研究对象的硕士论文，该论文对哈尔滨方言中的前缀做了详细的统计和说明，描写与分析了名词前缀"二"，并提出了与普通话用法存在差异的前缀"老"和"大"。将同一个词在方言与普通话中的用法进行对比，从而突出其在方言中的独特之处是多数学者进行方言词缀的研究的出发点，如何占涛（2007）以及柳英绿、盛丽春（2017）等。在名词后缀的研究中，不难发现，许多名词的后缀与动词和形容词的后缀类似，但数量却是有限的，要比动词和形容词的后缀少很多。其中能产型的后缀有"子"和"头"两种，但二者还有区别。"子"作为后缀时能产性很高，有双字格、三字格和四字格形式。对"子"作后缀归纳最完善的是孙宁（2018），他以《东北官话大辞典》作为语料库，从共时和历时两个角度对名词后缀"子"进行了描写与分析。此外，还有在"子"的基础上构成的"×子"后缀，韩梅（2010）对名词加后缀"子"整体构成的后缀"蛋子"和"球子"进行了考察和分析。而"头"做后缀时多数是改变词根的词性使其成为名词，以双字格形式为主。除"子""头"外，还有学者提出某些动词和形容词的后缀也可作为名词后缀，但构成名词的数量很少，如邱广君（1998）、李丹芏（2014）提出"巴"做名词后缀时是非能产型，只有有限的十几个。聂志平（2000）提出部分"性""登""气"可做名词的后缀。

2. 词类研究成果

东北官话中的词类研究很不平衡，有些词类成为研究焦点后，关注度很高，研究成果较为丰富，比如，动词中的虚义动词、副词中的程度副词、形容词中的形容词生动式是学者们研究的热点，相对而言，名词、代词、副词的其他小类及介词的研究成果比较薄弱，数词和量词几乎无人提及。

在东北官话动词的研究中，大部分学者首先关注的是东北官话口语中使用频率很高且词义广泛的动词，像"整""造""gǎo"等，在研究单个动词时主要是从句法、语义和语用三个角度来分析。如王波、徐亮（1997）从句法、语义和修辞等角度对东北官话的动作动词"造"做了分析，康玉斌（2002）也是如此；王凤兰（2007）从句法和功能角度对万能动词"整"进行分析；"gǎo"这个词多数学者认为其在东北官话中是有音无字的词，故对其选择哪个字作为其汉字的书写体也是学术界争论的焦点。目前来看，有的学者默认的是"搞"字，如周臣、黄文娟（2004）。但有的学者认为该音另有其字，如周美惠（2017）。常用动词也是众多学者关注的焦点，如今福（2004）、刘勇（2006）、李东侠（2017）等。在东北官话中，使用频率较高的动词之间既有相似之处，也有自己的特点，因此对比研究是动词研究中必不可少的内容，主要表现在方言与方言之间以及方言和普通话之间的对比，多数学者将"造"和"整"进行对比研究。此外，这些独特的动词与普通话的"弄""搞"也有相似之处。

在东北官话的副词研究中，程度副词是研究的重点和热点内容。纵观研究成果，各位学者先从宏观的角度对东北官话的程度副词进行总体研究，然后从微观角度对出现频率较高的程度副词进行个例研究。各位学者在对程度副词进行研究时，首先对东北地区常使用的程度副词进行界定，1983 年常纯民的《试论东北官话的程度副词》可谓是副词研究较早的一篇文章，此外还有迟永长（1996）、王小领（2009）、张倩（2015）。多数学者喜欢对使用频率较高的程度副词进行个案研究。这些副词主要有"老""贼""诚",而句法、语义和语用是研究中不可或缺的一部分,其中以单点方言为例进行分析是主要的研究手段,如杨松柠(2011)、张静文(2017)、王金艳(2015)、鲁名芯(2017)等。在副词研究中,描写与比较相结合的研究方法也是多数学者的首选,主要表现在方言与普通话之间的对比,如张兆金(2014)、毛玉梅(2014)、李冬梅和杨松柠(2014)等。此外,还有方言与其他语言之间的对比,如刘丽(2010)、王昭庆(2016)等。

在东北官话的形容词研究中,生动形式是形容词研究的重要内容。构成形容词生动形式的手段有多种,主要是词缀和重叠,还包括其他的构词方式,如黄平、于莹(2010)提出东北官话的四音格状态形容词的构词方式除附加式和重叠式外还有并列式。同样对形容词的构词方式与语义进行研究的还有蔡文婷(2006)、赵丽娜、谭宏姣(2009)、程书秋(2014)、曲建华和蔡文婷(2015)等。

在东北官话中以名词单独作为研究对象的文章并不多,最开始关于名词的研究主要是名词的构词问题,直到最近几年有学者对名词的分类进行了探究。关于名词的分类主要是结构和意义两个方面,如聂鸿英(2015)从结构和意义两个方面对东北官话的名词进行分类,将东北官话名词分为单纯词和合成词两种。在结构分类中提出了名词的词缀现象,从语音、词汇和使用三个方面探讨东北官话名词的特点,同时分析了东北官话某些名词的来源。有的学者根据名词中的后缀情况,从意义角度对名词进行分类,如孙宁(2018)在对由"子"作后缀构成的名词研究中根据意义将这些名词分为 10 类。有的学者关注名词中表人名绰号的词从而分析其在语音和构词上的特点,如刘艳(2017);还有学者着重某一类比较有特色的词汇,并与普通话的用法进行对比,如王晶(2006)。

东北官话中的代词研究与其他方言区相比起步相对较晚,其成果也是寥寥无几,虽然成果不多,但最近几年研究的角度也开始多样化。总的来看有这样几种趋势。一是代词的分类研究,最早进行东北官话的代词分类研究的是聂志平,他(1995)将黑龙江口语中代词分为代名词、情状代词、方位代词、处所代词、时间代词、情态代词共六类，并与普通话对比进行了语法范畴的描写。二是对某一个方言区的代词作总体的描写，如黄金（2009）、付元（2017）。三是对比研究，将代词与普通话或其他地区的代词做对比，体现出本地区代词的特色。其中与普通话或北京话的对比是多数学者关注的焦点，如聂志平（1995）、王爽（2012）、张锐（2015）。最近几年也有学者在研究时与其他地区做对比，如付元（2017）、孙红艳（2008）。

东北官话的介词研究一直是简单的描写，最早关于介词的介绍主要出现在与东北官话有关的各个词典中，而词典中关于介词的解释只能是对其词性和用法的简单说明，并未进行详细的描写与分析。直到聂志平（2003）将黑龙江口语中的介词按照意义分为13类，并与普通话、北京话中的介词进行对比描写，这是真正意义上的代词研究，此后，介词研究得到了关注。根据目前的研究成果可知，东北官话介词的研究主要呈两种研究趋势。一是将某一方言点的介词与北京话中的介词进行对比，这是介词研究起步阶段的共同点，通过计算东北官话与北京话中介词一致性的比例，可以看出东北官话的介词确实具有方言特色，如尹世超（2004）、聂志平（2006）、张锐（2015）。二是以某一地区的方言点为研究对象，如黄金（2009）。

3. 句子研究成果

句法与词法相比，研究成果显得寥寥无几。一方面是根据某个词的特殊用法，将其可以进入的句型进行探究，如王光全（1991）、尹世超（1999）。近些年还有一些固定句式的探究，如吴长安（2007）、陈一·刘丽艳（2014）、张洋（2016）等。另一方面是疑问句的研究，如张明辉（2012）。

（二）理论方法

理论方面：在描写方面，多数研究者运用传统语法、结构主义语法理论、三个平面语法理论，没有或者很少运用生成语法理论和认知语法理论来解释东北官话语法研究的相关问题。在解释方面，只有少数文章运用认知语言学理论，相比之下，与语言类型学理论、语法化理论以及语用学理论相结合的文章数量较少。某些文章的研究缺少系统性的理论描写，研究不够深入。根据目前方言法研究的发展趋势来看，类型学理论是进行方言语法调查的必不可少的理论依据，因此运用类型学理论来探讨东北官话语法研究有一定的意义和必要性。

方法方面：大部分文章运用"内省法""田野调查法""资料收集法""问卷调查、实地调查及自省相结合"的方法，多为共时描写，缺少对语法研究的共时差异描写以及共时比较描写。

综上所述，东北官话语法研究取得了一定的研究成果，但存在严重的不平衡现象。首先，从宏观来看，词法和句法之间存在不平衡，虽然二者的起步阶段类似，但词法的关注度远大于句法；其次，从微观来看，构词研究中词缀与重叠研究不平衡，重叠研究成果微乎其微。词类研究中各类词之间以及各个词的内部也存在不平衡，像副词研究中程度副词的成果丰富，而其他副词研究较为薄弱。

第二节　研究方法

一、调查方法

（一）利用语法调查框架进行调查

一种语言或方言语法的调查需要一定的框架，随着语言研究的发展，我们已经具有多种语法框架。

其一为共同语语法框架，即汉语普通话语法框架。随着汉语语法体系的建立，我们已经具有多部描写普通话语法系统的著作。比如，代表结构主义语法体系的《语法讲义》的语法框架即可作为方言语法调查的参照框架，项梦冰先生的《连城客家话语法研究》就是以此为语法框架观察和描写连城客家话，他认为："对单点方言语法进行比较深入的研究，需要一个工作框架。这一方面是因为需要有一个参照系，另一方面则是为了便于将来的语法比较研究。"这并不意味着我们用现有的框架去套某种方言语法，现有的语法框架只是为我们的调查工作提供一定的基础和参照，我们最终要真实反映某种方言的自身面貌。

其二为人类语言语法框架。近三十年来，语言类型学研究取得了长足的进步，著名语言类型学家伯纳德·科姆里的著作《语言共性和语言类型》由沈家煊先生翻译成汉语出版，在一定程度上推动了我国语言类型学的发展。在这本书的序言中，科姆里写道："衷心希望中国的语言学研究者能得益于这个中文译本，从中意识到世界语言的变异范围，从而能把汉语置于这个变异范围之内来考察。"这一点已经成为国内许多语言研究者的共识。在国外类型学研究的基础上，科姆里和史密斯编著了《lingua 版语言描写性研究问卷》（刘丹青译），该问卷基于对亚、非、欧、美、澳众多语言的已有调查成果，提供了较为完整的可以参考的视角，为各地语言的调查描写提供了一个尽量客观、全面和包容性强的语法框架，帮助研究者客观地调查真实的丰富的语法事实。刘丹青先生在《lingua 版语言描写性研究问卷》的基础上，重新编著了一部《语法调查研究手册》（2008），并指出该手册的作用之一是"为方言语法的调查和研究提供更具开放性、包容性的框架，便于突破现有普通话语法框架的视野局限，将方言语法的研究直接置于人类语言多样性和共性背景之下，可以借此发掘出更多的方言事实并深化方言语法的研究"。因此，我们可以深入学习并利用手册所提供的形态句法范畴框架来进行方言语法事实的调查。

其三为方言语法框架。汉语方言学在语音调查研究方面起步早，成果多，词汇调查紧随其后。可以说，这两个方面是汉语方言学的主要研究内容，不仅成果数量多、质量高，而且形成了一定的研究范式，具有学界普遍认可的《方言调查字表》和《汉语方言词汇调查条目表》。然而，与这二者相比，汉语方言语法的调查和研究起步晚，难度大，语法现象复杂多样。前人为方言语法的调查框架做出了努力，比如，李荣（1957）的《汉语方言调查手册》中涉及语法调查问题，黄伯荣（2001）的《汉语方言语法调查手册》为汉语方言语法的调查提供了提纲和例句。北京语言大学语言研究所设计了《汉语方言地图集调查手册（语法）》。刘丹青、唐正大（2003）拟定了《现代汉语方言语法语料库调查方案（暂定稿）》，后刘丹青等（2017）又于《方言》发表了《汉语方言语法调查问卷》，这是一个小型的简明语法调查方案，包括构词法与形态、词类与句法、语义与语用等方面，可以为汉语方言语法调查提供参照框架。

本书综合运用上述语法框架，但使用方式和用途并不相同。总体来说，前两种参照框架是调查和研究者掌握并悉之的框架，存在于我们的知识体系中，而最后一种语法框架为我们所用的框架。我们在深入学习并掌握结构主义语法体系的基础上，系统了解人类语言可能包括的形态、句法、范畴，认识到语法现象的多样性和复杂性。最终利用方言语法调查框架进行初步调查，并在此基础上，进一步制定更加适合调查东北官话语法的调查问卷来进一步对相关语法现象进行详细调查了解。

（二）利用录音材料进行调查

方言语法调查需要搜集和记录自然口语，常用的方法之一就是大量录音。我们选择调查点的菜市场、超市、商场等人多的地方，在买卖和交易的过程中，跟大家谈天说地，把聊天的内容都录下来。同时，让所有调查点的调查人，在日常生活中方便的时候打开录音设备，录下未经筹划的自然语言。这都是在说话人没有意识到被录音的情况下进行的，是自然真实的长篇语料，从录音中能够发现并整理出某些通过调查问卷调查不到的语法现象，是对调查问卷的有益补充。

（三）利用当地资料进行调查

大部分调查点会有具有地方特色的用当地方言编写的口头或书面资料，主要包括地方史志的相关语料和民俗语料，包括本地的俗语、谜语、歇后语、歌谣、绕口令、民间故事及曲艺等。我们以采集口头语料为主，也注意搜集地方史志中的资料，这样既可以获得一些真实的方言语法现象，还可以获取一些调查线索。此外，东北官话语法还有一个有利的调查条件，就是方言剧非常多。现存几十部由东北籍演员主演的东北题材的影视剧作品，这些作品大都反映家庭日常生活的场景，剧中有大量的人物对话，都是地道的地方话。这些方言剧具有 5 万分钟以上的音视频，是一个天然的有声语料库。我们也可以从中获取一些调查线索，对问卷调查加以补充。

二、描写方法

方言语法调查的事实需要在某个语法体系或某个语法流派及理论的指导下进行描写及解释。

本书主要采用结构主义语言学理论的研究方法对东北官话语法事实进行详细描写。我们采用结构主义语言学理论，以描写东北官话共性特征为主要目标，力求全面反映整个东北官话的语法面貌。我们并不是套用其语法框架，而是吸收其对语法事实进行分析和研究时所采用的手段和方法，以及所运用的术语和分类标准等。

其次，我们运用语言演变的理论和视角对东北官话的某些共性语法现象进行溯源性解释。在语言演变过程中，语义和语法的演变都是十分复杂的过程，包括由实到虚的过程、由虚到更虚的过程，也包括词汇化和构式化的过程。一些研究语言演变的理论和方法为我们提供了一些研究范式，本书借鉴前人的研究方法，从语法化和词汇化角度对东北官话中的某些语法现象进行描写与解释，比如，实词的虚化现象、短语的词汇化现象、成分的构式化现象等。

再次，我们还适当运用当代语言学理论对东北官话某些语法现象进行解释。本书主要运用认知语言学的隐喻、转喻、原型范畴等理论或运用语义学及语用学的焦点、预设、主观性等相关理论和方法，对某些语法现象进行解释与说明。

三、语料来源

我们这些年陆续到选定的调查点采集各种体裁的长篇语料，包括大量自由交谈的日常会话、民间故事和传说等，并通过事先设计的问卷进行有针对性的调查。总体来说，我们的语料来源主要有：（1）通过调查问卷获得的语法材料；（2）通过访谈发音人获得的语法材料；（3）大量长篇录音语料；（4）当地方言志及民俗语料；（5）方言影视剧语料；（6）各类学术期刊及出版物所刊的东北官话语法研究文献。

调查合作人主要有：

陈俊辉，男，1965 年生，鸡西市恒山区人，无长期外出经历。

庞维芹，女，1972 年生，舒兰市北城街道人，无长期外出经历。

张春子，女，1964 年生，沈阳市皇姑区人，无长期外出经历。

张玉新，男，1971 年生，本溪市明山区人，无长期外出经历。

董喜艳，女，1974 年生，法库县吉祥街道人，无长期外出经历。

王宇，男，1965 年生，珲春市靖和街道人，无长期外出经历。

杨瑞迪，女，1960 年生，哈尔滨市南岗区人，无长期外出经历。

杨贵钧，男，1962 年生，长春市南关区人，无长期外出经历。

汪彦智，男，1974 年生，四平市双辽市人，无常年外出经历。

佟辉，男，1972 年生，锦州市黑山县人，无长期外出经历

单凤云，女，1963 年生，新民市西城街道站前大街人，无长期外出经历。

董桂华，女，1967 年生，大庆市龙凤区人，无长期外出经历。

王晓红，女，1966 年生，满洲里市东北街道人，无长期外出经历。

王朝辉，女，1960 年生，牡丹江市东安区人，无长期外出经历。

赵俊彪，男，1961 年生，汤原县胜利乡人，无长期外出经历。

于宜花，女，1968 年生，同江市同江镇人，无常年外出经历。

陈自领，男，1965 年生，林甸县红旗镇人，无长期外出经历。

刘志发，男，1966 年生，白山市浑江区人，无长期外出经历。

四、体例说明

（一）用字

本字。凡可以写出本字者，采用本字。例如，表示"向旁边歪斜"义，在东北官话中音为"tsai⁴⁴"，我们写作"侧"，而不写"栽"等。

同音字。若本字不明确尚待考证者，采用同音字，并在字上加同音符号"="表示。例如，邪很、约肇巴。

表音字。表音字是指意义较虚且本字不明的字，主要用于词缀、助词、

语气词等意义较虚的字，我们的词缀采用表音字，不使用同音符号。例如，巴为某些形容词性词缀；拉为某些形容词性词缀。

有音无字。有音无字一般指没有合适的本字、表音字等可用，在文中用"口"表示并加注国际音标。例如，口 ɔ⁰是非问语气词。

（二）记音

本书一律采用国际音标记音。在行文中，读音比较特殊的字或跟普通话字形相同但读音不同的字，第一次出现时记国际音标。在记录国际音标时，送气符号采用"h"，声调采用调值标调法，一律置于音节右上角。

（三）注释

与普通话差异较大的用例在随文出现时，用下标形式给出共同语的相应说法；在例句中出现时，与普通话差异较大的例句在后面用下标形式给出共同语的相应说法。例如，头先以前、不带这样式的不能这样。

第三节　研究价值

汉语方言调查经历了70年的发展，取得了巨大的成就，方言研究硕果累累。但方言研究仍有一些问题值得我们思考。一是研究的地域不平衡，有些方言区研究历史长，成果丰富全面；而有些方言区的研究尚处于起步阶段，成果零星单一，甚至还存在尚未开始调查的方言区。二是调查的内容不平衡，语音研究多于词汇和语法研究，数量悬殊。汉语方言语法调查始于赵元任（1926）《北京、苏州、常州的语助词研究》，20世纪80年代开始，朱德熙先后发表了一系列有关方言语法的论文，正式拉开了方言语法研究的序幕。在随后的几十年中，方言语法研究取得了长足的进步，但长期以来，仍是汉语方言研究的薄弱环节。所以汉语方言语法研究具有重要价值：

第一，丰富东北官话研究。《中国语言地图集》（1987）将东北官话独立成区，给东北官话的调查研究带来了重要契机，使得东北官话方言的调查研究受到重视，引起更多研究者的关注。但是从汉语方言研究总体来看，东北官话在我国汉语方言研究中尚处于起步阶段，而其中的语法研究跟语音和词汇研究相比，也处于起步阶段。正如张振兴（2019）在《为东北官话鼓与呼》中所言："直至今天，东北官话的调查研究还处于起步阶段，需要深入探讨的问题还很多，可做的事情也很多。"可见，东北官话语法研究需要更多学者的关注，东北官话语法研究也具有重要意义。

第二，扩大邻界方言比较研究。跟东北官话关系较为密切的方言主要有两类：一是跟东北官话本有隶属关系的北京官话，二是跟东北官话有接触关系的东北境内的其他方言，主要是辽宁境内的胶辽官话和北京官话。关于东北官话是否应该从北京官话中独立出来，成为具有跟北京官话并列的官话方言是学术界曾经争论过的问题，无论是分还是合，学术界主要的考虑因素都在于方言语音方面的差异。张振兴（2019）指出："以往汉语方言分区分片，主要凭借材料储备相对丰富的语音条件，而语法、词汇方面的特点说得很少，是因为这两个方面的调查研究相对来说做得还很不够。"我们对东北官话语法现象进行调查与描写，不仅可以建立东北官话语法系统，还可以此为依据对东北官话与北京官话语法系统进行比较研究，对揭示两种官话方言之间语法方面的共性与差异性特征有着极为重要的意义和价值。此外，辽宁境内存在三种官话方言，其主要划分依据仍是语音方面的差异，词汇和语法方面的异同我们仍然缺少了解。因此，对每一种官话方言的语法系统进行充分描写既能丰富官话方言的研究成果，也能促进官话方言之间的各种比较研究，不仅有利于扩大比较研究的内容，而且有利于扩大比较研究的地域。

第三，推动语言类型学和语言库藏的研究。语言类型学的研究范式主要是先进行较大样本的跨语言或跨方言的对比和描写，从中发现并抽象蕴含共性，再通过更多语言和方言样本进行证明或证伪。东北官话语法研究为跨方言的类型学研究提供语言事实和共性规律，具有一定价值。语言库藏是一种语言或语言的某一方面所拥有的语言手段的总和（刘丹青，2012），东北官话所拥有的语法手段可以作为库藏入库，从而丰富汉语语言库藏。

第四，促进国家语言资源保护。自 2015 年中国语言资源保护工程启动以来，已有几百个方言点列入语言保护工程之中，国家正在加大力度保护民族语言和汉语方言。辽宁境内东北官话区的锦州、阜新、开原，胶辽官话区的丹东、庄河、长海，属于北京官话的建平以及两种官话边界带的盖州、海城均已列入全国第一批语保调查点，并完成调查。吉林境内的长春、吉林、梨树、洮南、白山、松原、辽源和延吉已完成调查。黑龙江境内的泰来、肇东、林口、尚志、哈尔滨、宁安、佳木斯、同江、密山、黑河、嫩江、漠河，已完成调查。其余方言点的调查研究也同样重要，因此，本课题的研究可以为国家语言资源保护做出贡献。

第二章

名 词

名词是词类成员中数量最多的一类，与名词相关的语法问题主要是名词的下位分类问题、名词的句法功能问题以及名词的语法意义问题。关于名词的分类，前人研究主要集中在名词的分类标准及层层分类的结果以及名词的特殊小类问题上。此外，汉语方言学界更加注重名词的形态手段，包括名词的派生构词形态以及名词的小称手段。下面我们主要研究东北官话名词的特殊小类问题和名词的形态手段问题。

第一节　名词的特殊小类

名词的特殊小类一般指时间词、处所词和方位。这三个小类一直是学界研究的重点，首先是这三个小类的归属问题，如黎锦熙（1924）、吕叔湘（1942）、丁声树（1956）将其归入名词的次类；赵元任（1968）、朱德熙（1982）认为其是与名词并列的三个独立的词类，今天多数学者将这三个小类归入名词内部。当然，无论时间词、处所词和方位词是否归属于名词次类，这三类词都确实具有与名词相同的功能，当然也有明显的不同。我们赞同大多数学者的观点，将这三类词归入名词，将其称为时间名词、处所名词和方位名词。不同方言名词之间的差异也会体现在这三个特殊小类上，特别是时间名词和方位名词，东北官话的时间名词和方位名词具有明显的地域色彩。

一、时间名词

关于时间名词的界定，我们采取大部分学者的观点，认为时间名词是表示时间的词和短语，包括时量短语，但不包括时间副词。我们根据郭锐（2002）划分时间名词的标准，将东北官话时间名词分为具体时间名词和抽象时间名词两大类。

具体时间名词包括一日时间名词和其他时间名词。一日时间名词指的是表示一日当中各个时段的时间名词；其他时间名词指的是表示人类一般常用的计时单位的时间名词，人类常用的计时单位主要有某年、某月、某周、某天、某时、某分、某秒，我们一般以说话者目前时间为参照点来表示这些时间。抽象名词一般包括表示时点的词和表示时段的词，一般都是借助数词和数量与具体时间名词的组合来表示的。因此，我们主要讨论具体时间名词。

（一）一日时间名词

一日时间名词指的是一天之内的某个时间，东北官话时间名词总体上分为两个大类四个小类。从天亮到天黑的一段时间，东北官话也用"白天"；从天黑到天亮的一段时间，东北官话不用"夜里"，用"下晚""晚上"。"白天"和"晚上"是两个大类，"白天"主要包括两个大的时间段：从清晨到正午十二点的一段时间，东北官话一般用"头午""头晌"；从正午十二点到日落天黑之间的一段时间，东北官话一般用"下午""下晌"；两个时间段的连接点即白天十二点左右的一段时间，东北官话一般用"中午""晌午""晌午头子"。"上午"还可以八九点钟为界线再分为两个时间段，从天将亮左右到八九点钟的一段时间，东北官话跟普通话一样用"早上"；从八九点钟到正午十二点的这段时间，东北官话用"头午""头晌"；从八九点到正午十二点中间的时间点，即大概十点钟左右的，普通话没有专门的时间词，东北官话有相应的时间词，叫"半头晌"。此外，天将亮的这段时间有专门的时间词，普通话用"清晨""清早"，东北官话没有专门的时间词，一般用"大早上"，表示比"早上"还早一点的时间，一般指四五点钟的时间。或者用描述的方式来表示这段时间，比如，"刚亮天""天刚蒙蒙亮"。"晚上"主要包括两个大的时间段：从天黑到八九点钟的这段时间，东北官话用"下晚"；从八九点钟到第二天天亮之前的一段时间，东北官话用"半夜"。"半夜"又可以分为两个时间段，从八九点钟到夜里十二点的这段时间叫"上半夜"，从夜里十二点到第二天天亮之前的这段时间叫"后半夜"，但经常统称为"半夜"，如"半夜十一点"，"半夜两点"（指的是第二天的凌晨两点），如表2-1-1所示。

表 2-1-1　东北官话常用时间词

白天	头晌	大早上、天蒙蒙亮 刚亮天、傍天亮	天将亮前后的时间
		早上、早晨［tɕʰin⁰］、早起来	天将亮到八九点钟的这段时间
		半头晌、半的二晌	从八九点钟到正午十二点中间的这段时间
		头午、头晌、头半晌	从八九点钟到正午十二点的这段时间
	晌午	晌午、晌午头（子）	白天十二点左右的时间
	下晌	下午、下晌、后半晌	从正午十二点到日落天黑的这段时间
晚上	下晚	下晚儿、晚上、下晚儿黑、下黑	从天黑到八九点钟的这段时间
	半夜	上半夜、前半夜 前半宿、头半宿	从八九点钟到夜里十二点的这段时间
		半夜、午轻半夜	夜里十二点左右的时间
		后半夜、后半宿	从夜里十二点到第二天天亮之前的这段时间

　　表中时间名词是东北官话各方言点使用的时间名词的汇总，但并不是表中所有的时间名词都在各个方言点使用。有些时间名词的使用频率高，分布地域广，比如，"早上""头午""晌午""半夜""上半夜""下半夜"是各个方言点都用的时间名词；而有些是个别方言点使用的时间名词，如"半头晌"主要在辽宁北部及黑龙江使用，"半的二晌"在靠近辽宁南部的方言点使用。"下晚"主要在东北官话的通溪小片使用，长锦小片一般用"下黑"。上述时间名词的使用也与老派和新派方言有关，比如，"下晚黑""半头晌"主要是老派在用。

东北官话一日时间名词最大的特点就是词义的概括性强，外延范围较大，模糊性强，特别是夜晚的时间名词，"下晚"的时间范围可以到夜里的十点，即夜里十点既可以属于"下晚"，也可以属于"半夜"。"半夜"更是如此，"半夜"本来指夜里十二点左右，但可以扩大到表示整个夜晚的时间。

（二）其他时间名词

其他时间名词主要指三时时间词，即基点时，基点前时、基点后时。一般会选择说话时为基点，如"现在""今天""这个星期""这个月""今年"。这些时间词是常用的基点时间词，以这些为基点的时间系统，在东北官话中表示为：

1. 以"现在"为基点

基点前时：过去、老早/老早以前（老早前儿）_{很久以前}、再早/再早以前（再早前儿）_{从前}、早前儿/早先/早头儿/头先_{以前}、才刚儿_{（刚才）}

基点时：现在、眼目前儿、眼前儿

基点后时：以后、将来、后来、赶明儿（个）_{以后}、后一气儿_{（后来）}

2. 以"今天"为基点

基点前时：昨（个）儿、前（个）儿、大前个儿、大大前个儿

基点时：今（个）儿

基点后时：明（个）儿、后（个）儿、大后个儿、大大后个儿

3. 以"这个星期"为基点

基点前时：上礼拜、大上（个）礼拜、大大上个礼拜

基点时：这礼拜

基点后时：下礼拜、大下（个）礼拜、大大下个礼拜

4. 以"这个月"为基点

基点前时：上月、大上（个）月、大大上个月

基点时：这月

基点后时：下月、大下（个）月、大大下个月

5. 以"今年"为基点

基点前时：去年、前年、大前年、大大前年

基点时：今年

基点后时：明年/来年、后年、大后年、大大后年

我们发现，东北官话表示三时时间系统的主要手段是通过在基点时的前面加前缀"上/下"或"前/后"，"上-"和"前-"表示基点前时，"下-"和"后-"表示基点后时。东北官话表示三时时间系统的第二个主要手段是在基点前时和基点后时的前面再加词缀"大""大大"和"大大大"，每远离一个时间单位，就加一个"大"，一般加到三个"大"就不再使用这种形式来表示时间。总之，"大+前/后""大+上/下"是东北官话表示三时时间系统的主要手段。

二、方位名词

东北官话的方位名词跟普通话一样也包括单纯方位名词和复合方位名词两类。单纯方位名词跟普通话一样，主要有东、南、西、北、前、后、左、右、上、下、里、外；复合方位名词由单纯方位名词两两组合而成，也可以是单纯方位名词与另一个表示方位的成分组合而成。普通话中与单纯方位名词组合的成分是表示方位的词缀"头""面""边"，如"前头""左边""南面"。东北官话的单纯方位名词也可以两两组合成复合方位名词，如"东北""里外""左右"，也可以与表示方位的成分组合，只是表示方位的成分不都是词缀，还有实词性较强的成分。

东北官话表方位的词缀只有"头""面儿"，都是轻声音节，"面"还要儿化。所有的单纯方位名词都可以与"面儿"组合构成复合方位名词，只是"上面儿""下面儿""前面儿""后面儿"的使用频率更高。与"头"构成的复合方位名词有"上头""下头""前头""后头""里头""外头"。

东北官话还有一类"头儿""边儿"，不是词缀，具有一定的实词性，读本来的读音而不是轻声。

与"头儿"组成复合方位名词的有"东头儿""南头儿""西头儿""北头儿""前头儿"，与词缀"头"搭配的单纯方位名词基本呈互补分布。"东/南/西/北+头儿"是一种复合式，带有定中关系，"头儿"与"事情的起点或

终点"义关系密切,"东头儿"带有"东这个方向的终点"之义,不仅表方位,而且突出处所义,其他也是如此。东北官话还有"大南头儿""尽东头儿"这样的说法,特别是带有"大"的说法更为常用,表达在参照物东边,且距离参照物非常远的地方。表距离参照物很远还有一种说法"大北头子""大前头子","子"具有与小称相对的大称用法,"大前头子"突出这个方位和参照物很远,至少是说话人心中觉得远。"头儿"在东北官话中十分常用,还与指示词和疑问词搭配,如"这头儿""那头儿"。

东北官话所有的单纯方位名词都可以与"边儿"组成复合方位名词,只是"左边儿""右边儿""东边儿""南边儿""西边儿""北边儿"更为常用。"边儿"不读轻声,保留一定的"边缘"义,但没有"头儿"那样强调距离远。所以一般仅表示方位用"东边儿""南边儿""西边儿""北边儿",强调距离远就用"东头儿""南头儿""西头儿""北头儿"。"边儿"老派还用"边儿拉〔lA²¹³〕","东边儿拉""前边儿拉"等。

总之,东北官话有两套方位名词系统,一般情况下东北官话方位名词的使用是有一定规律的,"东/南/西/北/左/右"一般与"边儿"组合,"前/后/上/下"一般与"头〔thou⁰〕"和"面儿"组合,新派多用"面儿",老派多用"头〔thou⁰〕"。但是东北官话还有专门用方位名词强调处所的用法,且说话人认为处所离参照点较远,用"–头儿〔thour²⁴〕",特别是老派,经常使用。

第二节 名词的构形

名词的构形形态主要是名词的小称形式,学界对小称的认识已经取得了以下共识。戴维·克里斯特尔(2000)认为:小称是指形态学用来表示一般"小"的意义的词缀,不管是按字面还是比喻(带有亲昵义)理解。曹志耘(2001)认为:"小称"的基本功能或初始功能是"指小",在"指小"的过程中，自然衍生出表示喜爱、亲昵、戏谑等功能，有时"指小"功能甚至已经不大明显了。沈明（2003）认为：小称简而言之就是表小指爱。通常认为小称主要指名词表小指爱，也有人认为某些形容词表喜爱义，某些动词表示动作短暂，某些量词表示量少，所以小称应该包括这四类词。随着小称研究的不断深入，郭中（2018）将小称总结为：是人类语言和方言中的一种显赫范畴。东北官话也有小称范畴，且以名词小称居多，而且，小称的构成手段基本一致，主要就是儿化，而不用重叠、子尾或其他手段。我们讨论东北官话名词小称的主要手段及其语义功能扩张。

一、名词小称的主要手段

东北官话中名词小称的主要手段是儿化。

王力在《汉语语法史》中说道："儿"的本义是小儿，"儿"字用作词尾，是从"小儿"的意义发展而来的，可能开始是用作小字（小名）的词尾，这种用法一直传到后代，并且认为"小称"容易发展为爱称。东北官话就是将儿尾作为小称的唯一的重要构成手段，儿尾主要表现为儿化韵而不是儿缀，因此，既可以将东北官话小称的手段统称为儿尾现象，也可以看成是变韵现象，正如《汉语方言地图集·语法卷》第053图对小称音变的分类原则。因此，我们认为东北官话名词的小称是一种形态变化。

东北官话名词小称的基本功能就是"指小"，与"指小"相对的"表大"的概念有相应的非儿化形式，我们用前后对举的形式加以表示：

称人的如：小小儿——大小伙子，小宝贝儿——大宝贝，小胖孩儿——大胖小子，小老头儿——老头子，小大人儿——挺大人，小不点儿——大高个子，小姑娘儿——大姑娘，小妹儿——大妹妹

称动物的如：小猫儿——大猫，小狗儿——大狗，小牛犊儿——大黄牛，小虫儿——大虫子；小老虎儿——大老虎，小马驹儿——大马，小鸡儿——鸡

称植物的如：小草儿——草，小树儿——大树，小树叶儿——树叶子，小树枝儿——大树枝子，小白菜儿——大白菜，小树林儿——大树林子，小米儿——大米

称事物的如：小车儿——大车，小风儿——大风，小褂儿——大褂子，小门儿——大门，小胡同儿——大街，小包子儿——大包子，小脸儿——大脸，小眼睛儿——大眼睛，小身板儿——大身板子

在指称人的名词小称中，这里的"小"主要指的是形体小（小车儿、小风儿）或者年龄小（小大人儿、小姑娘儿）等，都是一种物理方面的小。从上面的例子可以看出，东北官话名词小称即使加"小"之后也还要用"儿"来表达其小称意义，即对于体型较小的物体通常在用"小"后还要加"儿"，如小包子儿，小凳子儿，小椅子儿，小米儿等。如"小米"在东北官话中人们称"小米儿"，而且，从上述与小称相对的大称用法中，有一些是以"子"为构成手段的，如脖领子、袄袖子、裤腿子，在东北官话中都是与小称相对的大称范畴，我们想表达"指小表爱"的语法意义时，一定不能用这几种形式，如我们想表达某件衣服的袖子长短合适、恰到好处、令人满意时，可以说"（小）袄袖儿正合适"，不会说"袄袖子正合适"。相反，如果我们认为袖子或裤脚过长、过于宽大，只说"大袄袖子太长了""大裤脚子太肥了"，而不会说"（小）裤脚儿太肥了"。

刘丹青（2013）认为小称范畴可以作为汉语方言普遍显赫范畴的一个个案，显赫范畴由于在特定语言中的强大作用而对该语言的类型特征产生重要影响。可见儿化在东北官话名词小称中也可以作为一种显赫范畴而存在，从而影响其语义扩张。

二、名词小称的语义特征

小称范畴的原型语义是表"小"，但其还有其他的语义特征，如表示喜爱、亲昵等，东北官话小称也是如此，主要表达下面几种主要语义特征。

表部分：门洞儿、刀把儿、镜框儿、花边儿

表个体：这个字儿不认识、手上扎了个刺儿

表喜爱亲昵：小嘴儿、小模样儿

表轻蔑嫌弃：小白脸儿、小心眼儿、小样儿、尖嘴巴猴儿

表转指：晃儿、画儿、盖儿、托儿、挑儿、冻儿

表自指：响儿、转儿、救儿、滚儿、错儿、软儿、亮儿

可以看出，东北官话名词小称还可以表达［＋部分］、［＋个体］、［＋喜爱］、［＋轻蔑］、［＋自指］、［＋转指］的语义特征，我们可以将小称范畴具备的语义特征也看成是小称范畴的功能扩张。郭中（2018）根据 Jurafsky（1996）对小称范畴语义发展的分析，对小称范畴的显赫扩张地图作了概括。我们在此基础上，根据东北官话名词小称的语义特征，绘制小东北官话小称语义扩张地图，见图2-2-1。

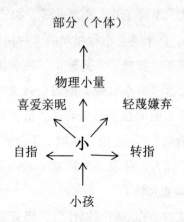

图 2-2-1 东北官话名词小称语义扩张图

从上图可见，东北官话小称范畴从名词"小孩"发展演变出表"小"的原型义，后逐渐发展引申出物理小量、主观小量、喜爱亲昵、部分、个体、轻蔑、自指、转指的语义特征。

三、小称儿化构词的手段

关于儿化词的来源，方梅（2007）认为主要有两类，一类为音变儿化，一类为小称儿化。东北官话都用儿化来表小称，就是一种小称儿化的方式，则东北官话小称构词手段总体上可称为"儿化构词"。上述总结出来的八类语义特征中，儿化构词的方式总要有两种手段：

（一）派生手段

派生手段即改变词汇意义，构成新词，是一种构词形态。表达下列语义

特征的小称范畴由派生手段构成：

1. 物理小量

儿化形式与非儿化形式在指称意义上有差别，儿化形式指称物理属性小的人、动物、植物及事物等，如上述的"猫儿、草儿、车儿"等。

2. 主观小量

儿化形式与非儿化形式在量上有差别，儿化形式的词汇意义弱化，即主观小量。这些主观小量带有轻松的语气，带着喜爱甚至亲昵的色彩，或者带有轻蔑、嫌弃的色彩，即产生了新的语用意义，如上述的"脸儿、嘴儿、头儿、宝贝儿、小样儿、小白脸儿"等。

3. 部分（个体）

儿化形式与非儿化形式在指称功能上有差别，非儿化形式用于指称无指和类指名词，儿化形式用于指称个体名词，如"这个字儿写错了"中的"字儿"。

4. 转指标记

儿化形式与非儿化形式在量上的差别进一步扩大，儿化形式的词汇意义进一步弱化甚至从一个范畴转移到另一个范畴，构成了新词，如"盖儿、挑儿、卷儿"等都通过儿化形式构成了新的名词。

（二）屈折手段

屈折手段即不改变词汇意义，仅改变语法形式，是一种句法形态。东北官话仅自指功能的小称形式由屈折手段构成。如"响儿、转儿、好儿"等。

可以看出，东北官话的儿化小称形式已经都发展为非独立音节，既有构词形态，又有句法形态，即表示客观小量，又表示主观小量。

四、小称范畴是由隐喻和转喻构成的原型范畴

雷容（2017）认为小称演变的语义机制包括隐喻、推理和泛化三方面，据我们的考察，东北官话小称的语义机制主要包括隐喻和转喻两个方面。

据近些年认知语言学的研究成果，人类的范畴是原型范畴，范畴内部成员之间的思维模式主要有隐喻和转喻两种。隐喻简而言之是两个认知域的映射，目标域带有始源域的原型特征，二者具有相似性。转喻简而言之是同一个认知域中用一个实体指代另一个实体，二者具有相关性。

东北官话小称的语义范畴也是一个原型范畴，成员之间靠隐喻和转喻思维方式联系在一起。"儿"由"小孩"到表物理小量和主观小量都是一种隐喻模式，表部分和个体也是一种"小"。自指标记和转指标记都是转喻模式，用事物代替相关的动作。

刘丹青（2013）曾指出，汉语方言中表达小称的形式手段主要有：儿化、儿缀、变韵、变调、"子、仔、唧、啦、崽、嘀"等"子"系后缀及其他来源的后缀、重叠六种方式。东北官话名词小称与其他方言相比的主要手段是儿化，并不具备其他方言如山西方言的重叠形式以及"子、仔、崽"等子尾形式。"子"尾或"子"缀在东北官话中存在，但是其小称意味已经逐渐弱化，正如林霞（2002）指出：在唐代，"—子"已经完全虚化，成为一个构词能力很强的词尾，指小的意义已经很难看到了，并且认为"—子"随着词缀化程度的增高，原有的小称意味逐渐淡化，接替它的"指小"功能的是"—儿"。刘丹青（2013）也认为："子""儿"本义相近，均表后代，不过子缀在很多方言中与儿缀、儿化或重叠名词小称的手段等共存并形成语义对立，小称作用减弱。以上是东北官话名词小称相较其他方言的显著特点。

总之，小称范畴作为一种跨方言的显赫范畴在东北官话中也同样存在。从小称的构成形式来看：东北官话名词小称的主要手段是儿化，且这种小称儿化都是非独立音节，包括派生和屈折两种构成手段，既是构词形态，又是句法形态。从小称的语义范畴来看，东北官话小称主要表达物理小量、主观小量、部分（个体）、喜爱亲昵、轻蔑嫌弃、转指功能、自指功能的语义特征。历史上曾经与"儿"同样表"小"的"子"尾，在东北官话中不仅不表小称，且经常作为与小称对立的大称手段，如"裤脚儿—裤脚子"，前者表小，后者表大。

第三节 领属结构

领属结构是与名词性词语相关的一种结构，也是名词性短语的调查框架之一。领属（possession）是一种语义范畴，反映人类社会及人所识解的自然界中广泛存在的一种基本关系，表示主体对客体的一种广义的拥有关系（刘丹青，2013）。近年来，汉语领属结构引起了学术界的关注，《汉语方言领属范畴研究》（陶寰，盛益民；2019）一书专门讨论汉语方言中的领属结构。从功能角度来说，领属又可以分为定语领属（attributive possession）、谓词性领属（predicative possession）和外部领属（external possession）（吴早生 2011）。东北官话也有这些领属关系。例如：

（1）我钢笔搁家呢。（定语领属）

（2）我有个钢笔。（谓词性领属）

（3）我丢了个钢笔。（外部领属）

谓词性领属和外部领属跟普通话基本相同，定语领属具有东北官话特色，本书讨论定语领属。定语领属从语义角度来说，典型的领属关系包括所有权关系（ownership）、亲属关系（kinship）和整体-部分关系（whole-part）（张敏，1998）。盛益民等（2013：248）指出，除了所有权关系、亲属关系和整体-部分关系是领属关系最核心的语义之外，社会关系的领有、处所的领有也可以视为领属关系。各类领属关系都由某些领属结构来表示，本书将考察东北官话领属结构的类型及其所表达的领属关系的构成方式，并全面总结领属结构的连用规律。

一、领属结构类型

领属结构主要包括领有者和被领有者两部分，汉语名词短语最根本的特点是所有定语一律前置于核心名词（刘丹青，2012），东北官话也是如此。根据领有者和被领有者之间是否有领属标记以及标记形式的不同，东北官话名词性领属结构主要有五种类型：一是"领有者+被领有者"；二是"领有者+的+被领有者"；三是"领有者+他/您+被领有者"；四是"领有者+这/那+被领有者"；五是"领有者+家+被领有者"。每个领属标记词都有自己的使用语境，表示不同的领属意义。

（一）领有者+被领有者

领有者和被领有者直接组合也称为并置式，或无标记领属结构，是东北官话领属结构的主要类型，可以表达下列领属关系：

1. 亲属关系领属

领有者和被领有者直接组合表亲属关系领属是有限制的，要求领有者一定是人称代词，而不能是指人名词，且人称代词一定是单数形式，表示单数意义，只有下面例（4a）的说法，而没有例（4b）的说法。例如：

（4a）我爸 我大舅 我干妈 你奶 你姥爷 他大哥 他老妹妹

＊（4b）我们爸 我们大舅 我们干妈 你们奶 你们姥爷 他们大哥
他们老妹妹

没有血缘关系的亲属称谓如"孙姨""刘姐"等作为被领有者时，也用这种领属形式。例如：

（5）我孙姨 你贾姨父 你刘姐

被领有者可以是一般的亲属称谓语，也可以是表示亲属关系的疑问代词。例如：

（6）他是你啥人 他是你的什么人

人称代词的复数形式出现了合音现象，在一些北方方言中普遍存在，"我们""你们""他们"合音为"俺""恁""您"。这些合音词在很多方言中出现了单数化现象，特别是在领格位置上，且可以领属亲属谓称语。东北官话也有这种合音现象，这类合音词也主要用于领格，但不能领属亲属称谓语，没有下列说法：

＊（7）俺爸 俺大舅 俺干妈 恁奶 恁姥爷 他大哥 他老妹妹

即使交谈双方为亲兄弟、姐妹，一方指称双方共同的亲属如父亲时，虽明显表达的是复数意义的领属（双方共同所有），也用单数形式，说"我爸""我妈"，而不是"我们爸""俺妈"，也没有"咱爸""咱妈"的说法。例如：

（8）你说我爸_{我们的爸爸}愿意在家过生日，还是想出去过？

在某些北方官话中是有例（7）这类说法的，且专用这种说法。笔者调查过的大连方言属于胶辽官话，以人称代词做领格，被领有者为亲属称谓语时，用（7）的说法，只是第二人称的复数合音形式在大连话中用"喃［nan²¹⁴］"。此外，葛娜娜（2018）考察了山东临沂话第一人称和第二人称的领格分别用"俺""恁"，也是复数形式的合音，区别于单数的"我"和"你"，用复数领格表示单数意义。陈玉洁（2008）考察了汕头方言、吴江方言、闽南方言、厦门话、西安话、太原话等方言中的领属语位置上复数形式表示单数化的现象，认为以亲属称谓为核心名词的领属结构中单数化最为彻底。

可见，以人称代词复数形式作领格，领属亲属称谓的现象是汉语方言的主要用法，然而东北官话并非如此，而是以人称代词的单数形式作为领格，领属亲属称谓。

2. 社会关系/社会机构领属

领有者和被领有者直接组合表社会关系或社会机构领属也是有限制的，要求领有者一定是人称代词，而不能是指人名词，且人称代词一定是复数形式，表单数意义。例如：

（9）恁老师 恁同事 他工友 俺领导 俺邻居 他同学

东北官话人称代词的复数形式作领格主要用合音形式"恁［nin²¹⁴］_{你们}""俺_{我们}""他_{他们}"。虽然用复数形式，但也发生了单数化。例如：

（10）恁老师教咋样？_{你老师教得怎么样？}

被领有者表示社会机构也是一样。例如：

(11) 恁单位 恁学校 怹厂子 俺车间 恁公司

陈玉洁（2008）认为汉语方言中大量存在领者位置上使用人称代词复数形式表示单数意义的现象。东北官话也是如此，当被领有者是社会关系、社会机构的名词语时，充当领有者的人称代词一定是复数形式，表单数意义。但是，东北官话仅是表社会关系、社会机构的被领有者才用复数形式，亲属称谓不用复数形式。可以看出，东北官话与陈玉洁的观察有相同之处，也有所差异。葛娜娜（2018）指出北方方言也有使用复数形式指单数领属语的方言，但是复数形式限于第一、第二人称的"俺""恁"，第三人称仍用单数"他"。东北官话的情况并不是完全这样，不仅第一人称和第二人称有专门的复数形式的领格，第三人称也有专门的复数领格"怹"。

3. 所有权关系领属

领有者和被领有者直接组合表所有权关系的类型较为丰富，领有者可以为所有的指人名词，包括陆俭明（1993：72-94）总结的所有指人名词，他将指人名词分为四类六组，下面例（12）到例（15）分别对应陆先生的四类指人名词。例如：

(12) 大宝眼镜找不着了。老王钥匙给谁了？

(13) 王主任电脑打不开了。刘师傅手机搁他桌子上呢。

(14) 老太太腿脚不咋好。去学生宿舍检查卫生。

(15) 你雨伞给你拿着了？我手机哪去了？_{我手机在哪?}

所有权关系既可以用这类不带领属标记的直接组合式，也可以用带领属标记的领属结构，我们将在下面讨论。

有些关系既可以看成是社会关系，也可以看成是所有权关系，取决于说话人的心理认知，相应地会采用不同的领属形式。如"你那口子_{爱人}搁哪上班"，在东北官话中的"那口子"既是一种社会关系，也可以是一种所有权关系，夫妻双方互相领有。表所有权关系用"你那口子"，表社会关系用"恁那口子"。

4. 整体-部分关系领属

"整体-部分"关系属于不可让渡的领属关系,指中心名词与领属定语在现实世界里有不可分离的关系(刘丹青,2006:34),在形式上也表现为领有者与被领有者结合紧密,直接组合,不需要领属标记词。例如:

(16) <u>她脚</u>比<u>她妈脚</u>都大了。<u>老王手</u>让开水烫了一下。<u>那孩子腿</u>也太长了。

这类也可以用带有领属标记的领属结构,下文详述。

5. 空间、时间领属

当被领有者是表示空间或时间的名词性成分时,领有者可以是处所名词或时间名词,也可以是任何指人名词(陆俭明,1993:72-94),一般都直接领属,不用领属标记词。例如:

(17) 昨晚上 明年正月 大连冬天 过道两边 学校门口

(18) 大宝身边 厂子里头 老师前面 我脚底下

即便是"处所名词+时间名词"构成的领属结构也不用标记词,例如:

(19) <u>大连冬天</u>不冷,有时候还下雨。

(二) 领有者+的+被领有者

刘丹青(2013)指出,在领属标记中,汉语各方言最常见的是"泛指领属标记、量词、指示词"三种,其中泛指标记最为常见,可用于领属结构,也可用于一般的定语标记、关系从句标记等,并且随方言而有所不同,如普通话和不少北方方言中的"的"即是其中一类。东北官话也用"的",只是多数情况不用,用"的"和不用"的"若仅有语用和功能差异而无关结构是否正确的情况,我们不看成是这类"的"字领属结构的成员。我们仅讨论一定要加"的"或一般情况下都加"的"的结构。

"领有者+的+被领有者"中的"领有者"有两类:一类领有者一定为一个领属结构,另一类领有者可以为非领属结构。前者主要包括上述第一种和第二种情况,后者主要包括以下几种情况,例如:

1. 领有者（领有者+亲属称谓/社会关系）+的+亲属称谓

（1）你爸的大舅就是你舅爷，搁沈阳来了。

（2）你姥爷的姐和姐夫那时候都是翻译。

（3）这是你王叔的大姐。

（4）你二姐的老婆婆也搁这两溜儿住。

（5）恁同学的爸妈我一个都不认识。

（6）那个女的就是俺领导的妹妹。

2. 领有者（领有者+亲属称谓/社会关系）+的+社会关系

（7）他是你爸的老师。

（8）我姐的同学几乎都当老师了。

（9）恁老师的老师不搁这了，调外地去了。

（10）这不是您同学的朋友开的那个店吗？

3. 领有者+的+所有权关系

这类一般要用"的"领属的结构中的领有者为指人名词，而不是人称代词，人称代词一般用直接领属的结构。例如：

（11）你穿错了吧？你穿的是老张的棉袄吧？

（12）这就是王主任的车，你开着去吧。

（三）领有者+他/恁+被领有者

刘丹青（2012：14）认为，汉语中存在一些正在虚化或尚未严重虚化的兼用定语标记，主要有北方话口语中的指示词、第三人称单数代词、指量短语和数量结构等。东北官话就存在第三人称单数代词作领属标记的现象，而且，不仅是单数代词"他"，第三人称复数代词"恁"也作为领属标记，用于下面两种类型的领属关系中。

1. 亲属关系领属

这类领属结构中的领有者不能是人称代词，只能是指人名词。领有者本身还可以是一个由"领有者+被领有者"构成的领属结构。领属标记词用

"他"，虽然"他"是单数形式，但领有者可以是单数形式，也可以是复数形式。例如：

（1） 小王他爸 大宝她姥 双胞胎他妈 王厂长他姐 张老师他老姑

我姐他老婆婆 我姑父他爸

这些领属结构可以自由地做主宾语或定语。前面讨论无标记领属结构时说过，当亲属关系的领有者为人称代词时，一定用无标记形式；此处，我们知道当亲属关系的领有者为指人名词时，一定用有标记形式，再如：

（2） 小王他爸是俺们物理老师。

（3） 双胞胎他妈的票我也给买了。

这里的"他"读音比用作人称代词时短而轻，且有附着于后面被领有的亲属称谓词的趋势，是一种语音弱化，语义淡化的表现。特别是例（3），其领有者是复数名词，并不能用"他"来指代，因此，从这个领属结构中可以看出"他"的语法化性质。究其语法化来源很可能是重新分析的结果，"指人名词+他"本是一个同位结构，"他"指代前面的名词，当这个结构的后面再出现一个亲属称谓语，整个结构的语义重心发生了变化，后面的名词成为核心成分，"他"的指代性弱化。

但是，现在整个结构虽然是领属结构，但"他"还保留着一定的指示性，这类领属结构还经常省略前面的领有成分，变为下列说法：

（2'） 他爸是俺们物理老师。

（3'） 他妈的票我也给买了。

这类用法只能出现于一定语境中，在语义明确的情况下使用，可以看出"他"还保留着一定的指示性。只是在东北官话中，只要领有者不是人称代词而是其他指人名词，都要用"他"作为领属标记的领属结构。

2. 社会关系/社会机构领属

这类领属结构的领有者也不能是人称代词，只能用指人名词，领有者本身还可以是一个由"领有者+被领有者"构成的领属结构。

领属标志一般用复数人称代词"您",领有者一般为单数形式。例如：

　　（4）小明您老师 我姐您同事 老李您朋友 我姑娘您同学
　　（5）老张您家 我妹妹您学校 俺同学您单位 王师傅您厂子

"您"是复数形式,表示单数意义。"指人名词+您"不能构成同位结构,"您"没有明显的指代作用,比"他"的虚化程度更高,更倾向于分析为领属标记。

这类领属结构只能用于这两种领属关系中。

（四）领有者+这/那+被领有者

刘丹青（2002）区分了指示词发达型语言和量词发达型语言。北方话作为指示词显赫的方言,很多方言的领属结构中用指示词作为领属标志。并认为指示词兼作领属标记的情况已大量见于北京话写作的书面作品中（刘丹青,2005）。东北官话也是一种用指示词作为领属标记的方言,而且"这""那"都可以充当领属标记,并不像某些方言只有"那"才是领属标志（陈玉洁,2010）。"这""那"用为领属标志,读音为"[tʂei⁵¹]""[nei⁵¹]",但语音弱化,表现为轻读。虽然指称意义和指称距离都有一定程度的弱化,但这类领属结构具有两个显著特点,与其他领属结构的语法意义不同：第一,这类领属结构兼表定指,"这""那"同时也是定指标记；第二,这类领属结构具有评价功能,带有主观情态,可以用于所有表示领属的语义类别。可见,"这""那"在东北官话中还没有完全虚化为真正的领属标记,具有较为丰富的功能。

　1. 亲属关系领属

领有者可以是任何指人名词,也可以是人称代词,也可以是一个领属结构。领属标记可以是单独指示词,也可以是指量短语。例如：

　　（1）你这儿子可太厉害了,学习老好了。
　　（2）小张那二姨是个人物,这一堆一块没有不认识她的。
　　（3）你知道她是谁不？她可是王会计那媳妇,你可别惹,老吓
人了。

（4）就我二表姐那个爸，可别指望了。

可以看出，这类领属结构都表达了说话人一定的情感态度，或肯定或否定，略带一种夸张的语气，并不是单纯的陈述。例（1）和例（2）表达了说话人对领属结构中被领有者的肯定，而例（3）和例（4）则是对被领有者的否定。而且，"这""那"还可以与量词组成指量短语一起作领属标记，与量词组合，体现了"那"的指示词性质。但"那个"整体在这里并不起指称作用，没有"这个爸"与其相对，表领属，兼表定指，带量词是对定指物的强调。"这/那+个"没有"这/那"的虚化程度高。

2. 社会关系/社会机构领属

领有者可以是人称代词及所有指人名词，也可以是一个领属结构。例如：

（1）他这朋友愿意帮忙。

（2）大宝那同学不是在银行上班吗？找他问问。

（3）老王这同事挺有意思啊。

（4）这就是张大爷那球友。

（5）你那公司叫啥来着？

（6）老张那厂子都生产啥玩意儿？

（7）恁这小区还挺干净的呢。

（8）我二姨那小卖部开得还挺好哈。

3. 所有权关系领属

被领有者可以是具体事物，也可以是抽象事物，表所有权关系是这类领属结构最常见的用法。例如：

（1）我那班上不上都行。

（2）小王这口罩这好看呢，搁哪买的？

（3）王老师这字写得真好看。

（4）他这想法也不奇怪。

（5）你这眼镜不能这么放着，容易掉地下。

（6）我去买票，帮我瞅一眼我那包。

4. 整体-部分关系领属

这类领属表示一种不可让渡的领属关系，被领有者与领属者之间在现实世界里有不可分离的关系。这种关系可以用不带有领属标记的结构，上文已经详述；也可以用带领属标记"这/那"的领属结构。只是二者语法意义有所不同，前者是单纯的领属关系，后者还兼表定指，突显被领有成分。例如：

（7）她那脚比她妈脚都大了。

（8）你这脸上画的啥呀？

（9）大东那牙得矫正吧。

（五）领有者+家+被领有者

"家"本来是一个处所名词，《说文解字》："家，居也。""家"的本义是居住处所，并引申出其他词义和用法，还经历了语法化，成为表示语法意义的功能词，主要表现在汉语方言中。

"家"的功能词用法主要有两种：一是作为复数标记。"家"在吴方言中出现了复数标记的用法（谢自立，1982；张惠英，1995；戴昭铭，2000；游汝杰，2003；盛益民，2013），盛益民（2013：213）指出"家"义处所词是北部吴语人称代词复数标记的来源，"家"作复数标记同"家"表处所的用法之间存在关联。"家"在河北、洒南（严修鸿，1998）、山西（乔全生，2000）、陕北晋语（邢向东，2006）、西安（孙立新，2007）都有复数标记用法。二是作为领属标记。吕叔湘（1985）指出，出现在代词语尾的"家"有作领格用的，"家"在句中可以作实字，按照原来的意义讲。江蓝生（1999）认为汉语史上领格的"所""许"最可能是源自处所名词。这两位先生旨在说明汉语史上从处所词到领格标记词是一条可能的语法化路径。事实上，现代汉语方言中确实保留或体现着这种演变路径，从现有研究成果可以看出某些方言中的"家"具有领格用法，如云南建水方言（张宁，1986）、安徽泾县方言（伍巍，1995）、客家话（严修鸿，1998）、陕西神木方言（邢向东，2002）、山西临汾方言（贾春梅，2010）、山西河曲（张子华，2014）、陕西周至（孙立新、魏燕，2015）。

东北官话的"家"并没有虚化为领属标记,"领有者+家+被领有者"中的"家"读音没有变化,也没有与前面的领有者发生合音,具有一定的领属功能,但仍具有一定表"家庭"的实义。这类领属结构在东北官话中的使用也是有一定的限制的,而且在有些场合具有使用的最优性。与不用"家"的"领有者+被领有者"这类直接领属结构相比,多了对"家庭"的突显,反映了在东北地域文化中,"家庭"的概念仍是过去的大家庭概念,而不是现在的三口之家的概念。

这类领属结构的领有者可以是人称代词,且一定是复数形式;也可以是其他指人名词。可以用于下列领属关系:

1. 亲属关系领属

被领有者不是一般的亲属称谓,而是家庭成员在家庭中的角色称谓,且一般不是领有者的直系亲属,而是夫妻双方中另一方的直系亲属。被领有者在东北官话都是背称,而不是面称。被领有者还可以是家庭成员的名字,我们也放到亲属关系这一类。例如:

(1) 恁家小叔子搁哪上班?

(2) 偬家老婆婆老厉害了。

(3) 俺家孩子上初二了。

(4) 老徐家姑娘找对象了。

(5) 你孙姨家儿媳妇开车拉我们去。

(6) 你家然然都学啥了?

"老婆婆""小叔子""儿子""儿媳妇""孩子"等都是家庭成员的角色称谓,特别是在传统的大家庭中,这些人都是一个大家庭的主要成员。"然然"是家庭成员的名字,也是家庭成员的具体表现形式,与家庭成员角色所指相同。一般在以这些名词为被领有者时,都优先选用"领有者+家+被领有者"类领属结构,其次用"领有者+被领有者"结构。

这类领属结构既可以是对配偶或晚辈的领属,也可以是对长辈的领属,这与普通话和某些方言中"家"作领属标记仅用于配偶或晚辈的领属不同(唐正大,2014)。

2. 所有权关系领属

领有者可以是指人名词，也可以是人称代词，一般都是复数形式。即使家庭成员只有一个人，也用人称代词的复数形式。被领有者一般是一个家庭可能拥有的所有物。例如：

（7）怹家电视放哪屋？

（8）恁家车回来了

（9）俺家客厅老大了。

（10）郝姨家小狗找不着了。

3. 其他领属

除了上述常规用法中的亲属关系领属和所有权关系领属之外，被领属者还可以是一切人和事物，但不是常规用法，具有特殊表达效果。例如：

（11）恁家太阳从西边升起啊？太阳不是从西边升起。

（12）恁家大连是辽宁省省会啊？大连不是辽宁省省会。

（13）恁家自行车道长这样？自行车道不是这样的。

上述 3 例中的被领有者既不是家庭成员，也不是领有者的所有物，本不能用"家"来作为领属标记，而用"家"领属就导致句式产生了新的句式义。整个领属结构带有假设义，假设这个领属关系是成立的，并由这个领属结构作为话题主语，陈述一个明显错误的结论，从而用反问的语气表达否定之义，一般是对交谈中另一方言论的否定。这个特殊的否定结构也可以重新分析，"恁家太阳｜从西边升起啊"重新分析为"恁家｜太阳从西边升起啊"，"太阳"由原来的被领有者所充当的中心语重新分析为"从西边升起"的主语，构成了一个主谓结构，"恁家"由原来的"领有者和领有标记的关系"重新分析为一个表示否定的话语标记词，"恁家"作为一个标记词位于句首，表示对句子的否定。

综上所述，我们可以看出领格这个位置若为人称代词，都是用人称代词的复数形式，而且，即使家庭成员只有一个人，也用人称代词的复数形式。此外，被领有者还可以是一切事物，包括不可能被某个领有者所领有的事物，如"太阳""大连"等，可能会导致我们要对这个结构进行重新分析。总之，东北官话"领有者+家+被领有者"中的"家"具有一定的领属标记性质，但被领有者仍然是家庭范围内的成员，没有脱离"家"的实义的限制；但同时也出现了被领有者为单数而领有者仍为复数形式的领属结构，可以看出复数形式的人称代词作为领属格，则后面的"家"应该具有领属标记的性质。而且，"家"类领属结构的领有者还可以领有不可能属于家庭范围内的人或事物，这也可以看出"家"已经出现了进一步虚化，不含实义的领属标记用法。因此，我们认为东北官话中的"家"只是开始语法化，还没有成为领属标记词。

（六）领属结构与领属关系的对应关系

上文全面分析了东北官话领属结构的五种类型，并总结了每种类型可以表达的领属关系。下面我们总结全部领属结构与全部领属关系之间的对应关系，详见表2-3-1。

表2-3-1　东北官话领属结构与领属关系之间的对应关系

领属意义	无标记	"的"标记	"他/怹"标记	"这/那"标记	"家"标记
亲属关系领属	+	+	+	+	+
社会关系/社会机构领属	+	+	+	+	－
所有权领属	+	+	－	+	+
整体-部分领属	+	－	－	+	－
时空领属	+	－	－	－	－

可以看出，"领有者+被领有者"这种无标记领属结构是东北官话表达领属关系的主要手段，"领有者+这/那+被领有者"也是一种表达领属关系的常见手段。

二、领属结构连用

领属结构连用指的是连续使用2个及2个以上领属结构的现象，如普通话的"我妈妈的同事""我房间那桌子""父亲的父亲的父亲"等。有学者对这类连用现象进行研究，如陆俭明（1999：72）对普通话中连续使用 2 个由指人名词作领属定语的领属结构进行了研究。我们也将对东北官话领属结构连用现象进行描写，总结其连用规律。从东北官话中领属结构连用的现象来看，一般最多连用 3 个领属结构，因此，我们对 3 个领属结构连用现象进行总结。我们将东北官话中存在的五类领属结构"领有者+被领有者""领有者+的+被领有者""领有者+他/您+被领有者""领有者+这/那+被领有者""领有者+家+被领有者"分别用 A、B、C、D、E 表示，下面总结连用时的语序类型：

（一）以 A 为第一个领属结构

A 式作为第一个领属定语可以与其他几种形式连用，是所有连用形式中形式最为丰富的类型。其中第二个领属结构仍为 A 式的类型最为丰富，见表 2-3-2 第一行；而第二个领属结构为 B 式的类型最少，见第二行；以 C 式作为第三个领属结构的形式最少，见 C 列。A 式为第一个领属结构可能构成的领属结构的连用形式见表 2-3-2。

表 2-3-2　东北官话以 A 式开头的领属结构连用的常见语序

A	A	B	C	D	E
A	AAA	AAB	AAC	AAD	AAE
B		ABB			
C		ACB		ACD	ACE
D		ADB		ADD	ADE
E	AEA			AED	

下面分别举例：

AAA：我姐电脑主板坏了。

AAB：我哥同学的弟弟正好和我搁一个班。

AAC：俺单位王会计他媳妇可漂亮了。

AAD：这不就是你二叔朋友那厂子生产的吗？

AAE：我们班新来的孩子好像就是我二叔朋友家孩子。

ABB：你奶奶的弟弟的媳妇你得叫舅奶。

ACB：你王叔他媳妇的哥给咱帮了大忙。

ACD：你老姑他老婆婆那小卖部就搁恁学校边上。

ACE：你爸您同事家孩子都是大学生。

ADB：你哥那厂子的保洁员不干了啊？

ADD：恁单位这院子这绿化整挺好。

ADE：我姐那闺蜜家孩子可懂事了。

AEA：我姐家客厅沙发都是定做的。

AED：我姐家客厅那沙发都是定做的。

（二）以 C 为第一个领属结构

以 C 式开头的领属结构中不能再出现 C 式，见表 2-3-3C 行和 C 列。C 式为第一个领属结构可能构成的领属结构的连用语序详见表 2-3-3。

表 2-3-3 东北官话以 C 式开头的领属结构连用的常见语序

C	A	B	C	D	E
A		CAB		CAD	CAE
B	CBA	CBB		CBD	CBE
C					
D	CDA	CDB		CDD	CDE
E		CEB		CED	

下面分别举例：

CAB：东东您学校老师的责任心都老强了。

CAD：东东您学校老师这责任心可真强。

CAE：东东您学校老师家孩子都可爱学习了。

CBA：这是老王您单位的员工寝室。

CBB：东东她姥的姐姐的老家在山区。

CBD：二姐您公司的领导那小车停俺小区了。

CBE：二叔他媳妇的二哥家孩子就在我们那小学。

CDA：东东您学校那小门旁边就有个文具店。

CDB：六六您学校那操场的跑道是新修的。

CDD：老李您单位那王主任那本事可老大了。

CDE：二哥您厂子那保安家孩子考上大学了。

CEB：二姐您同事家孩子的书包搁哪买的这好看。

CED：二姐您同事家孩子那书包搁哪买的这好看。

（三）以 D 为第一个领属结构

以 D 式开头的领属结构连用十分有限，且规律性强，以 D 式为开头的领属结构，其中间的领属结构只能是 B 式或 E 式，见表 2-3-4 的 B 行和 E 行；最后的领属结构只能是 B 式、D 式或 E 式，见 B 列、D 列和 E 列，详见表 2-3-4。

表 2-3-4　东北官话以 D 式开头的领属结构连用的常见语序

D	A	B	C	D	E
A					
B		DBB		DBD	DBE
C					
D					
E		DEB		DED	

下面分别举例：

DBB：他那朋友的媳妇的娘家是不开厂子的？

DBD：他那朋友的媳妇那能力一般人比不了。

DBE：你那朋友的哥哥家孩子现在当大夫了。

DEB：你那朋友家孩子的成绩在我们班数一数二。

DED：你那朋友家孩子那智商真不是一般地高。

（四）以 E 为第一个领属结构

以 E 式开头的领属结构的连用也十分有限，且规律性更强，以 E 式为开头的领属结构，其中间的领属结构只能是 B 式或 D 式，见表 2-3-5 的 B 行和

D 行；最后的领属结构只能是 B 式、D 式或 E 式，见 B 列、D 列和 E 列。且所有形式的语序呈现平行对称的特点，具体见表2-3-5。

表 2-3-5　东北官话以 E 式开头的领属结构连用的常见语序

E	A	B	C	D	E
A					
B		EBB		EBD	EBE
C					
D		EDB		EDD	EDE
E					

下面分别举例：

EBB：你家小叔子的对象的姐姐我也认识。

EBD：你家小叔子的对象那脾气谁能受得了啊。

EBE：这是你家小叔子的哥们家孩子。

EDB：你家小叔子那厂子的利润咋样？

EDD：你家小叔子那对象那脾气没人受得了。

EDE：你家小叔子那干妈家孩子老有出息了。

综上所述，东北官话领属结构连用的规律及特点主要如下。第一，东北官话领属结构连用的开头主要是 A 式，其次是 C 式，以 D 式和 E 式开头的连用形式较少，而没有以 B 式为开头的连用形式。第二，东北官话领属结构连用的中间结构主要是 B 式和 D 式，以任何结构为开头的连用都有以 B 式和 D 式为中间结构的连用形式，且以 D 式和 E 式为开头时，仅有以 B 式和 D 式为中间结构的连用形式。第三，东北官话领属结构连用的末尾结构主要是 B 式、D 式和 E 式，除以 A 为开头的连用结构外，以其他形式开头的连用都没有以 C 式结尾的形式，除以 A 式和 C 式开头的连用结构外，以其他形式开头的连用都没有以 A 式结尾的形式。可见，在领属结构的连用形式中，B 式和 D 式是最为显赫的部分。第四，后两个领属结构为 BB、DD、BD、DB、ED、DE 的连用结构较多，可以看出，B 类结构虽不能出现在连用结构的开头，也不是单独使用一个领属结构时的常用形式，但却是领属结构连用时的常见用法。

具体见表 2-3-6。

表 2-3-6 东北官话领属结构连用的常见语序

A	A	B	C	D	E
A	AAA	AAB CAB	AAC	AAD CAD	AAE CAE
B	CBA	ABB CBB DBB EBB		CBD DBD EBD	CBE DBE EBE
C		ACB		ACD	ACE
D	CDA	ADB CDB EDB		ADD CDD EDD	ADE CDE EDE
E	AEA	CEB DEB		AED CED DED	

第三章

动　词

　　动词是人类语言中最重要的一类，名词和动词的对立是语言中最为显著的一种对立关系，也是两个差异最大的类别。从汉语语法体系建立开始，动词的分类、动词的语法意义和语法功能问题就率先受到关注，与动词相关的语法理论也越来越多，国内如吕叔湘先生（1942）的《中国文法要略》里面的"补词总说"中提到的"各类补词"都与动词有着不同的亲疏远近关系。国外的如从属关系语法、配价语法都提到了动词的论元、配价成分等，语义学理论中的一元谓词、二元谓词、述谓结构等都涉及动词与各类名词性成分的关系。构式语法理论从自上而下的角度解释了句子的论元成分，揭示了句式与论元、动词与论元的种种关系。总之，动词是语法研究的重中之重，汉语普通话动词研究取得了大量的研究成果，汉语方言动词研究也越来越受到方言学界和语法学界的关注。方言动词研究主要集中在动词的特殊小类、动词的构词法和构形法问题上，东北官话动词的上述问题也值得关注。

第一节　动词的特殊小类

　　动词分类一直是动词研究的首要问题，马建忠在《马氏文通》中指出："凡动字，所以记行也，……有不记行而惟言将动之势者，如'可、足、能、得'等字，则谓之'助动'，以其常助动字为功也。"吕叔湘《中国文法要略》表达论的"正反·虚实"时讲到了"可能;能,会""可,好""敢,肯"等。王力《中国现代语法》第二章第一节专门讲"能愿式",包括"可能式""必然式""必要式",并重点讲了"能""可以""得"等。除了传统语法外,结构主义语法学著作如赵元任(1979)、朱德熙(1982)都对动词进行了分类。朱先生侧重从不同角度对动词进行分类,赵先生同时选取十二个分布位置作为动词分类的标准。两位先生的分类结果中都提到了"助动词"这个概念,赵先生指出"助动词拿别的动词做宾语,不拿名词做宾语……",他列举了助动词的语法特点并对每个助动词进行分析。朱先生提出"助动词是真谓宾动词里的一类,包括能、能够、会、可以、可能、是、要、敢、想、应该、应当、该、愿意、情愿、乐意、肯、许、准等"。他总结了五条助动词的语法特点并分组逐个分析其用法。我们认为东北官话助动词即能愿动词也值得分析研究,除了与普通话用法相同的能愿动词外,还有一个使用频率高,且具有方言特色的能愿动词,

一、能愿动词"带"

东北官话中的"带"[tai^{51}]除了具有跟普通话中的"带"相同的动词用法以外,还有能愿动词的用法,且作为一个主要的能愿动词,高频使用,其主要用法就是表示"可能"或"可以"。我们将表示"可能"的"带"称为"带$_1$",将表示"可以"的"带"称为"带$_2$"。正如其他方言的能愿动词也往往具有独特用法一样,东北官话的"带$_1$"和"带$_2$"也是较具方言色彩的能愿动词,只是前人的研究很少涉及。

(一)"带$_1$"和"带$_2$"的语义和用法研究

东北官话"带$_1$"和"带$_2$"仅用于"(不)带VP的"构式,且都表达跟否定相关的语义,下面具体分析:

1."带$_1$"只用于否定陈述句

表示"可能"的能愿动词"带$_1$",在东北官话中用于下列构式:

S$_1$:NP+(是)+不带+VP+的

S$_1$是一个否定式陈述句,NP是句子的主语,可以是指人名词,也可以是

代词，但仅限于第三人称代词或旁指代词。例如：

    （1）谁去都可能，但老张<u>不带</u>去的。_{但老张是不会去的。}

    （2）昨天生气了，他今天<u>不带</u>来的。_{他今天是不会来的。}

    （3）他还得自己用呢，人家<u>不带</u>给你的。_{人家是不会给你的。}

    （4）他才<u>不带</u>让着咱们呢。_{他是不会让着咱们的。}

主语是第一人称代词，多用于回应式中。例如：

    （5）"你赶紧去啊！""我不去，怎么说，我也<u>不带</u>去的"_{我才不会的呢。}

    （6）"你痛快儿告诉人家吧！""不告诉，我是<u>不带</u>告诉他的。"

_{我不会告诉他的。}

    "带$_1$"用在回应式中，都是对始发句的否定性回应。一般来说，其所回应的始发句是一个表达催促、建议或命令的肯定式祈使句，S$_1$是对这个祈使句所要求发出的动作行为的排斥或拒绝，表达不可能发出 VP 这个动作的意思，如上例（5）和（6）。S$_1$的否定语义较为强烈，表达对说话人观点的反对甚至不满，在句法表现上，S$_1$为将否定作为焦点加以强调以标记对比焦点的"（是）……的"构式。S$_1$也可以作为条件复句的后一分句，前一分句表示任意条件，S$_1$表示唯一不变的否定性结论，如例（5）。

    2."带$_2$"只用于否定祈使句或正反问句

    表示"可以"的能愿动词"带$_2$"，在东北官话中用于下列构式：

    S$_2$：不带+VP+的。

    S$_3$：还+带+VP+的+啊？

    S$_4$：带+VP+的+不？

    S$_2$是一个否定形式的祈使句，是用于言谈现场的表达方式，以听话人为言语对象，所以一般省略了主语"你"或"你们"。例如：

    （1）<u>不带</u>这样式的。_{不能这样。}

    （2）<u>不带</u>告状的。_{不能告状。}

    （3）<u>不带</u>玩赖的。_{不能玩赖。}

S_2通常是不满意对方的动作行为而向对方提出意见并加以劝阻，以告诫对方不可以发出或停止进行某个动作行为。与普通话中的能愿副词"不能"相比，表示"不可以"的语义较弱一些，语气也较为轻松，不能用于正式场合。S_3是一个肯定形式的疑问句，以反问的语气表达否定语义，即将S_2的语义以S_3的形式表现出来。例如：

（1）<u>还带</u>这样式的啊？<small>不能这样。</small>

（2）<u>还带</u>告状的啊？<small>不能告状。</small>

（3）<u>还带</u>玩赖的啊？<small>不能玩赖。</small>

（4）<u>还带</u>这么欺负人的啊？<small>不能这么欺负人。</small>

我们可以把S_2看成是直接否定式，把S_3看成是间接否定式。跟S_2相比，S_3这种带有反问语气的句子表达的意外之意更加明显，略带惊讶，从而间接表达对对方动作行为的劝阻。

S_4是东北官话中的一种特殊的正反问形式，即普通话中的"VP 不 VP"在东北官话中用"VP 不"的形式，"带 VP 不"就是"带不带 VP"。

（1）咱俩下跳棋<u>带</u>连跳的不？<small>这个跳棋能不能连跳？</small>

（2）这个灯<u>带</u>声控的不？<small>这个灯能不能自动控制？</small>

（3）只能本人去啊，<u>带</u>替的不？<small>能不能替？</small>

S_4用于下面的情况：假设常规或典型动作事件为VP，不合常规或非典型的动作事件就是"不VP"，则S4可以改写为：

S_4：带"不VP"的不？

例（1）中的VP为"下跳棋一步一步地跳"，"不VP"就是"不一步一步地跳"，S_4为"带不一步一步地跳的不"，即为"带连跳的不"。其他两例也是如此。

因此，我们可以说S_4这个正反问形式，虽然表面上看不出否定形式和否定语义，但其可以变换为否定形式，也可以说隐含着否定形式。

综上所述，"带$_1$"和"带$_2$"都仅用于"（不）带……的"构式，都表达与否定相关的语义。

(二)"(不)带₁……的"和"(不)带₂……的"的构式义研究

由"带₁"和"带₂"构成的"(不)带₁……的"和"(不)带₂……的"句式都隐含"超出预期"的会话含义。具体表现如下:

1."(不)带₁……的"隐含"对预期发生的动作或性质加以否定和反驳"的会话含义

所谓的符合预期,指的是按照社会的一般规律、一般习俗、一般习惯、一般约定或按照事情或事物的自然发展规律,抑或人们惯常的思维习惯或心理,预期应该出现或发出某个动作行为或性质状态。那么,说话人若对这个动作或性状进行否定性推测和判断,即不可能、不会发生、出现、做出,即不可能"符合预期"。

(1)超出"常规预期"

不需要语境就可以明确的社会及文化内涵中约定俗成的道德行为,我们将其称为"常规预期"。例如:

(1)谁让座他也<u>不带</u>让座的。

(2)别看过年了,他<u>不带</u>回老家的。

上例中的"让座""过年回老家"这两个动作行为本身就是社会一般道德行为和风俗习惯,这种行为该做未做,即为"超出预期"。例(1)和例(2)不需要语境,直接陈述了"超出预期"。这类"不带₁VP的"句式表达了说话人对"超出预期"持否定态度,隐含着不支持、不赞同甚至不满意的主观情感。

(2)超出"语境预期"

通过上下文语境陈述一定的因果关系,从而陈述"超出预期",我们将其称为"语境预期"。例如:

(1)A:"你放那么多糖,不得糖死了"。

B:"放心吧,我有招儿,不带甜的"。

(2)A:"别使劲按,疼"。

B:"疼什么疼,我会按,不带疼的"。

上文（1）（2）两例 A 句都陈述了按照预期会出现某种性状"甜""疼"，而 B 是否定句，是对 A 中性状"甜""疼"的否定，即"不带甜的""不带疼的"都是"超出预期"的性状。B 句通过"超出 A 的预期"隐含着 B 对 A 的否认和反驳。

（3）超出"心理预期"

既不是通过动作或性状本身，也不是通过上下文语境而陈述的"超出预期"叫作"心理预期"。例如：

（1）<u>不带</u>加热的啊？

（2）<u>不带</u>自动清洗的啊？

上例中的"加热""自动清洗"的词义本身及上下文语境并未表明其为预期中的动作行为，如果说话人选择使用"不带₁VP 的"句式对其进行否定，就意味着在说话人的心目中，"加热""自动清洗"是他的心理预期，"不带加热的""不带自动清洗的"就是"超出预期"，即"不带加热的"隐含"本应该加热却不可以加热"之义，"不带自动清洗"隐含"本应该自动清洗却不可以自动清洗"之义。可见，这种"超出预期"的语义特征是"不带₁VP 的"句式自身固有的，句式可以把这种固有特征临时赋予句中的动词"加热""自动清洗"。

2."（不）带₂……的"隐含"对超出预期的动作或性质加以否定和反驳"的会话含义

普通话使用"不能""不可以""不许"或直接用表示否定的"禁止""严禁"等来表示对某些动作行为的劝阻、禁止或制止。东北官话除了使用上述表达形式外，还使用"不带₂VP 的"来表示劝阻。按照社会的一般规律、一般习俗、一般习惯、一般约定或按照事情或事物的自然发展规律，抑或人们惯常的思维习惯或心理，预期应该出现或发出某个动作行为，但却发生、出现、做出与此相反、相悖、矛盾的动作行为，对此类行为的否定用"不带₂VP 的"。"不带₂VP 的"既是否定，又是劝阻。例如：

（1）<u>不带</u>玩赖的。

（2）不带走完拿回去重走的。

（3）一次只能借一本，借两本不行，不带这样式的。

（4a）不带这么放的。　　　　（4b）不许这么放。

例（1）例和（2）为不合"常规预期"，例（1）中"玩赖"一词本身就表明了这是一种不合常规的即超出预期的动作，例（2）中的"走完拿回去重走"这个动作本身就是下棋过程中不合常规的动作，对其进行否定，就是对不合常规的直接否定。跟一般的劝阻、禁止不同，"不带$_2$VP 的"句式除了表禁止的语义较轻、语气较弱以外，更重要的是"不带"劝阻的只是不合常规的动作行为，而不是一切动作行为。例（3）为不合"语境预期"，谓词性指示代词"这样式"可以指代任何动作，但在例（3）中由上文语境决定了其指代"借两本"这个动作，而且通过"一次只能借一本"这个语境可知，"借两本"是超出预期的。例（4a）为不合"心理预期"，"这么放"这个词语本身并不包含是否符合预期的语义，但用于例（4a）中就意味着这个句式的背景信息是"存在着符合预期的放置方法，且并未按照这种（些）方法来放置"。（4a）类"不带……的"句式并非指代任何动作，而仅指代说话人认为"不合常规"的动作。可以看成是"这样式"这个词临时具有的语义特征，这个特征是由"不带……的"句式赋予的，因此，（4a）不仅是对"这么放"这个动作本身的否定，还是对"对方未符合预期"所持的否定态度，且体现说话人因这种不合预期的行为而感到意外、略带惊讶甚至不高兴或不满意。（4b）中的"这么放"用于"不许"类构式，就是对"这么放"这个动作本身的否定，并未暗含"这么放"这个动作违反了某些预期。"这么放"可能是不合常规的放置方法，也可能只是说话人不喜欢的放置方法，而无所谓对的或错的放置方法，并没有表达说话人的意外或惊讶。

因此，可以说东北官话中的"（不）带……的"隐含这样的会话含义：说话人认为"超出预期"。

（三）从隐喻角度解释"（不）带……的"的构式义

通过上述研究，我们知道"（不）带$_1$……的""（不）带$_2$……的"都具有说话人认为"超出预期"的句式义。除此以外，我们发现"（不）带$_2$……

的"还隐含有"整体+附属物"的语义。例如：

(1) 这个足疗机<u>带</u>加热的不？这个足疗机是否带有加热功能。

(2) 这个椅子还<u>带</u>按摩的。这个椅子还带有按摩功能。

(3) 这包还<u>带</u>拎的。这个包还带有拎的功能。

(4) 这后面<u>带</u>减震的。这后面有减震的功能。

从一般常规可以看出，例（1）"足疗机"主要用于足部按摩，而"加热"并不是"足疗机"的必有功能，可以看成是非必有的附加功能，因此，例（1）可以看成是表示"整体+附加物"的关系。例（2）中的"按摩"也不是椅子的必有功能。例（3）这句话暗含着说话人对这包不仅可以"背"，而且还可以"拎"而感到意外。说明就这款包而言，"拎"并不是它的常规功能，因此说话人才用这类结构。如果说话人说"这包还带背的呀"，则暗含着这款包本来是用于拎或挎的，说话人对可以"背"而感到意外。这些暗含之义就是这类构式本身具备的，其中起关键作用的就是动词"带"，它的宾语一定是一个附属角色。因此，可以看出，"（不）带₂……的"还隐含有"整体+附属物"的语义。

不仅如此，我们发现除了能愿动词外，东北官话中还有一个普通动词"带"，表示"带有、具备"。用于如下构式：

S₅：NP₁+带+NP₂+的

S₅中的主语NP₁跟"带"的宾语NP₂之间存在着某种特定联系。例如：

(1) 这裤子还<u>带</u>背带的呢。这裤子还有背带呢。

(2) 窗帘下边<u>带</u>飞子的。下边有一圈蕾丝。

(3) 这件里边还<u>带</u>暗兜的。这件里面有一个暗兜。

例（1）中的主语"这裤子"是整体，宾语"背带"是其中的一个部分，而且不是整体"裤子"这个概念中必不可少的部分，我们可以将其理解为附加的、附属的东西，整个构式意味着除了一个完整的整体之外，还有一个可以作为整体一部分的附加物，构式义可以表示为"整体+附属物"。例（2）也是如此，主语"窗帘"是一个完整的整体，宾语"飞子"不是窗帘这种事物的必需品，只起到一定的装修作用，也可以看成是"窗帘"的附加物，因此，此构式义仍然是"整体+附属物"。例（3）中的"暗兜"也不是"这件（衣服）"这个整体中必有的部分，该构式中的"这件"和"暗兜"也是整体和非必有成分之间的关系，即整体和附属物的关系。

有时句中的整体或部分还可以是抽象事物，如例（4）：

（4）这边的麻将净**带**啥的呀？这边的麻将都有什么规则？

一些游戏项目，比如，扑克、麻将、丢沙包、跳方格等，游戏本身是一个整体，但每种游戏都有不同的规则和玩法，决定怎样算赢、怎样算输。这些规则和玩法可以看成是这些游戏项目所附带的一个部分，而且游戏的时候不一定需要全部的规则，不同玩家可以根据需要从中选择某些规则或玩法，由此可以进一步看出这些规则是游戏项目的附属部分，例（4）这样的构式也表示"整体+附属物"的关系。再如，例（5）：

（5）这个节拍器不是买的，是琴**带**的。这个节拍器不是买的，是买琴送的。

例（5）是 S_5 的变式句，NP_2 前置，出现在句首，它（节拍器）就是 NP_1（琴）这个整体的附属品，二者之间是十分显著的"整体"和"附属品"的关系，因此，例（5）的构式义也是"整体+附属物"。可见，由普通动词"带"构成的 S_5 也隐含着"整体+附属物"的构式义。

综上所述，东北官话中的"（不）带₂……的"既隐含"超出预期"，又体现"整体+附属物"的构式义，二者是否有一定联系？答案是肯定的。

从整个汉语史来看，现代汉语共时平面的语言现象是历时发展的表现，很多共时现象也为历时演变提供了依据。据研究，语言演变的背后，隐喻的思维模式起到了非常重要的作用。东北官话共时平面存在两个"带"，一个是普通动词"带"，另一个是能愿动词"带"，这也是较为常见的语法化过程。综上可见，S_4 和 S_5 可以统一改写为"S+带+O+的"，这个构式表示的是明确的"整体"和"附加物"的关系，这个构式义与隐含的"超出预期"义具有一定的隐喻关系。

"附加物"既然只是"附加的""附属的"，又是使人"感到意外的"，那么这个"附加物"很可能就是"计划之外的",就是"意料之外的",也就是"不合常规的""超出预期的"。"整体"就是某个事物、事件或性状本身,也可以看成是一个"背景"。"整体"带有"附加物",就是"背景"中有一部分"超出预期"。因此,"(不)带$_1$……的""(不)带$_2$……的"的构式义都与"背景+超出预期"相关。

综上所述,能愿动词是语言和方言中普遍存在的一类特殊动词,多表可能和可以。"带"是东北官话常用的能愿动词之一,其表示"可能",称其为"带$_1$",也表示"可以",称其为"带$_2$"。"带$_1$"和"带$_2$"与其他能愿动词在用法上存在分工:作为能愿动词,仅用于"(不)带……的"构式,且都表示跟否定相关的语义,隐含着与"背景"和"预期"相关的语义。"带$_1$"是对"预期"的否定,即"未预期""超出预期";"带$_2$"是对"已经超出预期"的否定,意味着对"超出预期"感到意外或惊讶。因此,"(不)带$_1$……的""(不)带$_2$……的"的构式义都与"背景+超出预期"相关。

二、能愿动词"兴"

(一)表"时兴"

"兴"在东北官话中用法较多,既有普通动词的用法,也有能愿动词的用法。作为普通动词,"兴"表示"时兴"义,见下例,但不是我们讨论的对象。

(1)今天可兴这么穿了。

(2)现在都不兴短的了,都穿那老长的衣服。

(二)表"容让"

"兴"在东北官话中还表"容让",带主谓短语形式的宾语,也叫小句宾语,多用于否定句和疑问句。例如:

(1)不兴他吃,兴我吃不?

(2)就兴他去,不兴我去吗?

（三）表"可以"

"兴"由"容让"义演变出"可以"义，具有能愿动词的用法，带动词性宾语，相当于"可以"，也多用于否定句和疑问句。例如：

（1）这里兴坐一下不？

（2）小子头发不兴留这么长。

（四）表"可能"

"兴"还从"可以"演变出"可能"，带动词性宾语，相当于"可能"，但多用于肯定句。例如：

（1a）别着急了，他还兴去了呢。

（2b）还兴考上呢。

（3c）就兴考上了呢。

"兴"表"可能"带有一定的推断性，表达了说话人的判断和预测，因为主观色彩较浓。"兴"经常跟带有焦点性质的副词"还""就"同时使用，可加推断性。

（五）表"或许"

东北官话有一种"兴"和"能"同时使用的特殊用法，上例都可以用"兴能"。例如：

（1a）别着急了，他还兴能去了呢。

（2b）还兴能考上呢。

（3c）就兴能考上了呢。

"兴"和"兴能"在表"可能"的语法意义上没有什么区别，只是 a 组中的"兴"单独表"可能"；而 b 组"兴"和"能"一起表可能，我们可以认为这种用法的"兴"有可能进一步语法化，表"或许""不很肯定"，"可能"义主要由"能"来承担。

综上所述，东北官话的"兴"在共时平面的用法较为丰富，从这些不同用法中可以大概看出其语法化的痕迹。

第二节 动词的体貌

　　语法范畴指的是语法意义的集合，表达语法范畴的形式叫作语法范畴的手段。中国语法学早在 20 世纪 40 年代中国文法革新时期就提出了语法范畴的相关概念，并进行了初步探索。较早研究语法范畴的学者是吕叔湘（1942），吕先生提出了"动相"这个概念，认为"时间观念已经融化在动作观念里，'将''已'等字离开动词是没有显明充实的意义的，这些限制词所表示的是'动相'，一个动作过程中的各种阶段。约略分三类，表动作之将有、表动作正在进行、表动作已经完成"。不仅这些副词是表示"动相"的手段，还有一些专表"动相"的虚词，而且动相还可以具体分为"方事相（着）""既事相（了）""起事相（起来）""继事相（下去）""反复相（……来……去）""短时相（动词重叠式）"等。王力（1943）提出了"情貌"这个概念，认为"在现代中国语里，咱们有事情开始的表示、继续的表示、正在进行中的表示、完成的表示，又有经过时间极短的表示等。……它们是表示事情的状态的，可称为情貌，简称曰貌"。王力先生将情貌分为七种，即普通貌、进行貌、完成貌、近过去貌、开始貌、继续貌、短时貌，并描写每种情貌的表现手段。吕、王两位学位提出的"动相"和"情貌"都类似于英语中的"体"范畴，国外文献一般用"aspect"，后来的学者如陈前瑞（2008）将其称为"体貌"，刘丹青（2017）在其编著的《语法调查手册》中，从语言类型学视角指出动词的语法范畴主要有态、时、体、式、人称、数等。其中的时和体都可以再分为若干小类。

　　无论用"体""情貌"还是"体貌"，东北官话最有方言特色的就是"反复体"。"反复体"在东北官话中用动词重叠的形式来表示，且主要是双音节动词 AB 的 AABB 式。东北官话中动词 AB 的短时体形式为 ABAB，而反复体用 AABB，如对动词"比画"来说，"比画比画"是短时体，"比比画画"为反复体。下面讨论东北官话反复体的形式和特点。

一、东北官话使用形态手段表反复体

东北官话使用形态手段表反复体，这种形态手段就是重叠，动词重叠 AABB 式是表示反复体的重要手段。重叠是世界语言广为使用的一种形态手段，重叠研究也一直是汉语语法研究的热点，特别是 AABB 式，其作为最为常见的重叠形式更多地得到学者的关注。汉语 AABB 重叠式的研究兴起于 20 世纪 80 年代，早期的研究主要散见于学者们的语法研究著作中，未见有专文论述。80 年代以后，AABB 重叠式才逐渐进入语法研究的重要领域，研究成果层出不穷。AABB 重叠式的研究数量总体上呈逐年上升的趋势，研究内容由少到多、由浅到深、由零散到系统。只是研究主体为现代汉语普通话，现代汉语方言研究成果则寥寥无几，且研究重点主要集中于动词和形容词，研究方法主要采用共时研究，历时研究和对比研究的成果则相对较少。东北官话 AABB 重叠式研究更是如此，从汉语方言语法研究成果来看，整个东北官话语法研究起步较晚，总体研究相对薄弱，包括重叠研究。而 AABB 重叠式是东北官话中的一种常见形式，即使其整体形式与普通话及汉语其他方言看似相同，但其内部构成及语法意义都具有方言特色。经过调查，我们认为东北官话的 AABB 式不仅是常见的形容词重叠的一种重要形式，还是动词重叠的一种重要形式，前者是普通话及汉语方言中普遍存在的一种形式，而后者在普通话中很少使用。

AABB 式作为动词重叠的重要形式得到了很多学者的关注。柴世森（1980）、郭志良（1987）、李晋霞（1999）、周永蕙（2000）、张谊生（2000）、华玉明（2003）、石羽佳（2003）、李珊（2003）、胡孝斌（2006）于立昌（2012）等学者对动词重叠式 AABB 的历史来源、语法构成、重叠条件、语法意义、句法功能以及与其他动词重叠式的对比等进行了深入细致的探讨。我们从反复体 AABB 式的结构类型、句法特征、语义内涵及语用功能等方面对东北官话反复体 AABB 进行探讨。

二、反复体的构成方式

张静（1987）认为动词 AABB 重叠式从形式上可以分为两类："有的是'AB'的扩展式……，有的是'AA+BB'。"经调查，我们发现东北官话各方言点动词重叠式 AABB 也主要是由这两种方式构成的。

（一）AB 直接重叠为 AABB 式

动词 AB 直接重叠为 AABB 式的情况又包括 AB 是复合式及 AB 为附加式两种情况。

1. AB 是复合式

动词 AB 是复合式，即 A 和 B 是由"词根+词根"组成的复合式动词。据考察，复合式 AB 多为两个语素语义相近的联合式。例如：

（1）你摔打谁呢？别摔摔打打_{摔东西的行为,故意弄出声响以发泄不满}的，没人欠你的。

（2）他一着急就比比画画_{手上下摆动,多是说话时的伴随动作}的。

（3）放尊重点，别摸摸搜搜_{动手动脚,多指对女人的不尊重的行为}的。

此外还有摆摆画画、推推搡搡、趔趔歪歪等。

2. AB 是附加式

动词 AB 是附加式，即 A 和 B 是由"词根+词缀"组成的附加式合成词，东北官话 AB 式合成词的词缀比较丰富，其中常见的有"咕、嗒、巴、登"等。例如：

（1）你就看开会时他俩在下边捅捅咕咕_{一般指手部发出的类似"捅"的小动作,隐含鬼鬼祟祟,暗中行事之义}的，肯定没啥好事。

（2）他说啥也不要，跟我撕撕巴巴_{因来回推让而发出的轻微撕扯行为}了老半天。

（3）消停点儿吧，就听你咋咋呼呼_{伴有一定动作的炫耀、吹嘘}的了。

（4）成天老对我呲呲嗒嗒_{用非善意的话语斥责、挖苦别人}的。

（5）你可别在那嘚嘚嗖嗖_{通过行为或话语来表现自己,举止不稳重,含有贬义}的了。

此外还有支支巴巴、撕撕罗罗、怼怼嗒嗒、甩甩嗒嗒、耸耸嗒嗒、舞舞哧哧、扑扑登登等。

（二）"AA+BB" 重叠为 AABB 式

"AA+BB" 重叠式不同于前一类，AB 不是一个词，AA 和 BB 中至少有一个是动词性词根语素的重叠形式，有的 AA 和 BB 可以单独使用，有的不可以单独使用。主要包括以下几种情况：

1. "AA" 和 "BB" 至少有一个可以单独使用

可以单独使用的 AA 和 BB 中的 A 和 B 都是动词性词根语素，都可以单独使用，重叠为 AA 或 BB 后既可以单独使用，也可以组合为 AABB 使用例如：

（1）就不能好好走吗？老跑跑颠儿颠儿_{指颠着跑，多含贬义}，指动作行为不十分合乎礼仪的。

（2）怎么骂骂吵吵_{指连吵带骂，含有贬义}的，你不嫌丢人我还嫌丢人呢。

（3）你这骂骂咧咧_{一边说一边骂，含有贬义}的是骂谁呢？

（4）你怎么哼哼叽叽_{带着点哭腔地哼哼}的，牙疼啊？

2. "AA" 和 "BB" 都不能单独使用

（1）你消停点，别舞舞炫炫_{手舞足蹈，指动作行为不十分合乎礼仪，含有贬义}的。

（2）有话好好说，别强强咕咕_{顶撞、吵架、争执不休，含有贬义}的。

与普通话动词重叠式 AABB 相比，东北官话动词 AABB 式在构成方式上有自己的特点。普通话中动词重叠式 AABB 总体数量很少，多由联合式复合词 AB 重叠而来，A 和 B 两个语素多为同义或类义语素，如"敲打、嘟囔、洗涮"等；或为反义语素，如"出入、进出、开关、上下、来往"等。而由"词根+词缀"构成的附加式 AB 的重叠能力则很弱，基本不能重叠，即使能重叠也多重叠为 ABAB 式，如"绿化""美化"等，而由"AA+BB"构成的 AABB 式更少。东北官话动词重叠式 AABB 数量较多，在构成方式上则与普通话正好相反，A 和 B 都为成词语素的复合式动词 AB 相对较少，而 A 和 B 为"词根+词缀"的重叠式则较多。原因之一是东北官话中用于构成动词的后缀比较丰富，如"叨、咕、嗒、呼、拉、巴、哧、叽"等，而且这些词缀的能产性较强，构成了大量的附加式动词。且这些附加式动词 AB 的重叠能力也较强，大都能按照 AABB 式进行重叠。且东北官话还存在由 "AA+BB" 构成的 AABB 式。因此，从重叠的构成方式来看，东北官话动词能以 AABB 式进行重叠的动词多于普通话，其重要原因之一就是词缀丰富，且具有多样性、开放性和灵活性。

三、反复体的语法特征

（一）语法意义

普通话动词的重叠形式一般包括 AA、ABAB 和 AABB 几种。很多学者对它们的语法意义进行过研究。如李珊（2003）将动词的 AA、ABAB 重叠式称为"短时体"，将"AABB"重叠式称为"绵延体"，即动词 AABB 式具有"动量大、时量长"的语法意义。事实上，这种量的增加可以从认知理论中找到动因，戴浩一认为，"语言表达形式的重叠对应于概念领域的重叠"。重叠的外在形式加长，概念和认知的处理时间也加长了，从而使得重叠式 AABB 所表达的"动量"和"时量"也加大加长。我们赞同二者的说法，认为普通话 AABB 重叠式的语法意义为"动量大，时量长"。在语法意义方面，东北官话动词 AABB 重叠式与普通话有所不同，其核心语法意义具有"反复义"，使动作反复，因此，也可以称 AABB 重叠式为"动词反复体"。具体来说，反复体包括下列语法特点：

1. 表状态

东北官话动词反复体 AABB 最主要的语法意义是表状态，突出动作行为的描述性和状态性。例如：

(1) 谁像你嘚嘚嗖嗖，蹿蹿达达，摆摆画画，虎了光叽瞎噗嚓？

(2) 正在举行贫雇农大会，老孙头捂捂扎扎地唠着挖元宝的事。

例（1）中的"嘚嘚嗖嗖"表示言行举止不稳重的动作状态，甚至是一种得意忘形的动作状态。例（2）中的"捂捂扎扎"不仅表达"老孙头"讲述挖元宝故事的整个过程中所表现出的手舞足蹈的具体动作，还描绘出了动作过程中所伴有的"眉飞色舞、张牙舞爪"的神态。由此可以看出，动作性的减弱与状态性的增强是这一重叠形式最突出的语法意义。且这种内在的状态性语义在外在形式上也有所体现，即动词AABB经常与"的"一起使用，这与形容词生动式后也常加"的"的用法相同。

2. 表持续

状态一般不会是瞬间完成的，往往呈现出持续和反复的特点，AABB式还具有表持续的语法意义，所以，东北官话动词不仅用"着"来表持续，还用AABB来表持续。例如：

（1）谁像你<u>唠唠嗖嗖</u>，<u>蹿蹿达达</u>，<u>摆摆画画</u>，虎了光叽瞎噗嚓？（上文）

（2）（凤秋）我<u>数数嗒嗒</u>眼泪流，我跟你福没享着罪没少受，你却一点情面也不留……（数落、指责）

（3）白兴……把人踢倒在地上，便<u>骂骂咧咧</u>地走了。（上文）

例（1）中的"唠唠嗖嗖、蹿蹿达达、摆摆画画"表示一直在上蹿下跳、比比画画，呈现在人面前的是一种持续、反复的动态场面，其动作不是蹦一下或者比画一下就停止的。例（2）中的"数数嗒嗒"指列举过失、指责。这里"凤秋"一边哭一边列举罪责，哭的动作是持续的，伴随着"哭"这种动作的"指责、埋怨"动作也一直在进行。它们的后面都不能再加表持续体的"着"，如我们不说"摆摆画画着""唠唠嗖嗖着""数数嗒嗒着"，但它们却都能表示出持续、反复的语义，除重叠前其语素或词自身可能具有持续义和反复义外，重叠为AABB式后，其整体结构本身具有了持续性和反复性的语法意义，而且这种持续性和反复性也是使其增大动量、加长时量的动因之一。

3. 表高量

如上所述，动量大、时量长是持续和反复的必然结果，是伴随而来的语法意义，其主要表现为动作幅度的增大和动作持续时间的增长。例如：

（1）你跟谁<u>摔摔打打</u>_{用力甩动或摔某物表示自己生气，向别人示威}的呢？

（2）老实坐在那，别哈哈悠悠_{来回摇摆，多指没有坐像}的。

（3）他衣服太大，走起路来甩甩嗒嗒_{不停地甩来甩去}的。

（4）你凭啥对我杵杵嗒嗒_{一下又一下地用拳头打人或用手指戳人}的？我吃你家饭长大的啊？

上述例子中"摔摔打打"与"摔打"相比，其动作幅度更大，持续的时间也更长，"哈哈悠悠""甩甩嗒嗒""杵杵嗒嗒"也如此，与原式AB相比都表示出"动量大、时量长"的语法意义。

（二）句法功能

东北官话动词反复体具有动词的典型用法，主要做谓语，也可以做补语，偶尔也做状语。

1. 做谓语

（1）他在那疙儿白白话话_{夸夸其谈，伴有夸大、吹嘘的含义}的，像那么回事似的，真让人恶心。

（2）别在底下鼓鼓求‐求‐_{小动作地摆弄}的，认真听讲。

（3）你好好坐着，别总蛄‐蛄‐蛹‐蛹_{像虫子一样来回蠕动}的。

（4）你别再批评她了，她都抽抽达达_{抽泣的样子}的半天了。

（5）我就讨厌他那样的人，嘚嘚嗖嗖_{举止不稳重，总爱在别人面前表现自己}的。

（6）有话就说话呗，舞舞扎扎_{说话时带有肢体动作，同"比比划划"}的，一点都不稳当。

（7）她好像到更年期了，絮絮叨叨_{没完没了地说}的，还总爱发脾气。

AABB做谓语后面多加"的"，其可以受状语修饰，如例（1）（2）（3）；也可以带补语，如例（4）；还可以单独充当谓语，独立成句，如例（5）（6）（7）。另外，AABB的否定形式通常用"别"来表示，而不用"不"，如上述例（2）（3）。

2. 做状语

（1）把人踢倒在地上，便骂骂咧咧_{指连吵带骂}地走了。

（2）他**骂骂叽叽**_{指话语中夹杂着骂人的话,也说骂骂吱吱}地跑出来。

（3）正在举行贫雇农大会，老孙头 舞舞扎扎_{说话时带有肢体动作,同"比比划划"}地唠着挖元宝的事。

（4）你在那嘟嘟囔囔_{小声说话}地说什么呢？

（5）这孩子真是气死我了，**寻寻摸摸**_{四处寻觅,用来指想方设法做某事}地要偷钱。

东北官话 AABB 式在句子中充当状语的用例有很多，但大多要在其后加"地"，不带"地"的例子比较少见，所能见到的一般是在多重状语前可以不加"地"。例如：

（6）小志良**鼓鼓求求**_{小动作地摆弄}从枕头底下摸出一张像。

（7）他**白白话话**_{夸夸其谈的样子}和我讲了一番路上堵车的宏伟场面。

另外，东北官话动词 AABB 式做状语要比原式做状语自由得多，试比较：

（8）骂骂吵吵地走——骂吵地走

（9）骂骂叽叽地跑出来——骂叽地跑出来

（10）嘟嘟囔囔地说——嘟囔地说

（11）寻寻摸摸地要偷钱——寻摸地要偷钱

3. 做补语

充当补语不是东北官话 AABB 式的主要句法功能，但在日常生活中也可以见到这样的例子，其后面一般要加"的"。例如：

（1）这点饭让你吃得**磨磨叽叽**_{弄得又脏又乱}的，弄得可哪儿都是。

（2）一番话说得**支支吾吾**_{因有隐情而说话吞吞吐吐}的，显然有难言之隐。

四、反复体的意义类型

（一）反复体动词 AB 的类型

东北官话反复体动词在语义内涵方面具有特色，总体来说，主要为表示说话类动作，表示手部和腿部发出的动作。

1. 嘴部动作

通过对《东北官话词典》《简明东北官话词典》《东北官话口语词汇例释》及其他相关语料的检索发现，东北官话可以有反复体的动词多描述的是跟说话相关的动作行为。例如：

(1) 老两口抢抢咕咕_{争执不休}闹腾了小半宿。
(2) 有话好好说，能不能别赖赖叽叽_{言语絮叨的样子的}。

东北官话动词 AABB 式对人的语言行为进行描写的有很多，大体又可以归为以下几类：表说话带哭腔的：尿尿叽叽、赖赖叽叽、哼哼叽叽、吭吭叽叽、能ꞈ能ꞈ叽叽、吱吱哇哇；表小声说话、碎言碎语：蛐ꞈ蛐ꞈ咕咕、嘟嘟囔囔、嘀嘀咕咕、唠唠叨叨、磨磨叽叽、絮絮叨叨；表争论、争吵：骂骂吵吵、骂骂咧咧、抢ꞈ抢ꞈ咕咕、奘ꞈ奘ꞈ咕咕；表批评、指责：数数嗒嗒、呲呲嗒嗒、损损嗒嗒；表语言表达不畅：吭吭哧哧、支支吾吾、磕磕巴巴；表夸大事实：吹吹呼呼、吹吹哄哄、白白话话、咋ꞈ咋ꞈ呼呼、煽煽乎乎；其他：斯ꞈ斯ꞈ哈哈、唱唱咧咧、呵呵咧咧、计计略略。

2. 腿部动作

东北官话 AABB 反复体中还有很多是专门来描述腿部动作的词。例如：

(1) 好像怕石祥把他抓去似的，照石祥趔趔勾勾_{畏畏缩缩地走}的。
(2) 大宝像只鸭子一样跩跩嗒嗒_{摇摇晃晃走}地往家走去。

这类词还有"趔趔巴巴、趔趔勾勾、跩跩嗒嗒、出出嗒嗒、靴ꞈ靴ꞈ达达、甩甩嗒嗒、侧侧楞楞_{走路不稳而来回摇摆}、偏偏嗒嗒、瘸瘸嗒嗒、蹿蹿嗒嗒、蹦蹦嗒嗒"等。

3. 手部动作

表示手部动作的 AB 重叠为 AABB 后，多表达一种主观不满情绪。例如：

(1) 有什么不满你就直说，你这摔摔达达_{指故意做出摔打东西的动作，}_{以表示不满}的给谁看呢？

（2）你别跟我**抢抢达达**甩手、扭身等，没有礼貌的行不行，还管不了你
了呢。

上述例子中的 AABB 都伴随着一种主观情绪的不满，类似的表手部动作的词还有"捏捏咕咕、摆摆画画、拍拍嗒嗒、怼怼嗒嗒、怼怼咕咕用拳头或手指戳对方、摔摔嗒嗒、撕撕巴巴、捅捅咕咕、鼓鼓求求、扒扒叉叉手脚并用向上攀爬、推推搡搡"等，也都伴随着程度不等的不满情绪。

此外，也有少数是其他部位发出的动作，如"耸耸达达"是肩部动作，"寻寻摸摸四处看"是眼部动作。

在反复体动词的语义类型方面，东北官话的 AABB 要比普通话丰富得多，且表义生动，含有幽默调侃的韵味。例如，同是表示眼部动作的词，东北官话中的"寻摸"要比普通话中的"寻找、张望"生动形象得多，且"寻摸"可重叠为"寻寻摸摸"，而"寻找、张望"则不可以。再如，同是表示躯体动作的词，"拨拨楞楞"指像拨浪鼓一样来回摇动，"蚰＝蚰＝蛹＝蛹＝"指像虫子一样来回蠕动，使人容易联想到实物，其形象感和动态感特别鲜明，而普通话中相对应的"摇晃"和"蠕动"在形象性和生动性方面则不如前者。

（二）反复体 AABB 的特征

东北官话反复体 AABB 具备［+自主］［-褒义］［+反复］等特征。

1. 具有［+自主］的特征

根据马庆株（1996）先生的定义，"自主动词从语义上说是能表示有意识的或有心的动作行为的。所谓有意识的动作行为指的是由动作发出者做主，主观决定，自由支配的动作行为"，普通话和东北官话按 AABB 式重叠的动词多具有［+自主］的语义特征，但有所不同的是，东北官话动词 AABB 重叠式中，或者 A 具有［+自主］特征，或者 B 具有，或者动词 AB 整体具有，如"捅咕、鼓求、推搡、撕巴、摸搜、拉扯、耸达、白话"等。而普通话动词则 A 和 B 一般都要具备［+自主］特征，如"抄写、说笑、洗涮、打闹、搂抱"等。这主要与东北官话动词 AB 的构成多为"词根+词缀"而普通话多为"词根+词根"有关。之所以多为自主动词，主要是因为自主意义中包含了动作者

的能动因素，能够表现出人们在各种基本活动中对外部世界做出的积极的、能动的反应，体现出行为动作主体极强的主动性和动作性，具有可以被重叠这种语法形式激发能动性的内因。（详见朱景松，1998）因此，能按 AABB 式进行重叠的动词自主动词更占优势。

2. 具有［-褒义］的特征

东北官话动词中可按 AABB 式重叠表反复体的 AB 本身多具有［-褒义］的语义特征，且很多中性词在重叠为 AABB 式后也表贬义，如"鼓求摆弄、摆画比画、蛐咕小声说话、蛄¨蛹¨像虫子一样蠕动、捏咕同"捏""等都是中性词，但是按照 AABB 重叠后，则带有贬义色彩。这一点与普通话动词 AABB 重叠式相似，普通话中有很多本为中性的动词 AB 重叠后语义色彩转向了贬义，如"指指点点、吃吃喝喝、拉拉扯扯、勾勾搭搭、搂搂抱抱"等，因此有些学者认为 AABB 这种形式本身具有贬义。但同中有异的是，普通话中常按 AABB 式重叠的动词多为中性词，贬义词次之。而东北官话动词 AB 在重叠以前，贬义词居多，中性词次之。如磕巴、磨叨、磨叽、哽叽、赖巴、损嗒、出咕、抹嗒、嘚嗖、捂扎、捂哧、靴嗒、倔嗒、白话、呲哒等都是用来表达人的语言或形态不优雅的贬义词，它们多按 AABB 式重叠。

3. 具有［+反复］的特征

李珊（2003）认为，"动词重叠本身就是为了表达'量'的，这种'量'主要包括时量和动量。而动词只有可持续才谈得到持续时间（时量），可反复进行才谈得到动作次数（动量）"。因此动词能否重叠，［+持续］［+反复］是其关键性语义特征。上文分析过这类 AABB 式具有表持续的语法意义，这是从动词的体貌范畴进行观察得出的结论，如果从语义特征角度来看，这类动词都表示一定时间内动作的反复进行，具有［+反复］的语义特征。如"哈哈悠悠、嘎嘎悠悠、摆摆划划、捂捂扎扎"等。

综上所述，通过对东北官话动词反复体 AABB 的构成、句法及语义等方面的深入分析，我们挖掘出了许多东北官话自身特点。以往人们认为，东北官话与普通话比较接近，语法方面并无较大不同，但实际上，通过对比分析，我们发现了它们在相同之中还存在着许多的差别。句法平面，东北官话 AABB

式在结构构成上，其谓词性后附词缀丰富且构词能力极强，因此东北官话AABB式的结构构成有相当一部分为"词根+附缀"的形式，虽附着性比较强，但结合紧密度相对松散，词根与附缀成分都可以相互替换从而生成更多的组合形式，且意义多集中于词根部分，附缀只表示语法意义。语义平面，东北官话动词AABB式与"调量"有关，表动作量的增强，具有状态义；在语义色彩上，东北官话AABB式具有一定的地域特色，主要表现为因高频使用及语音特点所带来的口语化，多为对人的动作行为或人事的外貌情状的陈述与描写，具有形象生动的特点，感情色彩方面贬义居多。语用方面，东北官话AABB式具有很强的口语交际性，常表达一种不庄重、随意、厌恶等主观态度，体现出很强的地域文化特色。与普通话相比，结构构成方面，后附词缀在东北官话AABB式中有更为突出的地位；语义方面，东北官话因为地域文化的原因，AABB式语义更为细化，形成了一个独特而庞大的肢体语义范畴，如形容走路姿态的腿部动作、肩部动作、躯体动作、嘴部动作等；交际功能方面，东北官话AABB式的口语色彩和形象色彩比较鲜明，具有一定的地域色彩，且主观色彩也较为浓厚，表现出更强的表达性和交际性。

第四章

形容词

　　形容词也是东北官话词类中最为重要的三大词类之一，与普通话相比，东北官话形容词在某些方面具有方言特色。东北官话形容词可以分为性质形容词和状态形容词两类（朱德熙，1956），其中性质形容词最主要的特点是以单音节为主，结构简单，同一个单音节形容词可以代替普通话多个相关双音节形容词的词义，如形容词"纯"在东北官话中可以用于代替"纯洁""纯粹""纯正"，这三个双音节形容词在东北官话中基本不用，都用"纯"代替。状态形容词与普通话的差异更大，东北官话较少使用由单音节性质形容词构成的 ABB 形式，也不用由双音节性质形容词构成的 AABB 式。取而代之的是单音节性质形容词采用"A+词缀""词缀+A"的形式表状态，表生动，如"胖乎、干巴、直溜""精细、稀松、溜直"等。此外，东北官话还有大量用来构成形容词的双音节及三音节词缀，如"酸不唧儿""美个滋儿""苦拉巴唧""甜了巴索""细巴连天"等。双音节性质形容词采用"AB 儿的"式构成状态词，其中的 B 一定读阴平调，如"肥大儿的""痛快儿的""轻巧儿的"。普通话还有一些特殊的由两个词根构成的状态形容词，如"雪白""漆黑""笔直"等，东北官话也倾向于用"词缀+词根"的构词格式来表达，如"刷白""黢黑""溜直"等。上述问题我们可以称为东北官话形容词的态势貌问题。

　　此外，东北官话形容词表量方式也有明显的方言特色，最为常用的表量方式是"程度副词+形容词"这种形式，如"老甜了""老高了"等，这种表量方式用于没有构词词缀的性质形容词，像"细""直""苦""胖"这样有专门词缀的形容词一般不用这种表量方式，而用"精细""溜直""恶苦""胖乎"这种派生的方式。第一种用程度副词的表量方式可以用不同的程度副词表示不同的量，包括偏大量、偏小量、过量、极大量和达标量；而第二种表量方式可以通过重叠、改变音节结构和重音、构造新结构的方式表示偏大量和过量。"精细精细"表示过量，"胖乎儿的"表示偏大量，"胖的乎的"表示过量。上述问题我们可以称为东北官话形容词的表量问题。

　　态势貌问题和表量问题都可以归结为形容词的形态问题。形态一般可以分为构词形态和构形形态两类，东北官话形容词的这两种形态都较为丰富，表现为表示形态的形式较为多样，颇为常用，下面分别讨论。

第一节　构词形态

　　汉语形容词的形态问题一般包括两个方面。一是指通过派生手段构造另一个形容词，以表示形容词属性的某种程度，普通话有"词根+词缀"及"词缀+词根"两种构词方式，其中的词根和词缀既可以是单音节形式，也可以是多音节形式，如"红通通""通红"都是这类由派生手段构成的，表示"红"的某种程度。二是指通过重叠手段构造形容词的不同形式，也表示形容词属性的某种程度，普通话的 AA 式、AABB 式就是两种主要形式，如"好好""干干净净"表示"好"和"干净"的某种程度。由上面两类手段造成的形容词一般被称为状态词或状态形容词，吕叔湘先生称之为形容词生动形式（1999）。可以看出，这类词表达了一定的主观感受，同时表达了一定的程度义。

　　从构词手段来看，东北官话表达属性程度的构词形态的方式主要有三种：

一、词根+词缀

东北官话用来构成形容词生动式的词根多为单音节，词缀则既有单音节，也有多音节。常见的能产性较强的单音节词缀主要有下面几类，其中能产性最强的是"乎儿"。下列在双音节形容词中作为词缀的"乎儿""溜儿"都要儿化，而"巴""楞""实""腾""道""拉"都不儿化。例如：

A-乎儿：胖乎儿、热乎儿、温乎儿、湿乎儿、扁乎儿、稀乎儿

A-溜儿：薄溜儿、光溜儿、细溜儿、尖溜儿、直溜儿、瘦溜儿

A-巴：干巴、皱巴、约°巴、刺巴、紧巴、蔫巴、抽巴

A-楞：直楞、侧楞、斜楞、翘楞、毛楞、闯楞、硌楞

A-实：粗实、肥实、挺实、虎实、魁实、牢实

A-腾：快腾、慢腾、滑腾、熟腾、暄腾、乱腾

A-道：鬼道、歪道、横道、落道、黏道、正道

A-拉：碴拉、粗拉、皮拉

由上述词缀构成的形容词都表示词根语素的属性的程度，即表属性的量，这类双音节形容词在东北官话中既不是偏大量，也不是偏小量，而是一种在说话人看来较为适中的量。这类双音节形容词还可以再受程度副词修饰，既可以受高量程度副词修饰，如"老胖乎儿了""可薄溜儿了"；也可以受低量程度副词修饰，如"有点熟腾了""不太正道"。

此外，东北官话多音节词缀也较为常用，特别是三音节词缀。东北官话的三音节词缀使用频率较高的主要有两类：一类可以称为"了"类，指的是由"了"作为第一个音节构成的一组三音节后缀，像"了巴登""了巴叽""了光叽""了咕叽""了咕奈"；一类可以称为"不"类三音节后缀，指的是由"不"作为第一个音节构成的一组三音节后缀，像"不拉叽""不楞登""不溜登""不溜丢""不叽溜"。总体来看，所有的三音节后缀不仅每个音节都没有实义，不能单独使用，而且三个音节放在一起也没有实义，也不能独立使用，作为一个整体与形容词性词根构成一个四音节形容词，音节韵律为"2+2"格式，第二个和第四个音节较轻，在语流中更容易发生弱化、脱落等语流音变现象。"了"就是弱化的结果，有时读音更像"拉"，我们视"拉（了）"为同一个音节；"不"也是弱化结果，有时读音更像"巴"，我们视"巴（不）"为同一个音节。东北官话三音节词缀的音节结构都较为简单，

且有一些音节的使用频率很高，可以分别充当多个三音节词缀中的一个音节，如"拉（了）""巴（不）""叽""登""溜"都较为常用，是三音节词缀中的常见音节。由"拉（了）""巴（不）"与另一个音节构成的三音节词缀可以变换"拉（了）""巴（不）"的词序，构词能力和语法意义没有变化，"酸了巴叽、苦了巴叽"与"酸巴了叽、苦巴了叽"没有区别，只是"了""巴"处于不同音节，读音的弱化程度不同，处于第一和第三音节读音近似"拉""巴"；处于第二和第四音节更为弱化，读音更近似"了""不"，所以，我们一般写为"酸了巴叽""酸不拉叽"。

A-了巴登：蔫了巴登、欠了巴登、憨了巴登

A-了巴叽：酸了巴叽、苦了巴叽、泞了巴叽

A-了光叽：虎了光叽、肥了光叽、秃了光叽

A-了咕叽：黏了咕叽、软了咕叽、湿了咕叽

A-了咕奈：软了咕奈、热了咕奈、馊了咕奈

A-不拉叽：灰不拉叽、甜不拉叽、破不拉叽

A-不楞登：细不楞登、直不楞登、倔不楞登

A-不溜秋：眚ᵕ不溜秋、黑不溜秋、灰不溜秋

A-不叽溜：滑不叽溜、酸不叽溜、馊不叽溜

A-的呼哧：闷的呼哧、傻的呼哧、佯ᵕ的呼哧

上述四音节形容词也表示词根属性的程度，表示一种主观认为较大的量，不能再受程度副词修饰，"肥了光叽""黑不溜秋""倔不楞登"相当于普通话的"挺肥的""挺黑的""挺倔的"。

二、词根+词缀+词根

东北官话有一种由中缀插入双音节成词语素 AB 的中间构成的形容词，东北官话中缀主要就有一个"拉（了）巴"，AB 主要为东北官话特色词，且都是非褒义的形容词，在东北官话中使用频率较高，见下面（1）中用例。这类由"A+中缀+B"构成的四音节形容词还可以变换音节顺序为"AB+中缀"的形式，（1）中四音节形容词都可以说成（2）中的形式。例如：

（1）A 拉巴 B：恶拉巴心、埋拉巴汰、磕拉巴碜_{难看}、懊拉巴糟_{心里不痛快}

（2）AB 巴拉：恶心巴拉、埋汰巴拉、磕碜巴拉、懊糟巴拉

此外，东北官话还有一种由"AB+词缀+C"构成的形容词，词缀主要就是"拉"和"巴"。例如：

AB 拉 C：干肌拉瘦、清淡拉水、黄皮拉瘦、尖声拉气、慢声拉语

AB 巴 C：苦心巴力、老实巴交、零头巴脑、妄口巴舌、瘦筋巴骨

上述带有中缀的四音节形式都表示一种不是很大的量，类似于普通话的"有些恶心""有些埋汰""有些老实"等。

上述两类形式都可以看成词缀在后的形式，我们可以得出这样的结论：东北官话词缀在后的形容词都不表高量，这类形式可以看成是一种弱化程度，且带有一定的主观量。更为重要的是，东北官话并非用这类"词根+词缀"形式的形容词来表示属性的程度，即说话人使用这类特殊词缀（了巴登、了巴叽）与词根组合并不是为了突显程度，而在于突出这类形容词所修饰的主体的具体形体、外貌、性格等状态，使表达更加形象生动，特别是由三音节词缀构成的形容词，也可以称之为四字格形式，我们可以将其语法意义总结为态势貌。具有态势貌这种语法范畴也是东北官话形容词的特点之一，态势貌的语法手段主要就是四字格形式，除了由"词根+三音节词缀"构成的态势貌之外，还有大量由四个词根构成的四字格形式，如"瘪目瞎眼""长毛搭撒""玄天二地""肥粗老胖""红头涨脸""虎大山粗""灰土暴尘""急皮酸脸""假门假势""赖皮赖脸""破头烂齿""乌漆墨黑""有红似白"等。上述这些都是由形容词为核心词根构成的表示态势貌的语法形式。此外，还有一些以形容词之外的其他词为核心词根构成的也表示态势貌的四字格形式，如"水裆尿裤""背包擿伞""伸腿拉胯""双眼包皮""缩脖端腔""剜门盗洞""五脊门兽""舞马长枪"等。

综上所述，东北官话存在大量表示态势貌的词法手段，既可以是由形容词性词根和词缀构成的形式，也可以是由非形容词性词根组合构成的形式。词缀多为三音节形式，最常见的词缀为"拉（了）"和"巴（不）"，既可以单独做中缀，也可以组合为"拉巴"作中缀，还可以组合为"巴拉"作后

缀，更常见的是分别跟其他词缀组合成三音节词缀共同作后缀。与普通话的状态形容词或形容词的生动式相比，东北官话表达生动义的手段更加丰富，形式更为灵活多样，同一个形容词性词根可以跟多个不同词缀组合，词根形容词越常用组合能力就越强，如"酸不拉叽、酸不叽、酸了巴叽、酸不叽溜"。这些派生词中数量最多的是以形容词为核心词根的多音节形式，我们可以将其看成是一种表示语法意义的语法手段，是东北官话独有的态势貌范畴，是一种既表高量又表状态、体势的形式。

若说话人意在突显程度，则用其他语法手段，包括下面要讨论的"词缀+词根"的形式，或句法手段。

三、词缀+词根

东北官话有几个专门用来表示高量的词缀，这些词缀其实都处于语法化过程的某一阶段，具有一定的尚未完全弱化到消失的语义，因此多数情况只能与某些跟此语义相关的词根组合，如"精瘦""溜圆""稀松"等。但这些词又不同程度地出现了语义的泛化现象，进一步消减了自身语义，扩大了组合范围，具备了一定的能产性，如"精泞""溜瘪""溜酸""稀扁"中的词缀几乎看不出本来的语义，仅表高量的程度。因此，我们对东北官话词缀的定位是：其组合能力会受到其发生演变之前原本的实词性语义的影响，但仍具一定的能产性，且具有进一步语法化的趋势。例如：

溜-A：溜直、溜光、溜圆、溜滑、溜尖、溜平、溜鼓、溜干净

稀-A：稀松、稀烂、稀软、稀面、稀贱、稀扁

精-A：精瘦、精细、精稀、精薄、精光

齁-A：齁咸、齁甜、齁酸、齁苦、齁辣

恶-A：恶苦、恶酸、恶臭、恶骚

焦-A：焦黄、焦绿、焦酸

黢-A：黢黑、黢紫

除了上述能产性较强的词缀外，东北官话其他用来构成形容词的词缀主要为表示颜色和感观的程度的高量词缀，且这些词缀组合仍然较为固定，如

"通"不能与除"红"之外的其他颜色词组合，"顺"不能与除"甜"之外的其他味觉形容词组合。

总之，东北官话"词缀+词根"构成的形容词都表示偏大的量，表强化程度。一般仅表程度和量，不表态势貌。

第二节　构形形态

从构形手段来看，东北官话形容词最主要的构形手段并不是重叠，普通话常用的 AA 式和 AABB 式在地道的东北官话中并不是最常用的形式，而采用相应的其他构形手段来表示属性的程度。

一、A（的）B 儿的

普通话双音节形容词 AB 的重叠式 AABB，在东北官话中多数使用"A（的）B 儿的"。普通话单音节形容词 A 的重叠式 ABB，在辽宁方言中也不是常用形式，而仍然用"A（的）B 儿的"。"A（的）B 儿的"是东北官话形容词最为常用的构形手段，表示形容词属性的程度。这个结构的特点有三个。第一，A 后可用"的"，但多数不用"的"，"的"的音节时长作为一个语音空隙留了下来，听起来就是 A 的音节时长较长，比原形 AB 中的 A 长，也比重叠式 AABB 中的 A 更长，有拖长音的感觉。第二，B 一定读为阴平，且一定儿化。第三，这个结构后面一定有"的"。第四，这类结构的原形 AB 一定具有非贬义的语义特征，如普通话的"严严实实""舒舒服服""大大方方""稳稳当当""宽宽绰绰"在东北官话用"严实儿的""舒服儿的""大方儿的""稳当儿的""宽绰儿的"，"静悄悄""齐刷刷""美滋滋"在东北官话用"静悄儿的""齐刷儿的""美滋儿的"。此外，还有一些东北官话词如"麻溜_{动作敏捷迅速}""立整_{干净整齐}""准成_{可以信任,可靠}""正道_{符合标准方向}""支棱_{(衣服、布料等)较硬而平整}""紧称_{挨得很近,空隙小}""近便_近"，这些形容词不用 AABB 式，而用"麻溜儿的""立整儿的""准成儿的""正道儿的""支棱儿的"表示一定的程度。

这个结构一般表示偏大量，类似于"很、非常"所表示的量，且表达一种中性或褒义的色彩，即这种偏大量并非是说话人嫌弃的，甚至带有一定的喜爱色彩。下例"舒服儿的""齐刷儿的"都是说话人的理想状：

（1）这沙发舒服儿的。

（2）站齐刷儿的，别动。

二、A（的）B 的

上面说过，普通话的 AABB 式和 ABB 式在东北官话中大多使用"A（的）B 儿的"式，此外，还有部分使用"A（的）B 的"式。"A（的）B 的"与"A（的）B 儿的"相比，语音上只有 B 定不儿化的区别，其他都相同；语义上"A（的）B 的"式的原形 AB 一定具有非褒义的语义特征，如普通话的"窝窝囊囊""闹闹哄哄""拖拖拉拉""沉甸甸""乱糟糟""皱巴巴"在东北官话用"窝囊的""闹哄的""拖拉的""沉甸的""乱糟的""皱巴的"。此外，还有一些普通话不用而东北官话词使用的形容词，也用这种形式表示属性的程度，如"埋汰的_脏""笨痴的_{笨,傻}""急歪的_{不高兴}""磨叽的_{拖拉,磨蹭}""笨的呵的"表示一定的程度。

这个结构一般也表示过大量，并且带有一定的主观色彩，说话人认为超出了一定的标准，表示"过于……"之义。例如，下例"乱糟的""硬邦的"都是说话人主观认为过于超出了一定的标准，带有不满意、不欢爱的主观色彩：

（1）屋里让你整乱糟的。

（2）这硬邦的，咋吃啊？

"A（的）B 儿的"式和"A（的）B 的"都不能再受任何表示程度的词语的修饰，主要充当谓语或补语，不做定语。

可见，东北官话形容词用构形手段表示偏大量或过大量，都表强化程度。这种构形形式表程度和量，且带有一定的主观态度。

第五章

代 词

代词具有指示和替代作用，一般认为代词包括人称代词、指示代词和疑问代词三种。东北官话疑问代词也可以从这三个角度来描写和研究。据调查，东北官话各方言点代词的词形和用法一致性较强。由于疑问代词放到第九章第二节"东北官话特指问研究"中进行讨论，所以本章仅考察东北官话人称代词和指示代词。

第一节 人称代词

根据言谈交际中身份和角色的不同，人称代词还可以分为不同的类别。普通话人称代词包括三身代词、己称代词（反身代词）、统称代词和旁称代词。东北官话人称代词的分类也是如此，只是每一类的词形有所区别，数量更为丰富。东北官话主要人称代词见表5-1-1：

表 5-1-1　东北官话人称代词

三身代词						己称代词	统称代词	旁称代词
第一人称		第二人称		第三人称				
单数	复数	单数	复数	单数	复数	个儿个儿	大伙儿	人
我	我们	你		他	他们	自个儿	大家伙儿	人家
俺、俺们		恁、恁们		您、您们		自己个儿		别人（儿）
咱	咱、咱们	您				个人		

一、三身代词

三身代词主要分为与普通话共用和普通话不用而东北官话使用两类，分别称为 A 类和 B 类。A 类一般只有单数形式，但 B 类只有专门的复数形式，且有加"们"和不加"们"两种形式，而没有单数形式。B 类形式与 A 类形式的用法并不相同，而是与 A 类互补分布，这也正是东北官话人称代词最主要的特点。另一个特点就是单数形式少，复数形式多。下面分别讨论：

（一）第一人称代词

东北官话第一人称代词单数形式有两个，分别是"我""咱"，"我"用于一般语境，"咱"仅用于特殊语境。"我"的分布较多，做定语表领属，做主宾语表指称，做主宾语的用法与普通话相同，不再赘述，做定语存在不同。"我"做定语构成领属结构一般不加"的"，不仅表亲属称谓的中心语不加"的"，而且一般的名词性中心语也不加"的"。例如：

（1）我包呢？谁看见了？

（2）我手机好好的，不换。

（3）我鼻子可好使了。

（4）你是不扔我卷子了？

例（2）和例（3）的形式跟主谓谓语句的形式相同，但这种形式在东北官话中还可以是一般的主谓句，"我"并不是全句的大主语，"我手机""我鼻子"是一个整体，之间结合十分紧密，表领属关系。

"咱"只在一定的语境下使用，略带自夸或自卑这样的情感，在分布上具有"我"的全部用法，例如：

（1）咱做的那能不好吃吗？

（2）看咱的，你那不行。

（3）那好事不给咱啊，咱可没那能耐。

例（1）例（2）中用"咱"与用"我"是不同的，"我"没有附加色彩，不带有额外情感，而用"咱"隐含了说话人在传递信息的同时还在赞许自己，带流露出兴奋的表情，手势等。用"咱"可以起到一定的语用效果，比如，活跃气氛、缓和关系等。"咱"的发音较长，调子较高。而例（3）则与前两例相反，这里的"咱"和"我"虽然在第一人称单数这个意义上完全相同，但仍带有附加义，暗含了说话人略带无奈和不如意的情感。"咱"的发音也较长，但调子较为低沉，有时也伴有哀叹。

东北官话第一人称代词复数形式较为丰富，分别是"我们""咱""咱们""俺""俺们"。

"我们""咱/咱们"分布范围最广，可以做主宾语和定语，且用于一般语境。二者的区别在于"我们"是排除式，"咱/咱们"是包括式，这一点与普通话相同，不再赘述。"咱"和"咱们"在东北官话中的分布尽管相同，但倾向性不同，且使用频率不同。其分布的倾向性不同主要体现在做定语上，做定语一般用"咱"，而少用"咱们"；从使用频率看，一般都用"咱"。表示强调的时候用"咱们"，如下例（4）；跟其他复数人称代词对举使用时，用"咱们"，如下例（3）。例如：

    （1）咱学校谁最高？

    （2）咱也跟着去吗？

    （3）他们叫咱们一起走呢。

    （4）咱们不去，是他们去。

此外，"咱"在东北官话中还有特殊用法，可以超越领属的范围，领属并不属于说话人的实体性成分，主要是亲属称谓语，可以互相称对方父母为"咱爸""咱妈"。例如：

    （1）大刘，咱妈最近身体咋样？

    （2）赵哥，我给咱爸买了套保暖内衣。

上例中"咱妈""咱爸"其实都不是说话人的"妈妈"和"爸爸"，而是听话人的，而且说话人和听话人也不是同胞关系。这种情况下用"咱爸""咱妈"表现出说话人与听话人关系较为亲密，也是说话人想表达这种亲密关系的一种交际方式。例如：

  （1）咱妈最近身体咋样儿啊？

  （2）咱哥生意挺好呗？

  除了"咱爸""咱妈""咱哥""咱姐"等亲属称谓之外，"咱"还可以用于领属其他实体性成分，如购物时询问店家商品价钱时，一般把"你们家"说成"咱家"，这种说法可以拉近双方的心理距离，使双方关系更加亲近。例如：

  （1）咱这卖酒不？

  （2）咱家苹果咋卖的？

  东北官话第一人称代词还有一个特殊的用法，就是领属亲属称谓一般只用单数形式，而不用复数形式，尽管说话现场应该是包括式。例如，同胞姐妹的对话如下：

  （1）我爸过生日你给买啥，你给我爸买啥完你告诉我一声。

  （2）我哥快家来了，咱去他家看看。

  例（1）中的"我爸"很显然是两姐妹的爸爸，但东北官话不像普通话一样用"咱爸"，只用"我爸"。例（2）也是如此，"我哥"是交际双方共同的哥哥。

  "俺/俺们"跟"我们"基本处于互补分布的关系，"俺/俺们"一般不用作主宾语，而仅做定语，且修饰的中心语主要是表示某一集体的名词性成分，如"俺家""俺单位""俺厂子"等。"俺+中心语"一般不表示领属关系，而是侧重一种对立关系，强调是这一方而不是那一方。例如：

  （1）俺厂子都正常放假了，你们咋还上班？

  （2）俺这边没人吃，不要了，恁那边愿意吃。

  （3）俺单位赢了，您单位输了。

  其中的"俺厂子"与"其他厂子"处于界线明显的双方；"俺这边"在

东北官话中表示"我们这里",一般指一片区域,而另一片区域界线分明。

此外,"俺"还具有标记一个集体的作用,与其所修饰的成分共同构成一个集合,以区别于另一个集合。例如,下例"俺们小区"特别强调其是一个集体,跟其他集体相对:

(1) 这是给俺们小区送的吗?

(2) 俺家我爸那身体老好了。

综上所述,"俺+中心语"这类定中短语标记一个集体,且区分于另一个集体,而不仅仅是领属,表示领属关系多用"我",如上例(3)"俺家我爸"中,"俺"和"我"各司其职,"俺"修饰"家"突出其区别于其他家庭,"我"修饰"爸"只表示领属关系。特别值得注意的是,东北官话沈阳方言点不用"俺",而用"咱","咱"在沈阳话中代替"俺",具有"俺"的全部用法,如"咱家""咱那头""咱沈阳"等。例如:

(1) 咱家我爸身体老好了。

(2) 咱那头没电了,你那头有吗?

(3) 咱沈阳人老热情待客了。

沈阳话的"咱"也突出是一方而不是另一方,具有强调区分的作用。

"俺/俺们"也可以与其他名词性成分构成同位短语,也强调划定一范围,构成一个集体。例如:

(1) 俺们仨一起来的。

(2) 俺几个一合计就买了。

上述中的"俺/俺们"在普通话中都用"我/我们","我/我们+中心语"构成的结构就是一般的定中结构,没有标记集体,没有强调是"我方",而不是"对方"。可以看出,普通话没有运用第一人称复形标记来对言谈对象进行划分的手段,而东北官话有这种手段。"俺/俺们"的区别同"咱/咱们","俺"更常用。

(二) 第二人称代词

东北官话第二人称代词较少，单数形式只有"你""您"两个，复数形式有"恁 [nin^{213}]""恁们 [nin^{213} mən^{0}]"两个。单数形式跟普通话相同，"你"是一般用法，"您"表尊称，不再赘述。

东北官话第二人称复数不用"你们"，仅用"恁/恁们"。这一点与普通话极为不同，也与第一人称复数形式不同，第一人称复数既有"我们"，又有"俺们"，二者分布互补；而第二人称仅有"恁/恁们"，所以，"恁/恁们"具有人称代词的全部用法，不仅可以做定语，而且可以做主宾语，具有普通话"你们"的全部用法。例如：

  （1）恁啥前儿回来的？

  （2）这个给恁拿回去吧。

  （3）恁单位有多少人？

  （4）恁几个啥时候来的？

  （4）恁们不要啊，那俺们可留下了。

一般都用"恁"，对比强调时可以用"恁们"，但也可以用"恁"。

(三) 第三人称代词

东北官话第三人称代词数量最少，单数形式只有"他"，复数形式是"怹 [than^{44}]""怹们 [than^{44} mən^{0}]"两个。单数形式"他"在指示性别的时候，男性用"他"，女性用"她"，人类以外的事物用"它"，这些都跟普通话一样，我们统称为"他"，不再赘述。复数形式"怹""怹们"可以指示男性、女性及人类以外的事物，可以代替普通话的"他们""她们""它们"。

地道的东北官话第三人称复数形式不用"他们""她们""它们"，而只用"怹""怹们"，新派方言受普通话影响，会使用"他们"。与第二人称复数形式只用"恁""恁们"相同，第三人称复数形式"怹""怹们"与普通话的"他们"相同，具有人称代词的全部用法。例如：

  （1）怹先走了，让你别着急。

  （2）都让怹拿走了，没了。

(3) 恁班人老多了。

(4) 恁几个谁呀？没见过。

(5) 恁们啥都买了，怎们就别管了。

一般用"恁"，对比强调时可以用"怎们"，但也可以用"恁"。这一点与"俺/俺""恁/恁们"相同。

二、己称代词

己称代词也称为反身代词、自称代词，用来复指前面的名词或代词。东北官话反身代词共有四个，分别是"个儿个儿""自个儿""自己个儿""个人［kɣ²⁴in⁰］"。其中"个儿个儿""自个儿"在东北官话各方言点的使用频率都比较高，复指"你"的时候用"个儿个儿"更多，复指"我"的时候用"自个儿"更多。例如：

(1) 你个儿个儿乐意干啥干啥，没人管。

(2) 他让我自个儿去。

(3) 这是我们个儿个儿的事，我们个儿个儿想办法。

"个人［kɣ²⁴in⁰］"主要在辽宁使用，且主要复指人称代词的单数形式，不能复指复数形式。例如：

(1) 让他个人去就行，你不用跟着。

(2) 这老些东西你个人拿不行。

(3) 家里就我个人，没人来。

"自己个儿"主要用于老派方言，使用频率低。

三、统称代词

统称代词又称为共称代词或总称代词，用来指代一定范围内的所有人。东北官话统称代词主要是"大伙儿""大家伙儿"，"大家"是受普通话影响的新派用法，老派主要用"大伙儿"，辽宁还用"大家伙儿"。"大伙儿"不仅常用，而且可以用于各种句法位置，"大家伙儿"主要用于与人称代词的复数形式一起构成同位短语，如下面的例（4）和例（5），而不用于其他句法位置。例如：

（1）大伙儿一起商量着来呗。

（2）你跟大伙儿说说，到底咋回事？

（3）这是大伙儿的钱，你个儿个儿不能说了算。

（4）咱大家伙儿一起动手，三两下就整完了。

（5）这些给你们大家伙儿分分。

四、旁称代词

旁称代词用来泛指除说话人和听话人之外的人。东北官话中旁称代词共有三个，分别是"别人（儿）""人家""人"。

首先，别人（儿）$[pi\varepsilon^{24}i\tilde{\eth}\,r^{24}]$ 在东北官话中常常儿化，与普通话中"别人"的用法相同，指代与"自己"相反，指自己以外的人。例如：

（1）别人儿都同意了，就你个儿个儿反对。

（2）把机会留给别人儿的。

（3）别人儿的闲事你管啥呀？

东北官话的"人/人家"也指代与"自己"相反，指自己以外的人，但跟"别人儿"并不完全相同，"别人儿"是泛指，而"人/人家"是特指，是交际双方已知的特定对象。例如：

（1）我没买着票，别人儿买没买着我也不知道。

（2）我没买着票，人就买着了。

（3）别人儿东西你得好好保管。

（4）人家东西你得好好保管。

例（1）中的"别人儿"泛指也要买这个车票的人，而例（2）中的"人"是说话双方已知的某个（些）人。例（3）中的"别人儿"是泛指，这

句话统说一个道理，例（4）中的"人家"是特指，双方都知道指代的具体
对象。

其次，"人/人家"与普通话的"人家"也不完全相同。东北官话"人/
人家"更强调一方与另一方的差别和对立，说话人自己或特指的某个（些）
人是一方，"人/人家"指代的是另一方。例如：

（1）我哪行，我哪有人厉害。

（2）人都去了，你咋还不去？

上例中的"人"指代交际双方都已知的特定对象，用"人"来指代，强
调该对象与"我""你"处于不同的两方。如果"自己"一方与对方存在的
差距较大，不用"别人儿"，用"人/人家"，以突出和强调这个差距，同时
表达说话人对差距的态度。例如：

（1）人家，人家还用说吗，人早就调到城里去了。

（2）谁也比不过人家啊，人老好了。

（3）人那家里老宽绰了。

（4）我倒是想帮，人不让啊。

（5）人说啥是啥，咱有啥办法。

（6）这都是人家地盘，人说了算。

例（1）至例（3）中的说话人用"人/人家"指代某些人，意在突出说
话人自己跟"人/人家"所指代对象的差距，同时表达说话人的羡慕之情。例
（4）至例（6）在突出差距的同时表达了说话人的无奈或不服气的情绪。

再次，"人/人家"作为旁指代词，不仅可以独立使用，还经常跟其他名
词或代词组合构成同位短语，且"人/人家"位置灵活，可前可后。例如：

（1）人你王姨家孩子考上北京的大学了。

（2）人你哥可忙了，别去麻烦他。

（3）你原来的工友人家现在成文化人了。

（4）小张人学习老好了。

第二节 指示代词

东北官话指示代词和普通话一样是二分的，分为近指和远指两类。指示代词一般可以根据指代对象进行分类，如王力《中国现代语法》（1943）将指示代词分为程度的指示、处所的指示、时间的指示。我们也从指代对象角度将东北官话指示代词分为指代人物、处所、时间、数量、方式、情状、程度七个类别，东北官话主要指示代词见表5-2-1。

表5-2-1 东北官话指示代词

	近指	远指
类别人物	这	那
处所	这儿、这边儿、这边拉、这块儿/坎儿 这面儿、这疙瘩、这疙儿 这头儿、这两溜儿	那儿、那边儿、那边拉、那块儿/坎儿 那面儿、那疙瘩、那疙儿 那头儿、那两溜儿
时间	这前儿、这咱、这阵子、这（一）气儿	那前儿、那咱、那阵子、那（一）气儿
性状	这样儿、这样式儿、这式儿、这路式儿	那样儿、那样式儿、那式儿、那路式儿
方式	这、的的、这样式儿、这式儿	那、那的、那样式儿、那式儿
数量	这些、这老些、这点儿、这一点儿	那些、那老些、那点儿、那一点儿
程度	这、这个	那、那个

总体来看，东北官话指示代词数量较为丰富，特别是指示处所的代词最多。在基本形式"这""那"的基础上产生了丰富的组合形式，近指和远指基本呈对称形式存在。词形上以双音节为主，也有一些三音节形式，轻声和

儿化现象较多。而且，东北官话指示代词的读音也较为丰富，根据指示对象的不同，"这"有"[tʂei⁵¹]""[tʂən⁵¹]""[tʂɚr⁵¹]"三种读音，"那"有"[nei⁵¹]""[nən⁵¹]"两种读音。下面分别讨论。

一、指示人物

东北官话指代人或事物的指示代词主要就是"这[tʂei⁵¹]"和"那[nei⁵¹]"，分别是表近指和表远指，具有指别和称代的语法意义。例如：

（1）你刚才说的是这事儿啊。　　　　　[指别]
（2）别乱动人家东西，那不是咱的。[称代]

在东北官话中，"这""那"作为指示代词，通常不构成"指量名"结构，而通常直接修饰名词性成分，构成"指名"结构，指代的同时具有强调作用，用来强调名词所指的人或物。例如：

（1）刚才就这人，帮了我们一把。
（2）那窗户咋打开了呢？

上面例（1）和例（2）中的"这人""那窗户"表示的是"这个人""那扇窗户"的意思。"这+一+量""那+一+量"在指数量为"一"的人或物时会省略量词，构成"指名"结构。不仅如此，表示"这三个人""那两扇窗户"的意思时，也仍然不用量词，可以用"指数名"结构。例如：

（1）那仨人就这么走了？
（2）这俩窗户咋开了呢？

东北官话"这""那"在表称代功能时，还可以用"指量"结构。例如：

（1）这个就挺好，不用挑了。
（2）给我来那扇（排骨），那扇好。
（3）这五个给我包起来。

例（2）中的排骨是省略不说的。除了"指量"结构，当数词不是"一"

时，还可以用"指数量"结构。可见，东北官话一般不用结构完整的"指量名""指数量名"结构，当数词为"一"时，倾向于用"指名"或"指量"结构。

二、指示处所

东北官话常用的处所指示代词数量丰富，表近指和表远指各有九个：

表近指：这儿［tʂər⁵¹］、这边儿、这边拉、这块儿/坎儿、这面儿、这疙瘩、这疙儿、这头儿、这两溜儿。除了这儿［tʂər⁵¹］之外，其中的"这"音都为"［tʂɛi⁵¹］"。

表远指：那儿［nər⁵¹］、那边儿、那边拉、那块儿/坎儿、那面、那疙瘩、那疙儿、那头儿、那两溜儿。除了那儿［nər⁵¹］之外，其中的"那"音都为［nci⁵¹］或［nai⁵¹］。

"这儿［tʂər⁵¹］""那儿［nʌr⁵¹］"称代处所，与普通话中的"这里""这边""那里""那边"基本一致，使用频率最高。例如：

（1）这儿太埋汰了，你赶紧收拾。

（2）别往那儿扔，该找不着了。

其余称代处所的指示代词由"这""那"后面加上表处所义的构词语素构成。"这边儿/坎儿、这边拉、这面儿"和"那边儿、那边拉、那面儿"相当于普通话的"这边""那边"，更侧重强调某一具体方位。"这边拉""那边拉"多用于老派，"这面儿""那面儿"主要在辽宁中南部使用。"这疙瘩、这疙儿"和"那疙瘩、那疙儿"相当于普通话的"这里""那里"，更侧重强调某一具体处所。例如：

（1）别往那面儿走啊，那不走反了吗？

（2）往这边拉挪挪行不？

（3）你这疙儿咋的了，咋红了呢？

（4）那疙瘩那老大，指定有吃饭的地方。

上面例（1）和例（2）中的"那面儿""这边拉"一般不用"这疙瘩"

89

"那疙瘩"。例（3）和例（4）中的"这疙儿""那疙瘩"一般也不用"这边儿""那面儿"。这几个词在东北官话所有调查点的使用频率都比较高，但"这疙瘩""那疙瘩"主要在黑龙江使用，而简缩形式"这疙儿""那疙儿"主要在辽宁和吉林使用。

东北官话"这儿""那儿""这疙瘩""那疙瘩""这疙儿""那疙儿"都可以指代具体处所，但指范围相对较小的处所时不用"这儿""那儿"，而用"这疙瘩""那疙瘩""这疙儿""那疙儿"。例如：

（1）下巴那疙儿长了个痦痣。

（2）墙角这疙瘩咋有点裂开了呢？

"这头儿""那头儿"与上面指示代词有所不同，更侧重于强调方向和处所，其中的"头儿"与第二章第一节方位名词中提到的"东头儿""西头儿""南头儿""北头儿"中的"头儿"用法相同。例如：

（1）我在老房子这头儿呢，你在哪？

（2）你那头儿有啥事就喊我。

例（1）"老房子这头儿"一般不说"老房子这里""老房子这边"，"这头"既指明了方向，又强调了存在。"头儿"的这种用法在东北官话用引申出抽象的存在义，经常与名词或代词性成分组合构成同位短语，如上例（2）的"你这头儿"，此外还有"俺家这头儿""单位那头儿""你哥那头儿"等。"你这头儿"就是"你"，"俺家这头儿"就是"俺家"。

"这两溜儿""那两溜儿"表示大概位置，指代一个范围。一般指代说话人与听话人周围的区域，"这两溜儿"指代离双方稍近的位置，"那两溜儿"指代离双方稍远的位置。例如：

（1）这两溜儿原来是一排小矮房儿。

（2）就在那两溜儿找吧，兴许能找着。

三、指示时间

东北官话常用的时间指示代词数量较为丰富，表近指和表远指共十个，均在我们调查的所有方言点使用。

表近指：这前儿、这咱［tsan²¹³］、这阵儿、这阵子、这（一）气儿。其中"这前儿、这咱［tʂei⁵¹ tsan²¹³］"中的"这"音为［tʂei⁵¹］或［tʂʅ⁵¹］，自由变读；"这阵儿、这（一）气儿"中的"这"音为［tʂei⁵¹］。

表远指：那前儿、那咱［tsan²¹³］、那阵儿、那阵子、那（一）气儿，其中"那前儿"中的"那"音为［nei⁵¹］或［nʌ⁵¹］，自由变读；"那咱［tsan²¹³］"中"那"的读音更多，除了［nei⁵¹］、［nʌ⁵¹］外，还有［nən⁵¹］的音；"那阵儿、那（一）气儿"中的"那"音为［nei⁵¹］或［nai⁵¹］，自由变读。

"这前儿""这咱"和"那前儿""那咱"指示时间点，相当于这个时候、那个时候。例如：

(1) 你这咱去还能买着吗？

(2) 那前儿我才不几岁，根本记不住了。

(3) 搁那前儿开始，他就一个人生活了。

(4) 他到这咱才说，能怪谁呀？

"这前儿""那前儿"更侧重指代这个时候、那个时候，而"这咱"侧重指代"现在""眼下"，"那咱"侧重指代"过去""刚才"。例如：

(1) 这咱的年轻人老点外卖吃。

(2) 那咱他来找你了，你不在。

"这阵儿""这阵子""这（一）气儿""那阵儿""那阵子""那（一）气儿"指示时间段，相当于"这段时间""那段时间"。"这阵儿""这阵子""那阵儿""那阵子"表示一般时间，可以用于指代一般的时间段。例如：

(1) 你这阵子忙啥呢，老也见不着人。

(2) 我那阵儿心情不咋好，谁也没跟谁联系。

(3) 这阵儿不下了，赶紧走。

(4) 他那阵儿在我家住了几天。

"这阵儿"与"这阵子"相比,前者指代的时间段比后者短。

"这(一)气儿""那(一)气儿"更强调时间的短时且连贯,其中的"气儿"跟"一口气"意义相关,下例中的"这(一)气儿""那(一)气儿"都可以换成"一口气"。例如:

(1)我这一气儿写了两页。
(2)他那一气儿连喝了五瓶。

四、指示性状

东北官话常用的性状指示代词数量较为丰富,表近指和表远指共 8 个,均在我们调查的所有方言点使用。

表近指:这样儿、这样式儿、这式儿,这路式儿。其中"这样儿""这路式儿"中的"这"音为 $[tʂɤ^{51}]$ 或 $[tɕei^{51}]$,自由变读,老派多用后者;"这样式儿""这式儿"中的"这"音为 $[tɕei^{51}]$ 或 $[tɕən^{51}]$,自由变读,老派多用后者。

表远指:那样儿、那样式儿、那式儿、那路式的。其中"那样儿""那路式儿"中的"那"音为 $[nɤ^{51}]$ 或 $[nei^{51}]$,自由变读,老派多用后者;其中"那样式儿""那式儿"中的"那"音为 $[nei^{51}]$ 或 $[nən^{51}]$,自由变读,老派多用后者。

"这样儿、这样式儿、这式儿"相当于普通话的"这样";"那样儿、那样式儿、那式儿"相当于普通话的"那样"。例如:

(1)年轻人都愿意穿这样式儿衣服。
(2)那路式的包你也有一个。
(3)别老这样儿,谁受得了啊?
(4)这菜咋让你做成这式的?
(5)我就稀罕那路式的,你呢?
(6)那孩子咋哭那样儿?

这几个词都经常做谓语、补语和定语,其中"这路式儿""那路式儿"

更倾向于做定语。

五、指示方式

东北官话常用的方式指示代词数量较为丰富，表近指和表远指共八个，均在我们调查的所有方言点使用。

表近指：这、这的〔ti⁰〕、这样式儿、这式儿。其中"这""这的"中的"这"音一定为〔tʂən⁵¹〕；"这样式儿""这式儿"中的"这"音为〔tʂei⁵¹〕或〔tʂən⁵¹〕，自由变读，老派多用后者。

表远指：那、那的〔ti⁰〕、那样式儿，那式儿。其中"那""那的"中的"那"音一定为〔nən⁵¹〕；"那样式儿""那式儿"中的"那"音为〔nei⁵¹〕或〔nən⁵¹〕，自由变读，老派多用后者。

这些指示方式可以分为两类。一类为"这""这的""那""那的"，专门指示方式的。据吕叔湘（1985），"这么、那么是后起的形式，早期近代汉语里用得最多的是恁……"。东北官话中"那"与"恁"同音，用法也相同，考虑本字可能是"恁"，"那的"也可能是宋元时期的"恁地"。"这"与"恁"同韵，与"恁"的用法基本相同，只是用于近指，不排除是受到"恁"音的影响。所以，"恁""恁地"是近代汉语中出现的专门的指示方式的代词，东北官话保留了这种用法。例如：

（1）话也不能这说啊。

（2）你再那整谁也不搭理你了。

（3）就这的得了，明天再说。

（4）别这的、那的的，不想干直接说。

"这""那"倾向于做状语，具有副词性；"这的""那的"倾向于做谓语，具有述谓性。

另一类为"这样式儿""这式儿""那样式儿""那式儿"，兼具指示性状和指示方式的功能，指示方式的用法如下：

（1）不能这样式儿坐着，对腰不好。

（2）你看前面那人，得那样式儿往下下，好下。

（3）你得这式儿拿，保证不掉。

（4）你咋那式儿写字呢，笔拿得不对。

六、指示数量

东北官话常用的数量指示代词表近指和表远指共八个，均在我们调查的所有方言点使用。

表近指：这些、这老些、这点儿、这么点儿。其中所有的"这"音为 $[t\varsigma\partial n^{51}]$，"这些""这老些"中的"这"在新派方言中也读 $[t\varsigma\gamma^{51}]$。

表远指：那些、那老些、那点儿、那么点儿。其中所有的"那"音为 $[n\partial n^{51}]$，"那些""那老些"中的"那"在新派方言中也读 $[n\gamma^{51}]$。

"这些""那些"既可用于指代适当的数量，也可用于指代较多的数量。"这老些""那老些"用于指代较多的数量。"这点儿""那点儿""这么点儿""那么点儿"用于指代较少的数量。例如：

（1）你把这些都拿走。

（2）街上那老些人，出去干啥？

（3）这点儿也不够吃啊。

（4）你可真不怕冷，就穿这么点儿衣服。

（5）就那些了，卖了回家。

（6）那点儿玩意也舍不得给啊？

七、指示程度

东北官话常用的数量指示代词表近指和表远指共四个，均在我们调查的所有方言点使用。

表近代：这、这个。"这"音为 $[t\varsigma\partial n^{51}]$，"这个"中的"这"音为 $[t\varsigma ei^{51}]$。

表远指：那、那个。"那"音为 $[n\partial n^{51}]$，"那个"中的"那"音为

[nei⁵¹]。

这四个指示代词也分为两类。一类为"这""那",这两个词在上面讨论过,也用来指示方式,只有副词性指示和称代功能。而另一类"这个""那个"也用来指示人和事物,由名词性指代功能演变出指示动作、性状的程度的用法,兼具名词性和副词性指代功能。例如:

(1)这几天咋这热呢?

(2)这几天这个热啊!

(3)那孩子真那能跑啊?

(4)那孩子那个能跑啊!

从例(1)和例(3)可以看出,其中的"这""那"既可以理解成方式,也可以理解成程度,只能用"这""那",而例(2)和例(4)仅表程度,只能用"这个""那个"。而且,"这个""那个"只能用于感叹句,而"这""那"带有陈述语气,还可以用于疑问句。

第六章

副　词

　　现代汉语副词研究一直是语法研究的热点，长期以来受到学界的关注，也取得了一定的研究成果。近年来，汉语方言副词研究也越来越受到重视，成为语法研究的新热点之一。乔全生《晋方言语法研究》（2000）、兰宾汉《西安方言中的几个程度副词》（2004）、余霭芹《粤语研究》（1972）、伍云姬《湖南方言的副词》（2007）等率先对晋语方言、西安方言、粤方言、湘方言副词等展开了研究，研究内容主要集中在方言副词的分类以及个别特殊方言副词的研究上，推动了汉语方言副词研究。常纯民《试论东北方言程度副词》（1983）率先开东北官话副词研究先河，20 世纪 80 年代至今，东北官话副词研究有逐渐升温的趋势，取得了一定的成果。首先表现为出版的东北官话词典对东北官话副词进行了释义，有代表性的如许皓光《简明东北方言词典》（1988）、马思周和姜光辉《东北方言词典》（2005）、尹世超《东北方言概念词典》（2010）。其次表现为研究性论义数量的增加，特别是程度副词的研究比重较大，相关成果较多。其实东北官话副词中除了程度副词以外，还有很多副词也都具有方言特色和研究价值。下面介绍东北官话副词概貌，并对个别副词进行专门研究。

第一节　副词总说

　　现代汉语副词研究的一个首要问题就是副词的分类问题，从《马氏文通》

开始，各位学者就对副词进行了分类，只是分类的原则不同，结果也不同；即使从同一个原则出发，分类的结果也不尽相同。吕冀平《汉语语法基础》分为七类，吕叔湘《现代汉语八百词》分为八类，赵元任《汉语口语语法》分为九类，朱德熙（1982）只分出范围副词、程度副词、时间副词及否定副词四类，但却是大家公认的副词内部的基本小类，是现代汉语副词的核心成员，使用面广，复现率高。张谊生（2000）另辟蹊径，以句法功能为依据，以所表意义为基础，将副词分为三大类八小类，三大类分别是：评注性副词、描摹性副词、限制性副词。其中的描摹性副词也称情状副词、情态副词，是用来描述当时动作的情境状态的副词。评注性副词也称语气副词，主要是表示说话人对事件、命题的主观评价和态度；限制性副词是副词的主体，主要是用来对动作、行为、性质、状态加以区别和限制的，可以再分为若干小类。我们结合朱德熙（1982）和张谊生（2000）的观点，采用大多数人的命名方式，研究东北官话中副词中的主要成员，即范围副词、程度副词、时间副词、否定副词和情状副词。我们主要总结和描写东北官话有而普通话没有的副词。

一、范围副词

朱德熙（1982）从语义指向角度将范围副词分为前指和后指两类："表示范围的副词可以分成两类。一类标举它前边的词语的范围。……另一类范围副词标举它后面的词语的范围。"很多学者如张谊生（2000）将范围副词分为总括性和限定性两类，或者是概括性和排除性两类，尽管命名方式存在差异，但实质基本相同。张亚军（2002）在张谊生的基础上将范围副词分为总括、限量和排他三类，并指出这三类范围副词在句法、语义和语用方面的差别。我们采用张亚军的分类角度，将东北官话范围副词分为总括性范围副词、限量性范围副词和排他性范围副词三类。

（一）总括性范围副词

总括性范围副词是对范围内的所有成员进行总括，提取这类成员在某个方面的同质性，我们可以称之为"都"类。这类副词一般就是朱德熙先生说的前指类副词，常出现于谓词性成分前做状语。东北官话最常用的总括性范围副词是"全""都","都"单独使用时多为阳平读音，而且经常"全都"连用。例如：

(1) 他们<u>全</u>都走了？

(2) <u>全</u>都整没了。

此外，东北官话还有一个常用的范围副词"整个浪儿"，强调"全部"，而且经常与"都""全"连用，组成"整个浪儿都""整个浪儿全"，例如：

(1) 他们村<u>整个浪儿</u>都被大水淹了。

(2) 一张卷<u>整个浪儿</u>全空着，一个题也不会。

还有一类总括性范围副词以合指的形式来表示总括，一抹［ma^{51}］$_{一概}$、一水$_{一律}$，例如：

(1) 所有人<u>一抹</u>都穿白的。

(2) 他们班<u>一水</u>都是女孩。

(二) 限量性范围副词

限量性范围副词重在限定与事物或动作行为相关的数量特征，往往必须与数量短语共现，我们可以称之为"共"类。东北官话这类副词主要有统共$_{一共}$、共齐$_{一共}$、归齐$_{一共}$、归堆$_{一共}$、顶大天儿$_{至多}$、最损$_{起码}$，例如：

(1) <u>最损</u>重十斤。

(2) <u>顶大天儿</u>两米。

限量性范围副词一般可以进入"形容词+_+数量短语""_+形容词+数量短语"结构，表达一种限量特征。

(三) 排他性范围副词

排他性范围副词重在提示某一范围内部分成员或个别成员不同于其他成员的异质性，具有排他性和唯一性，也有学者称这类范围副词为唯一性程度副词，我们可以称之为"只"类。东北官话这类范围副词主要有光/广/管/寡，除了"光"以外，"广/管/寡"都是"光"的音变形式，一般读为上声。

东北官话主要用这几个词表唯一。这类副词一般可以用在正反对举的语境中。例如：

(1) 光吃馒头，不吃菜啊？

(2) 啥也没吃，光喝酒了。

此外，还有几个常用副词具有限量和排他两种性质，最常用的是"就"。例如：

(1) 就十来个，别数了。　　　　[表限量]

(2) 就知道看书，别的啥也不干。　[表排他]

二、程度副词

程度范畴是量范畴的一种，是人类语言中最为基本和常见的范畴之一，表示程度范畴的语法手段主要有词法和句法两种。词法手段主要通过形容词的构词形态和构形形态来表示，句法手段主要通过状语、补语这两个句法位置以及某些特殊的专表程度的构式来表达。做状语表程度的成分主要是程度副词，东北官话表示程度的状语主要由程度副词充当，且程度副词的使用在不同方言点存在差异。总体来看，程度副词可以分为过量、极大量、偏大量、达标量和偏小量五类。

（一）过量

过量就是说话人认为超过需要，并因此产生负面作用的程度，比如，普通话中的"透顶""透"。东北官话一般用"透腔""完"，用于形容词或心理动词后面做补语。例如：

(1) 这人已经傻透腔了。

(2) 我已经累完了。

（二）极大量

极大量指比偏大量更高的程度，如汉语普通话中的"极"，东北官话一般用"贼拉",或者用"程度副词+中心语"的重叠式,这个程度副词一般用"老",如"老远老远""老高老高"来表示极大量。例如:

(1)他家离这里老远老远了。

(2)他老能老能喝酒了。

(三)偏大量

偏大量即比公认的平均程度高的程度,汉语普通话"很、非常"一般认为是表示偏大量的程度。东北官话表偏大量的程度副词最多,也最为丰富多样。辽宁通溪小片主要用"老"表示偏大量,与辽南胶辽官话邻近地区如鞍山、海城主要用"诚""诚子",辽西长锦小片也主要用"老"。黑龙江主要用"贼""老鼻子""忒",吉林主要用"老""贼"。此外,东北官话还有一类副词也可以表偏大量,这类副词较为特殊,是由拟声词语法化而来的,如"嘎嘎、嗷嗷、钢钢"。

(1)这苹果嘎嘎甜。

(2)他做饭嗷嗷好吃。

"嘎嘎"使用频率最高,可以修饰大量单音节形容词,而且地域分布范围广,基本用于东北官话内部各个片区;而"嗷嗷、钢钢"多用于黑龙江地区,辽宁基本不用。

(四)达标量

达标量表示说话人认可其符合该属性并达到了偏高的程度,但比"很、非常"的量要低一些,如汉语普通话的"挺"。东北官话表达标量也用"挺",此外还主要用词法手段,具体见形容词章节,这里不再赘述。

(五)偏小量

偏小量指符合形容词所表示的属性,只是程度不高,如汉语普通话的"有点儿""稍微""略微"等。东北官话表偏小量一般不从正面说"偏小",而从反面说"不大",一般用"不咋"或直接用"不+形容词"的形式,多用于形容词后面做补语。例如:

（1）这衣服买得<u>不咋</u>大啊，胖一点都穿不了了。

（2）这孩子长得<u>不咋</u>高啊。

三、时间副词

时间副词不仅包括长时、短时或过去、现在、将来，还包括时间的间隔，即频率副词。朱德熙（1982）的时间副词就包括频率副词在内。我们也将频率副词与时间副词归为一类。

（一）表时间

关于时间副词学者们已经提出过多种不同的分类方法。吕冀平（1999）将时间副词分为六类；陆俭明和马真（1985）将时间副词分为十八小类；张谊生（2002）将时间副词分为两大类四小类，两大类分别是时制副词和时体副词。时制副词指的是事件所涉及的是过去、现在、将来、恒常等指示性的具体时间，根据所表事件在一定时轴上所占据的时间长度分为表时段和表时点两类。时体副词指的是事件在特定时间内的进程或性状的变化，根据事件同客观情状或主观认识的联系分为有定和无定两类。马庆株（2000）将时间副词分为先时、后时、同时三种。我们参照马先生的分类标准，将东北官话时间副词分为先时时间副词、后时时间副词和同时时间副词三类。

东北官话先时时间副词主要有才刚（刚才）、先头儿（刚才，刚开始）、头前儿（一开始、之前）、早先（以前，从前）、在早（从前）、老早（从前）、早头儿（以前）、坐地/起根儿（一开始）、打小（从小）、老老年（很久很久以前）、早八辈子（若干年以前，十分久远的过去）。例如：

（1）<u>早先</u>见过一次。

（2）<u>早八辈子</u>就认识他了。

（3）<u>先头儿</u>说不去，后来又想去了。

东北官话后时时间副词主要有完（过后）、完了（过后）、完事（过后）、回头（过后）、过两天（过后）、这就（立刻）、立刻亮（立刻）、眼瞅（马上）、临秋末晚（到最后）。例如：

（1）行，走吧，<u>完</u>告诉我一声。

（2）好，好，我这就给你。

东北官话同时时间副词主要就是"正在这儿_{正……}呢"。例如：

（1）我正在这儿寻思呢，你就过去了。

（2）这不正在这儿叨咕呢吗。

"正在这"在东北官话中就是"正""正在"的意思，虽然包含指示词"这"，但并没有起到指示处所、方位等作用，语义淡化，"正在这"就是"正在"。

据调查，"打多咱""一半会儿""脚跟脚儿"为表时段的时制副词，"立马""冷不丁"为表时点的时制副词，"打小儿""眼瞅"为表有定的时体副词，"到啥前""已就""到了儿"为表无定的时体副词。

（二）表频率

东北官话频率副词可以根据频率的高低分为偏高、中高、中低三个层级。

偏高频副词可以称为"总是"类，东北官话偏高频副词主要有成天价_{成天}、见天（价）_{成天}、一天价_{一天天}、盯架_{一直}、盯罢_{一直}、盯着_{一直}、老盯_{一直}、绑盯_{一直}，直么_{一直}。例如：

（1）盯价往人家跑。

（2）成天价来，没完没了。

（3）跟我后面盯着问我。

中高频副词可以称为"时常"类，东北官话中高频副词主要有老_{经常}、不禁不离儿_{时间间隔不长}、隔三岔五_{时间间隔不长}、隔长不短_{时间间隔不长}、晃常_{时常}、三天两头_{时间间隔不长}、动不动_{时常}、动不动_{经常}、一整_{时间间隔不长}。例如：

（1）动不动就往镇上跑。

（2）一整就生气，不爱跟他说话。

中低频副词可以称为"有时"类，东北官话中低频副词主要有抽冷子_{偶尔}、花荐子_{偶尔}、冷不丁_{偶尔}、年八辈子_{间隔时间很长}、有时有晌_{间隔时间较长，有规律}。

例如：

   （1）不老来，<u>花荐子</u>来看看。

   （2）<u>年八辈子</u>不来一回，一来还不好好表现？

四、否定副词

东北官话有两套否定系统：一套仅用作状语，具有修饰性；另一套仅单独使用，不用作状语，具有应答性。前者是不、没、别，后者是不价、别价。例如：

   （1）A：你从沈阳坐车回去吗？

       B：<u>不价</u>，我从大连直接走了。

   （2）A：这个别给我，给你拿着！

       B：<u>别价</u>啊，你自己留着吧

   （3）A：这个你拿了吗？

       B：<u>没</u>，没呢。

"没"具有谓词性，可以直接单独使用，因此不用与"价"构成另一个副词。

五、情状副词

情状副词就是主要用于描摹情状和方式的副词，具有明显的语义内涵，以表示词汇意义为主，一般都是双音节形式。情状副词又可以根据其所修饰的动作类别进行分类。据调查，东北官话情状副词主要集中于描摹下面几类：

（一）通过描摹声音来描摹动作的速度和样态

这类副词主要由重叠式拟声词虚化而来，通过这些声音来表现一种动作的方式和状态，这些词重在描摹动作的情状，而不是声音，因此，我们把这类词看作副词。读音都变为阳平，两个音节都是阳平，而不是原来的读音，也不是轻声，修饰位移类动词，多表示快速移动的状态。主要有蹭蹭摩擦频繁,移动快、呼呼一直不停,移动快、仍゠仍゠带有一定声音,移动快/日゠日゠带有一定声音,移动快、柔゠柔゠腿脚灵活,移动快/悠゠悠゠腿脚灵活,移动快、飕飕走路带风,移动快、叽里咕噜磕磕绊绊,脚步不停、劈啦扑碌磕磕绊绊,脚步不停、劈啦啪啦发出较大声响,移动较快、叽里咕噜滚动着向前移动。例如:

(1) 蹭蹭/柔゠柔゠往前走。

(2) 日゠日゠跑啥呀?

(3) 叽里咕噜往楼下跑。

这些副词的使用描摹了位移的具体状态,"叽里咕噜"突出了跑的过程磕磕绊绊、伴有滚动,可能在地上翻滚了一下却不停脚地继续移动的状态。

(二) 描摹发出声音的动作

这类副词也多是由重叠式拟声词虚化而来的,主要表示大哭的声音、大叫的声音、轻声说话的声音和水流的声音,通过这些声音来表现一种动作的方式和状态,这些词重在描摹动作的情状,而不是声音,因此,我们把这类词看作副词。这类词在东北官话中作为情状副词使用时一定读阳平,且第二个音节也不读轻声。这类情状副词是句子的焦点及重音所在,而且一般用较大的声音并带有一定的夸张语气。主要有哇哇哭的声音大且时间长、嗷嗷哭的声音高亢且时间长、吱儿吱儿叫的声音较为细长尖锐、悄么声悄悄、鸟悄悄、慢条小语又轻又慢、顺口随口,带有随意、不经意的状态、直直水流急而快的状态、哗哗水流多而声音大的状态。例如:

(1) 嗷嗷叫唤啥呢?

(2) 人家就慢条小语地说话。

(3) 从管子里直直往外蹿。

(三) 描摹跟五官头部相关的动作

这类副词主要描摹用眼、耳、口和脖子发出动作时的某种状态,这类副词主要有盯盯目不转睛、瞅空子看住机会、眯眯眼半闭着眼睛、斜愣眼斜着眼睛、瞪俩眼睛瞪着眼睛、竖俩耳朵竖着耳朵、顺脸沿着面部从上往下、直脖子脖子一直抬起来一动不动、仰脖脖子抬高、大口连抹大口大口不停地、并嘴双唇合上、头不抬、眼不睁处于低着眼睛下视的状态,引申为忙于低头做手头的事。例如:

（1）他总斜愣眼瞅人。

（2）你直脖子看啥呢？

（3）你并嘴嚼。

（四）描摹用四肢发出的动作

这类副词描摹用四肢发出的动作的状态，主要有一顺手_{顺便}、扒拉手指头_{用手指数数}、扒拉_{手指用力使移动}、捎带脚儿_{顺手}、大步流星_{大踏步的样子}、颠儿颠儿_{步伐不大,移动较快}、趿拉趿拉_{拖着腿,后脚跟摩擦地面}、跟头把式_{磕磕绊绊,脚步不停}。例如：

（1）这还用扒拉手指头数？

（2）你就大步流星往前走。

（3）捎带脚儿帮你拿回来得了。

（五）描摹跟思维情感相关的动作

这类副词主要描摹动作施事在发出动作时的心理、情态、意志等与思维相关的情状，这类副词主要有精心巴意_{精心}、经意儿_{故意}、不稀得_{不情愿、不想}、正八经_{正经}、诈胆_{鼓起勇气}、冒蒙_{没有提前定好而直接行动}、活撕拉_{活活}、活拉_{活活}、蹦高_{蹦起来,引申为尽力争取}、借由子_{找借口}、强（了）吧火_{勉强}、生吃（呼）拉_{强行、生硬地}、铁了心_{坚定不移}、半拉眼睛_{一半的心思}、变法儿_{变换样式}、一心朴实_{一心一意、踏实肯干}、直打直_{直截了当}。例如：

（1）我还不稀得去呢。

（2）不想带她去，她蹦高喊，就要去。

（3）我半拉眼睛也没瞧上她。_{我一点看不上她。}

（4）我冒蒙去的，还真找着他了。

（六）描摹动作的形态样式

这类副词描摹动作施事的具体行为方式，在动词过程中所处的位置、处所、次序、样态等。主要有往死_{尽所有力气,尽最大可能地做事的状态}、可劲_{使全力}、狠劲_{使全力}、挨排儿/挨板儿/挨班儿_{一个挨着一个,到处}、可哪儿_{一个地方接着一个地方,到处}、满哪儿_{一个地方接着一个地方,到处}、遥哪儿_{一个地方接着一个地方,到处}、打头_{排在第一个}、一（块）堆儿_{一起}、单崩儿_{独自一个}、简直_{一直向前}。例如：

（1）简直走就到了。

（2）你打头走，我们在后面跟着。

（3）可劲吃，有的是。

（4）挨排儿都找找。

第二节 个例分析

东北官话有些副词的用法较为特殊，也有些副词的语义内涵十分丰富，这些副词都值得深入研究。本节将对东北官话中使用频率高且用法特殊或语义丰富的某些副词进行个案分析。

一、老

"老"是东北官话各个方言点都极为常用的程度副词。东北官话程度副词最主要的使用特点在于可以程度副词连用，而连用的程度副词一定是由另一个程度副词与"老"连用，构成多层程度状语。与"老"连用的程度副词既可以是表量等级与"老"相同的副词，如"贼老""齁老"；也可以是一个相对较低的程度与"老"连用，如"挺老"；还可以是一个带有一定主观评判语气的主观程度副词与"老"连用，如"这老""可老""多老"。例如：

贼老-：贼老咸 贼老慢 贼老远 贼老冷 贼老硬 贼老胖 贼老高

这老-：这老咸 这老慢 这老远 这老冷 这老硬 这老胖 这老高

可老-：可老咸了 可老慢了 可老远了 可老冷了 可老硬了

挺老-：挺老咸的 挺老慢的 挺老远的 挺老冷的 挺老硬的

多老-：多老咸啊 多老慢啊 多老远啊 多老冷啊 多老硬啊

就连构词能力很有限的带有一定程度义的前缀也可以用于这类多个程度副词连用的形式，主要是"齁"。例如：

齁老-：齁老咸 齁老慢 齁老远 齁老冷 齁老硬 齁老胖 齁老高

这类多个程度副词连用的形式，表示程度的大小由外层程度副词决定。例如：

（1）离这老远了。

（2）离这挺老远的。

例（1）中"远"的量比例（2）中"远"的量高，这是因为例（2）中表示程度副词"老"的前面多了"挺"，整个程度由"挺"决定。

此外，东北官话副词还有一个较为显著的特点就是副词具有多功能性，同一个副词既可以作为副词使用，还可以是其他词性和其他用法，不同用法之间的同源性和演变关系较为明显。东北官话副词首先与动词的关系极为密切，很多副词具有副词和动词两种功能，还有的副词具有副词和形容词两种功能，也有同一个副词具有不同修饰限制功能。"老"就是这样的副词。

东北官话中的"老"是一个使用频率特别高的副词，最常见的用法有以下三种：

一是作为形容词，表示数量、质量、范围等大，相当于"很多"，可以独立做谓语，也可以做定语修饰名词性成分，还可以做补语，表示数量大。例如：

（1）到底是过年了，街上人老了。　　　[谓语]

（2）那可老了，数不过来了。　　　　　[谓语]

（3）我有老了这种书了。　　　　　　　[定语]

（4）那前儿都不愿意留下，那走老人了 。[定语]

（5）这人好卖，一上午卖老了。　　　　[补语]

例（1）和例（2）中的"老"直接做谓语，"老"一定与语气词"了"共现，"老"还可以受副词修饰，如例（2）中副词"可"修饰"老"。例（3）和例（4）中的"老"做定语修饰名词性成分"这种书""人"，"老"

表示"很多",既可以独立使用,也可以与"了"一起做定语。例(5)中的"老"做动词"卖"的补语,补充说明动作的量。

二是作为频率副词,表示中高频率,相当于"经常"。例如:

(1) 你怎么老来晚。

(2) 你咋老来找我。

(3) 老去老去就认识了。

"老+中心语"经常重叠使用,表示频率的加大。东北官话一般不用"经常""总是""一直"这几类表示较高频率的词,一般用"老"。

三是作为程度副词,表示偏大量,是东北官话最为常用的程度副词。

二、盯价゠儿/盯着/老盯/绑゠盯/盯罢゠儿

东北官话有几个由"盯"构成的表示高频的副词"盯价゠儿""盯着""老盯""绑゠盯""盯罢゠儿",这个"盯"的本字或为"盯",或为"钉",我们暂不考证,暂且认为是"盯";"价゠""绑゠""罢゠"则完全是同音字,本字不详。这几个副词都指动作行为在一定时间段内多次发生,一次又一次地进行,频率高。"盯゠""盯罢゠儿""盯着"使用频率更高,"老盯"主要在长锦小片使用,"绑盯"仅见于老派方言。这几个副词的用法相同,都是由其中的核心语素"盯"的语义决定的,"盯"具有如下语义特征:

(一) 短时高频

"盯价゠儿""盯着""老盯""绑盯""盯罢゠儿"不仅可以表高频,而且可以表短时内高频。

(1) 他盯价゠儿被老师批评。

(2) 这几天我绑盯回妈家蹭饭去。

(3) 这两天我老盯说错话。

在例(1)中,强调"他"一次又一次被老师批评,几天内被批评的次数多,频率高。在例(2)中,表示这几天"我"一次又一次"回妈家蹭

饭",可能天天都去。在例(3)中,表示"我"在这两天很短的时间内多次说错话。

普通话中所表频率相似的"经常"是不能表示较短一段时间里的频率的。

(4)不知道喝多少水,他这一堂课盯价⁼儿出去。

*不知道喝多少水,他这一堂课经常出去。

(5)昨天晚上他盯罢⁼儿咳嗽。

*昨天晚上他经常咳嗽。

(6)昨天晚上他老盯说梦话。

*昨天晚上他经常说梦话。

在例(4)中,在"一堂课"这样的短时段中,"盯价⁼儿"可以用来表出去频率高,而"经常"不可以。在例(5)中,"一晚上"这一较短时段里频繁发生某事,是可以使用"盯罢⁼儿"的,但使用"经常"就不合适了。在例(6)中,也同样是"一晚上"这一较短时段里,可以使用"老盯"表示"说梦话"的高频发生,而不能使用"经常"。

2. 超出预期

人们总是以自己的心理标准作为参照,衡量事物的多少以及事件发展的程度。当使用"盯价⁼儿""绑盯"和"老盯"时,往往表示事件发生的频率超出了说话人的心理预期。

(1)她买老鼻子些花了,盯价⁼儿显摆呀。这下不用显摆了,都冻死了。

(2)李莎都快烦死他们了,盯罢⁼儿上她家去。

(3)他绑盯不吃早饭。

(4)我家绑盯吃米饭。

(5)她老盯擦这个颜色的口红。

(6)他们老盯讲究那老头儿,看不上他。

在例(1)中,表现"她"总是显摆,显摆的频率超过了说话人的设想。在例(2)中,表现"他们"到"李莎"家去的频率过高,超过了说话人的预想范围。在例（3）中，表示他不吃早饭是高频发生的，高于说话人的料想。在例（4）中，表示家里吃米饭的次数多，频率高，超出说话人的料想。在例（5）中，表示"她"总是擦这个口红，不更换，频率超过了说话人的预料。在例（6）中，表示"他们"在短时间内多次批评老头，超过说话人的料想。

不同之处在于，虽然使用"老盯""绑盯"时暗含超过说话人的心理预期，但说话人并不对这种超过表现过多的主观情感，没有明显的主观倾向。并不靠"老盯""绑盯"表现明显的赞许或批评、支持或反对，"老盯""绑盯"表现的情感与句子整体一致。如果将例（1）和例（2）中的"盯价＝儿"替换成"老盯""绑盯"，则主观色彩减弱，不再体现说话人的主观态度。

而使用"盯价＝儿"时，往往包含说话人很强的主观情感。在例（1）中，表现说话人认为为人要低调，买了很多花，不应该总显摆。"她"显摆的频率过高，说话人看不惯这种行为，当然或许有些许嫉妒的情感存在。在例（2）中，表现说话人认为人与人之间应该保持适当的距离，"他们"到"李莎"家去的频率过高，引起说话人的不认同。这两个例句中，都表现说话人的不认同，那么是不是"盯价＝儿"总是帮助表现说话人的不满呢？确实，"盯价＝儿"具有暗含否定这一语义特征。在使用"盯价＝儿"的句子中，说话人对"盯价＝儿"后接的动作一般都是持否定的观点的，或不期望后接的事件发生。

（1）这一上午盯价＝儿来，来好几趟了。

（2）他也不记作业呀，盯价＝儿打电话问我。

（3）这小姑娘盯价＝儿买衣服呀。

（4）累得嘴，还是鼻子，盯价＝儿出血。

在例（1）中，明显感觉到说话人不满、厌烦的情绪，对于"来"这个动作的频繁发生是持否定的观点的，即不应该来。在例（2）中，说话人对于屡次被问作业这件事也是比较反感的，不愿意这件事发生。在例（3）中，说话人是不赞成频繁"买衣服"的，有责怪的情绪蕴含其中。在例（4）中，说话人明显不希望"出血"这件事发生，尤其频繁发生更是不能接受的。

试与"经常"比较一下。例如：

(5) 他经常被老师批评。

(6) 他盯价ᵌ儿被老师批评。

上面两个句子绥化人在日常生活中都会使用。例（5）只是简单陈述"他"经常被老师批评的事实，并没有加入说话人过多的主观态度，而例（6）则表明了说话人对这件事具有鲜明的态度，或是批评孩子，或是不满老师，一定是表现说话人的否定态度。可见，在使用"经常"和"盯价ᵌ儿"时，说话人所表达的感情色彩不尽相同。在使用"经常"时，表示比较中性的感情色彩，说话人不表达强烈的情感倾向。而在使用"盯价儿"时，说话人经常是对后面接的动词表现厌恶、厌烦、反对等态度，并且态度较为强烈。

三、动不动/一整

"动不动"和"一整"语义相似，都表示在一定时间内，动作行为不止一次出现。除此以外，这两个中频副词还暗含着其他的语义特征：

（一）突出轻易性

二者都强调"轻易"，表示动作行为多次轻松发生。

(1) 这动不动就糊弄我。

(2) 这动不动就作ₕᵤ₋ₙₐₒ上了。

(3) 这孩子一整就不去上学。

(4) 手指盖长长了，一整就劈。

在例（1）中，表现了糊弄"我"不止一次发生，更强调了"轻易"的含义，暗含着这还没怎么样呢，就糊弄"我"。在例（2）中，表现了"作"的多次发生，更强调"作"发生得很容易，不需要复杂或困难的条件，轻易就会发生。在例（3）中，表示"这孩子"轻易就做出不去上学的事情。例（4）表示手指甲长长后很容易就劈了。

（二）暗含埋怨

在使用"动不动"句子中，往往包含说话人表示埋怨的意思。而使用

"一整"多是表示轻易就发生某动作行为，陈述事实，并不包含说话人过多的主观情感。

    （1）你<u>动不动</u>就对我这态度。

    （2）这咋还<u>动不动</u>就耍脾气呢。

    （3）<u>一整</u>他就自己喝两盅。

    （4）我这两天<u>一整</u>就腿疼。

在例（1）和例（2）中，都表现说话人不满的态度，或是埋怨被对待的态度不好，或是埋怨某人容易耍脾气。而例（3）和例（4）都是陈述事实情况，说话人对他没事儿就一个人喝两盅和这两天有时腿疼没有表现明显的抱怨。

四、带带拉拉

"带带拉拉"所表的频率是低的，相当于普通话中的频率副词"偶尔"，但与"偶尔"不同的是它更突出持续的意思。"带带拉拉"语义内涵丰富，具有如下语义特征：

（一）表动作低频反复

"带带拉拉"作为低频副词，被解释为断断续续，表示在一段时间内，动作行为发生的频率很低，但也是反复发生的。

    （1）这点东西<u>带带拉拉</u>吃了一个月了。

    （2）我这驾驶证考的<u>带带拉拉</u>两年多了。

    （3）<u>带带拉拉</u>弄了记不清几个月了。

在例（1）中，表示"这点东西"断断续续地吃了一个月了，这一个月之内有吃但不是总吃。在例（2）中，表示"去考驾驶证"这一行为是间歇进行的，到截止时间已经两年多了。在例（3）中，表示弄弄停停，开始又停止已经几个月了。行为是间歇性的，频率不高，总体计算持续一段时间了。

（二）表程度轻微

"带带拉拉"在修饰病痛时，突出程度的轻微。

(1) 脑袋<u>带带拉拉</u>疼了一天了。

(2) 这次感冒<u>带带拉拉</u>得有十多天了。

(3) 手<u>带带拉拉</u>肿了两天了。

在例（1）、例（2）、例（3）中，"带带拉拉"用来修饰"疼""肿"以及感冒，这时所描述的病痛不是剧烈的，在承受的范围之内。

（三）暗含轻松容易

使用"带带拉拉"修饰后面的动作行为暗含轻松义，动作行为不需要大费周章，可以轻松、容易地办到。

(1) 这点活<u>带带拉拉</u>地就干了。

(2) 我就<u>带带拉拉</u>地学，我都考上重点高中了。

(3) 作业不多，我<u>带带拉拉</u>地就写完了。

(4) 要干你就好好干，不能<u>带带拉拉</u>的，要形成规模。

在例（1）、例（2）、例（3）中，倾向于表示轻松义，"活"不需要全心全意很努力地完成，随意就能搞定。"学习"在轻松随意的情况下就能取得好成绩。"作业"也不用专心致志，花费大量时间，随随便便就可以完成。这时经常与"就"连用，表示条件容易满足，动作行为容易完成。在例（4）这个否定句中，明显是否定轻松义，规劝听话人要尽心尽力，花心血下功夫。

（四）表伴随

"带带拉拉"也表一种伴随义，事情不是专门去完成的，而是断断续续捎带着就完成了。

(1) 这点货<u>带带拉拉</u>地也要卖没了。

(2) 他一边工作，一边<u>带带拉拉</u>做点保险。

(3) 他今年种了 10 垧地，还<u>带带拉拉</u>地养了几头猪。

(4) 我可不是<u>带带拉拉</u>养点猪呀，我养了二三十头猪呢。

在例（1）中，表示"这点货"跟别的货物一起，作为次要产品，顺带着也快要卖完了。在例（2）中，更加明显地表示伴随义，使用了"一边……

一边……"句式。"带带拉拉"在句中也确实表伴随，边工作边做点保险。在例（3）中，使用"带带拉拉"表示"养猪"只是伴随"种地"的副业，不是专门的谋生之道。在例（4）这个否定句中，明显否定表伴随。否定顺便养猪，而是耗费很大心血，养了很多。

可以推测，"带带拉拉"语义特征中"表伴随"与其构成语素"带""拉"有着密不可分的关系，这两个语素本身就具有很强的"表伴随"的意思。结合后，在东北官话中词汇化为"带带拉拉"，使得"带带拉拉"也具有"表伴随"的语义特征。由于是"伴随"即可完成，进一步推出是"轻松容易"的动作行为，"表伴随"这个语义特征发展成"暗含轻松容易"。后又发展出"程度轻微"这一语义特征。随着语法化程度进一步加强，最后完全变成用来表低频持续的频率副词。

五、眼瞅

东北官话时间副词"眼瞅"注重事件在特定时间内的进程或性状变化，是时间副词。并且表时态的同时时间是确定的，与将来时有关，是一个有定时体副词。"眼瞅"意为眼看、马上，表示很快就要发生某事，有如下语义特征：

（一）表不久的将来

（1）眼瞅这个本就要用完了。

（2）这条道眼瞅就快修完了。

（3）这瓶水眼瞅就要喝没了。

在例（1）中，表示没多久这个本就要用完了，距离用完的时间很短。在例（2）中，表示这条路就没些日子就要修完了。在例（3）中，表示这瓶水在未来很短时间内就要喝完了。我们注意到，这种短时是一种相对的短时，在例（1）中很可能是几天，在例（2）中很可能是几个月，在例（3）中很可能是几分钟或者几个小时。

（二）暗含急迫、催促

（1）孩子眼瞅就快出生了，还没找到房子呢。

（2）这眼瞅就到秋天了，他还没消息呢。

（3）眼瞅就要迟到了，你可得快点。

在例（1）中，表现出说话人的焦急情绪，对于孩子马上就要出生、房子没有着落感到着急。在例（2）中，表现出说话人的焦急心情。在例（3）中，就算没有后半句的出现，一样可以感受到说话人的焦急，想对听话人进行催促。

（三）表预判

（1）这天眼瞅就来雨了。

（2）这孩子眼瞅就撵上他爸了。

（3）这房子眼瞅就要塌了。

"眼瞅"修饰的句子都表未然的事件，是说话人按照规定、计划或事物的发展规律对某种情况不久后将要出现的提前合理判断。在例（1）中，表示根据目前的天气状况以及生活经验，说话人判断不久就要下雨了。在例（2）中，表示就目前的趋势说话人做出推测，这孩子没多久就会赶上他父亲的身高。在例（3）中，表示根据事物发展的规律，这房子的状态使得说话人提前做出判断，它没多久就要塌了。

（四）强调非可控性

使用"眼瞅"修饰的动作行为以及状态，虽是说话人进行预判的，但却不是人为可以控制的。这种势态不可避免，说话人多是对听话人进行催促或者提醒。

（1）眼瞅这届学生就要高考了。

（2）这箱苹果眼瞅就要卖完了。

（3）这高铁站眼瞅就建成了。

　　无论是例（1）中学生要高考了、例（2）中苹果要卖完了，还是例（3）中高铁站要建成了，都是客观情况，不是说话人能够主观控制的。正是因为这种不可控性，使得"眼瞅"不能用于祈使句和疑问句当中。

　　（4）他<u>马上</u>就要来了吗？
　　*他<u>眼瞅</u>就要来了吗？
　　（5）<u>马上</u>上上面去。
　　*<u>眼瞅</u>上上面去。

　　东北官话时间副词"眼瞅"倾向于从动词语法化而来。动词"眼瞅"意为"看着"；副词"眼瞅"表时间，意为"马上"。副词"眼瞅"的虚化程度更高，实词性弱。在句子"眼瞅他走过去了"中，"眼瞅"可以是动词，表示目睹了什么；也可以是副词，句子意为"马上他就要走过去了"，而在句子"他眼瞅就要高考了"这种用法中，"眼瞅"肯定是副词了。

六、到啥前儿

　　"到啥前儿"在表示时态的同时，时制是不确定的，是一个无定时体副词。"到啥前"表示不管什么时候、在任何时候。具有如下语义特征：

（一）表无条件

　　"到啥前儿"表示在任何时候，即无时间条件。

　　（1）咱们<u>到啥前儿</u>都不能扔下她不管。
　　（2）<u>到啥前儿</u>她都是笑眯眯的。
　　（3）<u>到啥前儿</u>都得有颗善良的心。

　　在例（1）中，强调没有时间条件，无论什么时候我们都得对她负责。在例（2）中，强调什么时候她都笑眯眯的，没有时间限制，是她的一种常态。在例（3）中，强调跟时间无关，不管什么时候我们都要善良。

（二）表强调

　　"到啥前儿"做状语时，蕴含对后面的内容进行了强调。

（1）到啥前儿咱们都得记住父母恩。

（2）到啥前儿也不能忘本。

在例（1）中是对不能忘记父母恩情的强调，在例（2）中是对不能忘记根本和初心的强调。

七、可哪儿/满哪儿/遥哪儿

在东北官话中，范围副词"可哪儿""满哪儿""遥哪儿"所概括的对象覆盖整个范围且使用频率颇高，是典型的统括性范围副词。其中黑龙江主要用"可哪儿""满哪儿"，辽宁使用"遥哪儿"比另外两个省多。"可哪儿""满哪儿""遥哪儿"意为到处，具有如下语义特征：

（一）表普遍

"可哪儿""满哪儿""遥哪儿"表示覆盖全面，鲜有例外，强调普遍性。

（1）洗个头，整得可哪儿都是水。

（2）集市上可真热闹，满哪儿都是卖东西的。

（3）你这一天也不知道着家，遥哪儿乱窜。

在例（1）中，强调水被洒得到处都有，分布广。在例（2）中，强调集市上卖东西的很多，占满了整个集市，十分普遍。在例（3）中，强调听话人去的地方多，到处乱跑，去的地点十分普遍。

"可哪儿""满哪儿""遥哪儿"中共有语素"哪"本身就有任指的用法，可认为这与其构成的副词"可哪儿""满哪儿""遥哪儿"能够表普遍有一定的关系。

（二）暗含不规则

"可哪儿""满哪儿""遥哪儿"在使用时暗含不规则性，动作行为或对象一定是无规律、凌乱的，规则分布时不会使用它们。

（1）她精神好像失常了，一天可哪儿走。

（2）广场上真热闹，满哪儿都是人。

（3）这一下午啥也没干，遥哪儿给孩子找补习班。

在例（1）中，"她"到处乱走，走的地点与路线一定是盲目的，没有规律的。在例（2）中，广场上的人很多，占满了整个广场，但是散落各处的，如若整齐排列则不会使用"满哪儿"修饰。在例（3）中，寻找的路线应是杂乱的，地点应是盲目的。

从"可哪儿""满哪儿""遥哪儿"在句子中的语义指向角度看，可以是前指，也可以是后指。即所指对象既能位于范围副词之前，又能位于范围副词之后。当指向地点时，通常是前指。如在句子"这房子好久没打扫了，可哪都是灰"中，"可哪儿"指向"这房子"。在句子"快到清明节了，大街上满哪儿都是卖烧纸的"中，"满哪儿"指向"大街上"。当所指地点并未出现在句中时，仍然是前指。如在句子"孩子扔得可哪都是玩具"中，我们可以根据语义将句子补充完整"孩子扔得（满屋子）可哪都是玩具"，"可哪儿"指向"满屋子"。当指向动作时，通常是后指。如在句子"这孩子长得真快，都能遥哪跑了"中，"遥哪儿"指向"跑"；在句子"他一天天无所事事，遥哪儿晃荡"中，"遥哪儿"指向"晃荡"。

"可哪儿""满哪儿""遥哪儿"在使用中，多要与"都"搭配使用。上述例子中可以看到，现另举两例：

（1）到放学时间了，学校门口可哪儿/满哪儿/遥哪儿都是人和车。

（2）这庄稼让你伺候的，可哪儿/满哪儿/遥哪儿都是草。

一般情况下，若将搭配使用的"都"去掉，句子仍然能够成立。上两例中，将"都"去掉，句子仍然合法。但在以下句子中，"都"是不能够去掉的，去掉会使得句子不成立。

（3）孩子的衣服扔得可哪儿/满哪儿/遥哪儿都是。

（4）做个菜不知咋整的，油崩得可哪儿/满哪儿/遥哪儿都是。

（5）这小孩吃饭这个埋汰，饭粒子可哪儿/满哪儿/遥哪儿都是。

八、整个浪儿

在东北官话中，范围副词"整个浪儿"表示整个范围内的全部，也是典型的统括性范围副词，它常与"全""都"等副词搭配使用。"整个浪儿"意为整个儿、全部，具有如下语义特征：

（一）表全部

"整个浪儿"强调全部个体的总和，表示范围内所有个体的共性。

　　（1）停电了，小区整个浪儿一片漆黑。
　　（2）现在庄稼整个浪儿都用机器收。
　　（3）这一片的路灯整个浪儿全坏了。

在例（1）中，表示小区中的一户一户的人家中，没有一家是亮着的。小区中全部的人家都是处于黑暗之中的。在例（2）中，表示各种各样的庄稼都是用机器收割的，不论是什么品种，全部都使用机器收割。在例（3）中，表示这一片的路灯全部都坏掉了，没有一盏剩下，强调数量上的全部。

（二）表整体

"整个浪儿"强调对象整体的共性，没有部分除外。

　　（1）这孩子真可怜，一条腿整个浪儿都被烫伤了。
　　（2）这雨下得真大，这么一会儿浑身上下整个浪儿都浇透了。
　　（3）这家伙一块玻璃整个浪儿全碎了。

在例（1）中，腿是作为一个整体的，强调的是没有余下的部分，整条腿都被烫伤了，突出烫伤面积大。在例（2）中，身体是一个整体，强调的是没有没被浇到的地方，整个身体都浇得很湿。在例（3）中，表示一块玻璃整个碎掉了，没有剩下的部分。

从"整个浪儿"在句子中的语义指向角度看，是前指，即所指范围或物体出现在"整个浪儿"之前。在句子"我妈牙疼，这半边脸整个浪儿全肿了"中，"整个浪儿"指向"这半边脸"，是前指。在句子"父亲不在了，这个家整个浪儿全指望他"中，"整个浪儿"指向"这个家"，是前指。

九、嗷嗷、嘎嘎、钢钢

东北官话中，"嗷嗷""嘎嘎""钢钢"等拟声词在长期使用中衍变出程度副词的用法，表高程度义。"嗷嗷""嘎嘎""钢钢"语义上区别减弱，都表示高程度，相当于普通话中的"非常""特别"。与普通话不同的是，使用"嗷嗷""嘎嘎""钢钢"时，说话人多是情绪高涨，运用夸张的手法，表达强烈的主观情绪。

(1) 这炕让你烧得嗷嗷热，烫屁股。

(2) 商场门口的车嗷嗷多，根本就找不到停车位。

(3) 老妈红焖肉做得嘎嘎香。

(4) 我这段时间嘎嘎有点子，干啥啥挣钱。

(5) 这豆包冻得钢钢硬，能当锤子用了。

(6) 我今天煮的热汤面钢钢好吃。

在例 (1) 中，表示说话人认为炕非常热，夸张了热的程度，埋怨听话人烧得过多了。在例 (2) 中，表示说话人认为商场门口车实在是多，抱怨找不到车位。在例 (3) 中，表示老妈做的红烧肉特别香，说话人赞许的情绪高亢。在例 (4) 中，表示这段时间运气特别好，说话人特别骄傲。在例 (5) 中，表示豆包冻得不是一般地硬，运用夸张的手法，突出强调硬的程度。在例 (6) 中，表示面条特别好吃，更突出说话人自豪满意的情绪。

在东北官话中，"嗷嗷""嘎嘎""钢钢"作为副词多数情况下是修饰形容词的，当然也可以修饰动词性成分。比较而言，"钢钢"搭配限制性略强，对搭配的形容词选择性更强。句子中使用"钢钢"修饰的成分，均可替换为受"嗷嗷""嘎嘎"修饰。

(1) 老王家姑娘结婚预备的酒席，菜钢钢（嗷嗷、嘎嘎）硬。

(2) 立白低泡洗衣液钢钢（嗷嗷、嘎嘎）好使。

(3) 这个车钢钢（嗷嗷、嘎嘎）扛造。

下列句中的"嘎嘎""嗷嗷"不能替换为"钢钢"。这与"钢钢"的语义特征有关，"钢钢"本含有"结实""坚硬""力量""强势"这类语义特征，因此不能用于修饰与这类语义特征不相匹配的形容词。

（4）他跑得嘎嘎（嗷嗷）快。

（5）这大秧歌扭得嘎嘎（嗷嗷）浪。

（6）这鞋刷得嘎嘎（嗷嗷）干净。

"嘎嘎"和"嗷嗷"多数情况下是可以任意替换使用的，在个别情况下不能相互替换。下面句中二者替换使用是不太合适的：

（7）齐齐哈尔的雪下得嗷嗷大。

（8）媳妇二胎生了个姑娘，他乐得蹦起来嗷嗷高。

（9）这车刚提回来嘎嘎新。

（10）这小衣服穿得嘎嘎板正。

总之，"嗷嗷""嘎嘎""钢钢"都表示程度高，在一些句子中可以替换使用，但是有些搭配是最为高频、最为合适的，如"钢钢硬""钢钢结实""嘎嘎香""嘎嘎新""嗷嗷快""嗷嗷热"等。

第七章

介　词

第一节　介词总说

介词在汉语中占有重要地位，是汉语重要的语法手段之一，也是汉语内部各方言中差异较为明显的一类。汉语介词多为前置词（preposition），其主要功能是介引时间、处所、对象、工具等名词语，充当句中谓词的各种论元角色。东北官话介词也多为前置词，介词介引充当各种语义角色的名词语构成介词短语共同修饰谓词性成分。后置词仅有"到""给"两个，且经常省略。

我们参照太田辰夫（1958）、陈泽平（1998）的分类，并根据东北官话的特点将东北官话各方言点常用的介词分为五个大类21个小类。

从表7-1-1可以看出，有些类的介词在东北官话中较为发达，如表时间处所类介词，特别是其中的表所在、表起点、表方向的介词，这些介词往往是具有东北官话特色的介词。表时间处所类介词不仅总体数量丰富，而且很多介词具有多功能性。有些类的介词在东北官话中只有与普通话相同的说法，而没有地道的方言说法，如表距离、表到达、表终点的介词，表达这方面的用法时使用普通话中的介词。下面分别讨论：

表 7-1-1 东北官话介词系统

介词的分类		东北官话特色介词	与普通话共有介词
一、时间处所	1. 所在	搁$_1$、改$_1$/给$_1$/逮$_1$/得$_1$、来、跟$_1$	在
	2. 起点	搁$_2$、改$_2$/给$_2$/逮$_2$/得$_2$	从$_1$、打$_1$
	3. 方向	往、望、让、冲$_1$、奔$_1$、照$_1$、上	向$_1$、朝、到、当
	4. 到达		到$_2$、向$_2$
	5. 距离		离
	6. 经由	搁$_3$、改$_3$/给$_3$/逮$_3$/得$_3$、挏（着）、顺（着）	从$_2$、打$_2$、沿
	7. 时点	搁$_4$、改$_4$/给$_4$/逮$_4$/得$_4$	在
	8. 始点	自打/打从、搁$_5$、改$_5$/给$_5$/逮$_5$/得$_5$	从$_3$、打$_3$、自从
	9. 终点		到$_3$
	10. 临近	傍/傍顶/傍着	临
	11. 时机	**旗**	趁、赶
二、施事受事	12. 处置	给$_6$	把
	13. 施事	搁$_6$	让、被、叫
三、与事关涉	14. 有生方向	给$_7$、跟$_2$、管$_1$	对、和、冲
	15. 接受/受益/受损	给$_8$、跟$_3$、管$_2$	替
	16. 伴随 17. 比较 18. 包括排除	跟$_4$ 照比、较比、照$_2$、不抵、不跟 带	和、同、与 跟、比、和 连、除了
四、工具依凭	19. 工具	搁$_7$、使	用
	20. 依凭	靠、冲$_2$、指（着）、照$_3$	凭
五、原因目的	21. 原因目的	庸乌、冲$_3$、奔$_2$	因为、为（了）

一、时间处所类

时间处所类介词可以分为处所介词和时间介词两类。

（一）处所介词

处所介词介引跟动作行为相关的处所，主要包括动作行为的所在、动作行为的起点或终点、动作行为的方向、动作行为的经由及与动作行为相关的距离。东北官话处所介词最主要的特点就是介词的多功能性。

1. 表所在和表起点

东北官话表所在和表起点用同一套介词系统，这也是东北官话介词的特点之一。最常见的表所在和表起点的介词是"搁$_1$"，分布在各个片区，也是各个方言点使用频率最高的表所在的介词。"改$_1$/给$_1$/逮$_1$/得$_1$"可能都不是本字，记录的是方言介词的读音，不排除它们可能是"在"的变体。但东北官话又有"得/逮哪坐哪$_{有个地方就坐}$"的用法，其中的"逮"的语义与其本义有关，这种用法也可能引申出介词表所在的用法，我们暂不考证其本源及演变。因为地道的东北官话不用"在"，只用"给$_1$/改$_1$/得$_1$/逮$_1$"，所以我们将其认为是独立的介词，这四个介词主要在黑龙江、吉林和辽宁北部及中部使用，黑龙江主要用"改""逮"，吉林主要用"给""改"，辽宁最常用的是"给""逮"。与辽宁南部胶辽官话毗邻的海城、鞍山等边界地带一般不用这四个介词，而用"来"，很可能是受到辽南胶辽官话的影响。例如：

（1）搁$_1$/给$_1$/改$_1$/得$_1$/逮$_1$/来$_1$哪放着呢？$_{在哪放着呢?}$

（2）刚搁$_2$/给$_2$/改$_2$/得$_2$/逮$_2$/来$_2$打北京回来。$_{刚从北京回来。}$

此外，东北官话表处所的介词还有一个现在较少使用的"跟"，聂志平（2005：106）认为，"跟"仅在年龄很大的人群中使用。东北官话表起点的介词还有一个"打"，也主要用于老年人。

可见，东北官话"所在（处所）"和"起点（来源）"这两个语义节点的概念空间是相邻的。这与王玮（2015）绘制的世界语言的空间域概念空间中的结论一致。我们可以总结出东北官话表处所功能节点的关联模式为：处所—起点。

2. 表方向

东北官话表方向的介词主要有往、望、让、冲₁、奔₁、照₁，都表示动作运行的方向。

表示动作运行方向最常用的介词是"往"和"望"，二者在东北官话各片区都大量使用，且二者的用法完全相同，不区别意义。多数方言点"往"和"望"都用，自由替换，黑龙江和辽宁"往"更常见，吉林的舒兰、白山都是"望"更常见。虽然不区别意义，我们仍然将"往"和"望"看成是两个完全不同的介词，这是从汉语史的角度考虑的。"望"的本义是看视类动词，在发展演变过程中出现了介引方向类介词的用法，与表示位移动作的"往"的发展演变过程没有关系。马贝加（2003：79-83）认为"望"的虚化始于南北朝时期，介词性质的明确是在五代至宋时期，而"往"大约是从唐代开始就用为介词。太田辰夫（2003：235）认为"往"和"望"分别是两个表示方向的介词，"往"作为介词用大约是从唐末五代开始的，且认为"往"并不是代替"望"而使用的，因为"往"作为介词的用法早于"望"，且认为二者在近代汉语中的用法并非完全一致。可以看出，"望"表方向的介词用法在汉语普通话中已经消失，但在某些方言中保留了下来，包括东北官话。虽然普通话也用"往"，但除了"往"，普通话同时还用"朝""向"来表方向，而东北官话主要就用"往"；而且，"往"介引方向只有用在动词前面组成"往+NP+VP"，而不能像普通话那样用于动词后面构成"VP+往+NP"。因此，我们认为"往"的用法分工跟普通话不同，是具有东北官话方言色彩的介词。

"往"和"望"在东北官话中最主要的用法是带"位移方向（direction）"宾语，介引动作运行方向，具有普通话中"往""朝""向"介引位移方向的全部用法。例如，普通话中的"朝南开门 | 朝学校走去"，在东北官话中最常见的说法是"往南开门/门往南开""往学校走"。辽宁通溪小片也有用"朝"的说法，但较少，且更强调目标，用"往"强调方向，用

"朝"强调目标。"向外探了探头""向图书馆走去""向这边看了一眼"在东北官话中都说"往外探了探头""往图书馆走""往这看",不使用"向"。普通话"朝""向"的"位移方向"除了可以是具体的处所名词或方位词语之外,还可以是抽象的方向,即目的,例如"朝(向)这个目标迈进"。东北官话这种用法仍用"往"和"望","往(望)这个目标迈进",再如,"往这方面使使劲""往这个方向努力"。

普通话中的"朝""向"不仅可以表示位移方向,还可以表示"指人动作方向"或叫作"有生方向"。前者是张敏(2008)的说法,后者是张定(2010)的说法,二者大同小异,都指的是言说等行为所达及或指向的有生对象,位于动词之前,我们采用"有生方向"的说法。如"朝他敬了个礼""向人家学习"。在东北官话中,表有生方向时,既不用"朝"和"向",也不用"往"和"望",而分别用"给"和"跟",说成"给他敬了个礼""跟人家学习"。东北官话中的"往"和"望"虽然表"位移方向",却没有引申出表"有生方向"的用法,不能换用;而表"位移方向"在东北官话中并不用"朝"和"向",表指"有生方向"也不用"朝"和"向",个别方言点会使用"朝他敬了个礼"这样的说法,跟这个方言点也会使用"朝南走了"有关,是"朝"从表"空间位移"到"有生方向"的引申。但使用"朝他敬了个礼"的方言点也更常用"给他敬了个礼"的说法,并认为前者更突出目标性,且用于较为正式的场合,这也不排除"朝"的这种用法是受到了普通话的影响。此外,东北官话中表"有生方向"用的是"给"和"跟",但"给"和"跟"并不能表示"位移方向"。可见,东北官话"位移方向"和"有生方向"这两个功能节点是分开的,用两套介词系统,前者用"往""望"等,后者用"给""跟"等。这与张敏(2010)认为的汉语表"位移方向"和表"指人动作方向"是可以分开的结论一致。"往""望"在东北官话中虽然没有引申出"有生方向"的用法,但却有表"目标(purpose)"的用法,如"往好处想""往死里整""往好的上说(不说坏的)"。

张敏(2010)从欧洲语言的调查及前人研究成果的基础上认为"位移方向-人类目标(指人动作方向/接受者)-受益者"三个节点之间联结在一起。

普通话中的"朝""向"的用法符合"位移方向-指人动作方向(有生方向)"这种联结模式,但没有引申出"指人动作方向(有生方向)-受益者"的联结模式。普通话适用这种模式的是介词"给",如"给他敬了礼""给他理发",但"给"没有表"位移方向"的用法。而东北官话没有"位移方向-有生方向"的联结模式,有"有生方向-受益者"的模式,也用"给";此外还有一个"位移方向-目标"引申的模式,"往"和"朝"都是这样的用法。

"让"也带表示位移方向的宾语,一般为方位词语或指示词,如"让里边坐一点""让这边来点",动作都较为轻微,多用为重叠式或"V+(一)点"形式,主要在老派方言中使用。

"上"是东北官话常见动词,表示"到;去"之义,而很少使用位移动词。"去","去哪""去上海"在东北官话中都用"上","上哪""上上海"。"上"的这个用法在东北官话中引申出介词的用法,介引动作的方向,如"他上上海打工去了""晚上上哪吃饭""我上图书馆看书""你上俺家来干啥"。可以看出,东北官话的介词"上"相当于普通话中的"到",用于"上+NP+VP"结构,表示动作方向。

"冲₁"在普通话中用来表示"指人动作方向",如"冲₁他笑了一下",东北官话除了用"冲₁",还用"跟"和"对着",后二者更为常用。东北官话用"冲₁(着)"表动作方向,"冲₁着"比"冲₁"更为常用,且侧重"正对着""面对着"的方向,宾语可以是处所、方位,也可以是指人名词,"你别冲₁窗户坐着""冲₁大门摆着""后背冲₁着我坐着"。"冲₁我喊啥"比"跟我喊啥"更具有"正对面"的特点,强调对"我"的针对性。"冲₁着"还可以表原因和目的,具有较强的针对性,如"就冲₁你来的",有明显的目的性,可以认为是表目的的介词,用法同"奔₁",也符合"位移方向-目标"模式。

"奔₁"在普通话中也用来表示动作运行的位移方向,如"奔₁渔场开去",东北官话也用"奔₁",但不表示一般的位移方向,而更强调动作的目标。"往南走"和"奔₁南走",前者侧重方向,后者侧重目标。此外,"奔₁"还可以带"有生方向"宾语,如"他就是奔₁我来的""就是奔₁这个老师考

127

的",这里的"有生方向"不仅表方向,还表"目标",特别是后者,可以看成是表目标的介词,符合"位移方向-目标"模式。

"照$_1$"在普通话中用来表示位移动作方向,如"照$_1$这个方向走",东北官话一般性的表方向不用"照$_1$",而用"往","往这个方向走"。东北官话用"照$_1$"的时候更具针对性、目的性,强调一定的标准和目标,多用"照$_1$着"。"照$_1$这个方向走"比"往这个方向走"更强调"这个方向"就是标准,就是目标。此外,东北官话"照$_1$+NP+VP"中的VP还可以不是位移类动词,而是动作行为类动词,特别是可以对NP施加影响的动作,多为踢打类动词,如"打""踢""踹""捶"等。如"照$_1$着屁股踢了一脚""照$_1$着脑门打了一巴掌","照$_1$着"强调"对准",也具有目标性和针对性。可以看出,"照$_1$(着)"也符合"位移方向-目标"模式。

可见,东北官话"方向"和"目标"这两个语义节点的概念空间是相邻的。张敏(2008)构建的以"处置"和"使役"为核心的概念空间,张定(2010)构建的以"工具"和"伴随"为中心的概念空间都没有提出"方向-目标"这两个相关的语义节点。但在东北官话中,"方向"和"目标"是功能相关的两个节点,关联模式为"方向-目标"。

3. 表到达

表到达即表动作终结的位置,动作的终点,一般也叫"表终点"。汉语表到达的介词都位于动词后面,构成"VP+表到达介词+NP"结构,如普通话的"我放到桌子上了""这趟车开往北京""跑向你那了"。东北官话没有方言特有的表终点的介词,借用普通话中的"到"和"向",但一般不用介词,直接使用"VP+NP$_{处所}$"结构,如"放桌子上""这趟车开北京""跑你那了"。普通话中表方向和表终结是两个相邻的功能节点,但东北官话一般不使用表到达的用法,而且方言特有的表方向的介词"望""让"等都没有引申出表到达的用法,可以说,普通话中的"方向"和"到达"是两个功能相邻的节点,而东北官话不是。

4. 表经由

东北官话表经由的介词主要有搁$_3$、给$_3$/改$_3$、得$_3$/逮$_3$、打$_2$、挌(着)、顺（着）。"搁₃、给₃/改₃、得₃/逮₃、打₂"表动作移动所经过的处所，其中"搁₃"是最为常用的，东北官话所有方言点都用"搁₃"表经由，且使用频率高。其次是"改₃"，也用在大部分方言点，据我们的布点调查，除哈阜片长锦小片即辽西和吉林四平一带不用外，其他各点都使用"改₃"表经由，而吉林和辽宁的东北官话还用"给₃""逮₃"，黑龙江、辽西和吉林四平一带还用"打₂"。例如：

（1）搁₃/改₃/给₃/逮₃/打₂小道穿过去。

（2）搁₃/改₃/给₃/逮₃/打₂窗口照进来。

"搁₃、给₃、改₃、得₃、逮₃、打₂"都是表示起点的介词，可以看出，东北官话"起点"和"经由"这两个语义节点的概念空间是相邻的，关联模式为"起点-经由"。这个模式与普通话中表起点和表经由用同一个形式"从（从₁-从₂）"相同，与王玮（2015）对湖南境内多种方言介词进行语义地图分析的结论一致。

此外，东北官话还有两个表经由的介词"顺（着）""捋（着）"。"顺（着）"作介词，在普通话中的用法是"依着自然情势移动"（《现代汉语词典（第7版）》），比如，"顺大道走""水顺着山沟流"。东北官话"顺（着）"的用法并不限于自然情势，而是介引"沿着……运行"这个动作的处所，如"顺着这条小道一直开"中的"这条小道"是动词"开"运行的处所，即动作从某个处所的一端运行到另一端。东北官话"顺（着）"使用范围更广，还可以介引"沿着……运行"这个动作的路线，如"他顺兜里拿出个钱包""他顺腰里掏出条绳子"，这里的"顺"跟表示动词起点的"从""搁"并不相同，更突出动作受事的动作路线，"钱包""绳子"在"兜里""腰里"沿着一具体路线运行，而"从""搁"没有这种语义，仅表起点。所以，我们也把"顺（着）"看作具有方言色彩的介词。"捋（着）"也具有跟"顺（着）"相同的用法，但介引的处所一般是有一定边界的线型的，如"捋着墙根走""捋着马路牙子骑""捋着那个边儿过去"，但"码（着）"用得越来越少。所以说，"顺（着）"类介词介引动作经由的处所，动作的主体或客体具有"行经"的语义特点。

（二）时间介词

时间介词介引跟动作行为相关的时间，主要包括动作行为的时点、始点、终点临近和时机，总体来说，时间介词数量不多。其中表时点的介词与处所介词中表所在的介词共用一套系统，表始点的介词与处所介词中表起点的介词共用一套系统，表终点的介词跟处所介词中表到达的介词相同。此外，东北官话还有一类表时间临近的介词，除了"临"之外，还有"傍""傍着""傍顶"。

前面说过，东北官话没有专门的表到达的介词，借用普通话中的"到"，还不常用。东北官话也没有专门表终点的介词，同样也借用普通话中的"到"，如"等到₃3点才走""吃到₃8点还没吃完"，只是不能省略。

1. 表时点

表时点的介词介引动作发生的时间，东北官话表时点的介词与表所在的介词相同，有"搁₄、给₄/改₄、得₄/逮₄"，但跟表所在的介词的使用优先性序列不同。表所在的介词最优先最常用的就是"搁"，但表时点的介词中优先性序列靠后的却是"搁"；表所在的介词在东北官话中几乎不用"在"，用"在"都是受到了普通话的影响，而表时点的介词最优先的却是"在"。剩下的"给₄/改₄、得₄/逮₄"表所在和表时点的使用情况也存在差异，这四种语音形式在表所在的时候都用，而表时点却基本不用"给"和"逮"，只用"改"和"得"，也是多用于黑龙江和吉林，辽宁一般也不用这四个介词，也不用"搁"，只用"在"。也就是说，东北官话虽然具有"空间（所在）-时间（时点）"这样的语法化路径，但不如普通话典型。普通话表所在和表时点都用"在"，几乎不用其他介词。更值得注意的是，表时点这一类介词在东北官话中就很少使用，表示动作发生时间的这个论元成分直接放到动词前面而不需要用介词介引。例如：

（1）专车（在）下午三点半到达。

（2）我是（在）到了上海之后才听说的。

（3）（在）那个时候，问题还不严重。

（4）参观改在星期四了。

（5）生在一九八八年。

（6）处在紧急关头。

例（1）至例（3）在东北官话中都不加"在"，如果加"在"不是句法的要求，而是表强调的语用功能上的要求。例（4）至例（6）中的"在"位于动词后面，整个介宾短语做补语，这个时候无论是普通话还是东北官话都需要用介词，而且都用"在"，不能用另外几个。这一点跟表所在的介词一致，虽然表所在的介词较多，且"搁"最常用，但位于动词后表所在的介词也只能用"在"，不能用其他介词。

（7）搁（在）那儿吧

（8）摞（在）地上就行。

而且，位于动词后面的介词"在"一种是省略不说的，这跟表时点的介词正好相反。东北官话表所在的介词位于动词前面不可以省略，位于动词后面一般省略；东北官话表时点的介词位于动词前面一般省略，位于动词后面不可以省略。例如：

（9）在那儿搁着呢——搁那儿就行

（10）一九八八年出生——生在一九八八年

从这里也可以解释为什么东北官话表时点的介词不是表所在时最常用的"搁"。"搁"的句法位置固定，表所在只用于动词前，而东北官话位于动词前的时点不需要介词介引，所以"搁"的使用现状就是很少使用。至于是从最初就很少使用，还是经历了一个逐渐减少使用的过程，本书不做考查，仅指出今天使用现状的可能的原因。另外，"在"的句法位置也固定，表所在只用于动词后，而东北官话位于动词后的时点是需要用介词介引的，所以动词后面的"在"由表所在引申出了表时点也是正常的。

综上所述，"搁"在从表所在到表时点的演变过程中倾向于消失不用，这一过程在今天的辽宁已经完成，辽宁只用"在"；"在"在从表所在到表时点的演变过程中被保留下来，表所在和表时点的句法位置相同，语法意义相近，可以说"在"因为动词后面这个位置的独用地位而保留下来；"搁₄、给₄/改₄、得₄/逮₄"在从表所在到表时点的过程中保留了"改""得"，可以说每类声母保留了一种语音形式。由于动词前面的时点一般不使用介词介引，这两个介词未来的发展方向也可能跟"搁₄""给₄""逮₄"一样渐趋消失，不再使用。此外，东北官话表所在还有一个介词"来"，用于与胶辽官话区毗邻的海城、鞍山等地，但这个"来"也没有引申出表时点的用法，只表处所，不表时间。综上所述，东北官话表时点就不是一个显赫的形式，所以仅保留少量形式甚至是零形式。

2. 表始点

表始点的介词介引动作开始的时间。东北官话表始点的介词跟处所介词中表起点的介词用同一个系统，有"搁₅、给₅/改₅、得₅/逮₅"，最常用的仍是"搁₅""改₅"。例如：

（1）不知道搁₅、给₅/改₅、得₅/逮₅、来₅啥前儿开始不爱说话了。

（2）搁₅、给₅/改₅、得₅/逮₅、来₅那以后就变了。

此外，东北官话表始点的介词还用"打""自打""打从"，其中"打"的使用频率相对较高，主要在老派方言中使用。可以看出东北官话具有"空间（起点）-时间（始点）"的演变路径。

3. 表临近

表临近就是介引动作将要发生的时间，普通话表时间临近没有"临近介词+时间词"的用法，只有"临近介词+动词性短语"的用法，如"临睡觉""临离开北京"。东北官话也用"临"，但保留着"临+时间词"的用法，如"临睡觉前""临走之前""临回来之前"。"临"介引的都是由方位短语构成的表时间的成分，但是"临"并不能介引一个具体的时间点，无论是普通话，还是东北官话，都没有"临3点来"的说法。可见其中的"临"已经进一步向时间标记词虚化，不再是一个典型的介词。但东北官话还有专门介引时间点的介词"傍/傍着/傍顶"，构成"傍/傍着/傍顶+时间词"的用法，如"傍3点来 快到3点时来""傍着下晚儿再走 快到傍晚再走""傍晌午头子才吃饭 快到中午才吃饭"。

这种表达形式普通话不用，表示接近动词发生的时间，不用介词来介引时间，而用副词来修饰时间，如"快""快要、将要"，构成"快+时间词+动词性成分"结构，如"快2点才来""快黑天才走"。表时间临近的介词在近代汉语中使用较多，如吴福祥（2015）指出"临""傍""傍着"都是近代汉语中的时间介词，此外还有"向、临当、临到、临至、垂、薄、投"（马贝加，2003）。可以看出，"临"保留在了普通话及其他某些方言中，可能有不同程度的虚化；"傍""傍着"虽然在普通话中不再使用，但保留在了东北官话中。

4. 表时机

表时机就是介引动作的时间、时机，普通话用"趁""赶""等"，东北官话也用这三个介词。介引的宾语一般不仅有时间，还有时机，所有宾语既可能是表示时间的方位短语，也可以是动词性成分，如"趁这几天好好休息休息""趁天没黑赶紧走""赶天黑之前到""赶放了假回家一趟""等明天说""等他回来就知道了"。"趁"更侧重"利用……"，"赶"更侧重"赶上……"，"等"更侧重"等到……"。马贝加（2003）认为，"趁"和"赶"都有"追赶"义，"趁"的"追赶"义逐渐由"赶人物"引申为"赶时机"，"趁"逐渐演变出介词的用法。而"赶"也是如此，只是介词用法出现较晚，最早见于元曲。太田辰夫（2003）认为，"趁""赶""等"都是近代汉语中的介词，今天在普通话和东北官话中仍然使用。此外，东北官话还用"赶上"来介引动作发生的时机，如"你得赶上他在家过去""赶上周末放假出去"。此外，还有一个更强调介引时机的介词"颁"，音为［tshua²¹³］，这个字本字不详，没有学者对其源头进行过考证，我们参照了尹世超（2010）的说法，用"颁"这个字，介引动作的时机，具有"趁""赶""等"三个介词的用法。例如：

（1）颁趁他今天在家去看看他。

（2）他得颁等孩子睡了才能干点儿活儿。

（3）颁赶他在去看看他。

这个词今天基本只在老派方言中使用，新派方言只保留了"颁空儿""颁功夫"这两个用法，而其他用法分别用"赶""趁""等"代替，"趁"用得最多。

二、施事受事类

东北官话介引施事受事的介词不多，几乎跟普通话相同。表施事的介词最常用的是"叫""让"，老派更常用"叫"，如"叫人骗了""让车撞了"。此外，东北官话还有一种施事，但不用于被动句，不一定对受事施加影响，没有遭受义。这种施事由"搁"来介引，我们称之为"搁$_6$"。例如：

(1) 这事搁$_6$我早去了。_{这件事放我身上我早就去了。}

(2) 要搁$_6$我得把它扔出去。_{如果放我身上（发生在我身上）得把它扔出去。}

(3) 搁$_6$谁都得跟他干。_{放谁身上（换成谁）都得跟他争吵。}

"搁$_6$"介引的是句中动作的施事，与"叫""让"不同在于句中的受事不含有遭受义，而"搁$_6$"介引的施事具有"假设"义，是一个假设的施事，"搁$_6$我"指的是"如果换成我"。介词"搁$_6$"的这种用法显然是从"使处于一定位置"这个动词义引申而来的，"箱子搁$_6$地上吧"就是"使箱子处于地上"；"这事搁$_6$我"就是"使这件事处于我这里"，即"这件事放在我身上"，也就是"（如果）换成我来做（处理）"。这类句子都表假设，用于将来时；常常省略主语，直接用"搁$_6$我……"，因为这里的主语即话题是交谈双方都知道的。

东北官话介引受事的介词跟普通话一样用"把"，用法也基本相同。此外，更常用"给$_6$"来介引受事。例如：

(4) 我给$_6$这个扔了吧，用不了了。

(5) 他给$_6$那个东西都拿走了。

(6) 你给$_6$这给他送去。

(7) 给$_6$它放顶上就行。

(8) 别给$_6$给水整洒了。

"给"在汉语中用法较多，至少有动词、介词、助词三种用法，且作为介词，今天在普通话中可以介引"接受者""受益者""受害者""施事"，但在东北官话中，除了上述用法外，还主要用来介引"受事"。"给"介引受事的用法是在清代后期出现的，由致使义和容让义的"给"演变而来（吴福祥，2015），这种用法一直在东北官话中保留下来。

三、与事关涉类

（一）有生方向

上面在讨论处所介词中表方向的介词时说过，"有生方向"就是言说等行为所达及或指向的有生对象，位于动词之前。东北官话最常用的两个表示有生方向的介词是"给$_7$"和"跟$_2$"，还用"管/广"。例如：

(1) 给$_7$/跟$_2$他敬了个礼。
(2) 给$_7$/跟$_2$人家道个歉。
(4) 跟$_2$他握了握手。
(3) 跟$_2$人家打个招呼。
(5) 管$_1$/跟$_2$他叫二姨姥。
(6) 管$_1$/跟$_2$我叫啥都行。

普通话表有生方向的介词常用"朝""向""冲"，也用"给"和"跟"，但东北官话只用"给$_7$"和"跟$_2$"，"管$_1$"一般只用于"管……叫"结构，这个结构中的"管$_1$"也可以换成"跟$_2$"。"给$_7$"也可以用"跟$_2$"代替，"跟$_2$"是最常用 的表有生方向的介词。东北官话的"给$_7$"和"跟$_2$"具有普通话"朝""向""冲""给""跟"的全部功能，所以我们把这两个介词看成是具有东北官话特色的介词。

此外，"对"在东北官话中不用于介引言说对象，不用"对他说"，只用"跟他说"。"对"在东北官话中还用于介引对待，如"你对人家好点"，这个用法跟普通话相同。

（二）接受者、受益者、受损者

接受者就是接收到某事物的人和物，东北官话只有"给$_8$"介引接受者，如"这本书送给₈他""留点给₈他",一般都位于动词后面。受益者就是受益于某动作行为的人,东北官话介引受益者的介词主要是"给₈",还有一个是"替"。可以看出,东北官话的"给₈"是表"接受者"和"受益者"的同一形式,这两个功能节点具有较为明显的演变关系。"接受者"和"受益者"是人类语言两个重点的非时空概念空间的节点。据前人的研究成果,如Haspelmath(2003)从英语、法语、德语的语料中得出了概念空间"目的—方向—接受者—受益者"的排列方式,但张敏(2010)从汉语方言介词的用法中得出结论,认为这个排列方式是需要修订的,并认为需要修订的地方恰好显示了引入汉语资料的价值之所在。汉语确实有不少方言存在含此三种用法的虚词,如东北官话的"给₈"可表指人动作方向(给他敬个礼),也可表接受者(拿本书给他),还可以表受益者(给他理发)。但汉语某些方言只具有上述三种用法的两种相邻的用法,比如,普通话及不少方言(如武汉话)中的"跟"不能引出"接受者"(不能说"拿本书跟他"),也不能引出"(空间)位移方向"(不能说"跟上海去"),但可引出"指人动作方向"("跟他敬个礼")以及受益者("跟他理个发")。发现"跟"不表中间的"接受者",但可表前面的"方向"和后面的"受益者"。因此,张敏借鉴了Van der Auwera & Plungian(1988)提出的语义地图的新表征方式,将"方向"这个节点限制为"(空间)位移方向",将"接受者"作为"人类目标"的一个选项,与另一个选项"指人动作方向"共同构成"人类目的"这个节点,即"人类目标"邻接"位移方向"的一个节点,它包括"∤指人动作方向,接受者∤"两个选项。所以将Haspelmath(2003)的观点修订为"位移方向—人类目标—受益者"。

另外,"给₈"表受益者时经常出现介词悬空的现象(宗守云,2019),如"我给₈剥""我给₈吹吹",主要用于成人跟孩子之间的交流,主要是黑龙江地区在用,辽宁用得较少。

受损者就是受损于动作行为的人,东北官话仍用"给₈""跟₃""管₂/广"来介引受损者。例如:

(1)那本书我<u>给₈</u>你整丢了。

（2）票你跟₃/管₂他要。

（3）总跟₃/管₂我要钱。

东北官话表受损者的介词与表"有生方向"的介词完全相同，包括词形和数量都相同。可以看出，东北官话概念空间节点具有"有生方向—受损者"的序列，但是其中的"给"较为特殊，具有多功能性，在概念空间上是连续的，呈"有生方向—接受者—受益者—受损者"这样的序列。

（三）伴随者

伴随者就是动作行为所协同、伴随的人，东北官话介引伴随者的介词主要有"跟₄"，基本不使用普通话中的"和""同""与"。例如：

（4）你有啥事得跟₄我商量一下。

（5）这事我跟₄你讨论讨论。

"跟₄"我们在前面说过，是介引有生方向最主要的介词，在张敏（2008）、张定（2010）、盛益民（2015）等的语义地图模型中，"伴随"和"有生方向"（尽管每个人的术语不尽相同）都是相邻的两个功能节点。东北官话的"跟₄"也是如此，同时具有这两种功能。吴福祥（2015）认为，"清代中期以后，介词'跟'的使用逐渐多起来，除了表示协同对象，还表示言说、求索、比较的对象等"，这里的协同就是伴随，因此，可以说东北官话的"跟₄"具有"伴随—有生方向"的序列。

（四）表比较

东北官话介引比较对象的介词主要有"照比、较比、照₂、不抵、不跟"几个，比普通话数量丰富。"照₂""照比""较比"都由"比较对照"义虚化而来，其中"照₂"最常用，与普通话相同的"比"在新派方言中也用。"不抵""不跟"是否定形式的差比句，表示比较对象（这件）不如比较基准（那件），即"比不过""比不上""不如"，比较结果（好看）也可以不出现。其中"不抵"最为常用，"不跟"只见于老派方言，使用人群越来越少。例如：

（1）这件还不抵那件好看。这件没有那件好看。

（2）你这个还不跟我这个呢。你这个不如我那个。

但这几个都是表示差比的介词，表平比跟普通话用法相同，用"和""跟"。除了这几个差比介词之外，东北官话表差比也用跟普通话相同的"比"，否定形式也用跟普通话一样的否定副词"没/没有"。

（五）包括排除

东北官话表包括的介词主要用"连""带"，其中"连"也是普通话中使用的介词，是宋元以后近代汉语中主要的表示动作行为连及、包括的对象的介词。"带"也是唐以后开始在近代汉语中使用的表包括的介词，但没有"连"那样普遍使用，东北官话保留了"带"的用法，只是没有"连"使用频率高。例如：

（1）连你一共 5 个人。

（2）这得带皮称。

吴福祥（2015）："元明以后，'连'还常跟'带''和''并'等连，构成'连×带×'这类格式，表示包括两种或以上事物，或两种同时进行的动作。"这种用法在东北官话中保留了下来，经常使用。此外，东北官话还有"连……连……"的用法。例如：

（3）连肥带瘦都要。

（4）连头连尾也不够 10 斤。

东北官话没有专门介引排除对象的介词，也使用跟普通话相同的"除""除了""除去"。

四、工具依凭类

工具介词就是用于介引动作行为实施时所使用的工具、材料或凭借的手段、方式、依据等。我们将其分为材料工具和依照凭借两类。

（一）材料工具

东北官话介引材料和介引工具用同一套介词系统，我们将其统称为表工具。东北官话介引工具的介词主要有三个来源。一个是来源于其动词的"持执"义，东北官话介词"拿"的"工具"意义就是与"拿"的"持执"动作密切相关，其演变路径为"持执>工具"，这是近代汉语中表工具介词产生的一条重要语义链。除了"拿"之外，"将""把""捉"在唐宋时期都发生了从动词"持执"向介词"表工具"用法的演变，只是这些用法都没有在东北官话保留下来。

第二个来源是其动词的"使用"义，东北官话介词"用""使"的"工具"意义就是由其"使用"义演变而来，其演变路径为"使用>工具"。除了"用""使"外，工具介词"著（着）"也源于动词"著（着）"的使用义。

第三个来源是"表来源"的介词，东北官话介词"搁"的"表工具"用法是"来源>路径>工具"这样的演变路径。吴福祥（2017）得出了"伴随—工具域"概念的历时空间，其中 location > instrument、route > instrument、source>instrument 都是为语法化研究广泛认同的演变路径。在此基础上，张惠清（2015）认为，"我们摘录汉语方言中饮食'工具'功能的形式，发现其中包含很明显的蕴涵共性，即'来源>路径>工具'的演变关系"，我们认为东北官话表工具的"搁"就符合这样的蕴涵共性。上面分析过"搁"具有"起点（来源）""经由（路径）"的用法，东北官话"起点>经由"是一个演变路径，除了"搁"，"给/改、得/逮"也具有这样的演变路径，只是没有进一步向表工具的用法演变。除了东北官话的"搁"之外，山西万荣方言的"捍"、湖南古丈方言的"跟"、乌鲁木齐的"搁"都符合这样的演变关系。

张敏（2008）以 Haspelmath（2003）为基础，结合汉语方言事实，修订以"处置—被动"为核心的语义地图，其中"工具"和"处置"是相邻的两个功能节点；张定（2010）在 30 种汉语方言材料中，构建了以"工具—伴随"为中心的概念空间，其中"工具"和"处置"也是相邻的两个功能节点；潘秋平（2011）构建了上古汉语"以"的概念空间，其中"工具"和"受事"是两个相邻的功能节点，这里的"受事"与"处置"概念相同，术语不同，图中没有"处置"节点，我们知道"处置"也是"受事"的一种具体内容，因此可以认为他也将"工具"和"处置"看成相邻关系，张惠清（2015）也持类似观点。东北官话工具介词"拿"的用法也可以为上述观点提供佐证，东北官话中的"拿"引"处置（受事）"的用法，且经常构成"拿……当"结构，下面的"拿"相当于"把"：

（1）拿我当傻子。

（2）拿豆包不当干粮。

（3）不拿他当回事。

这种用法在近代汉语中就有，如冯春田（2003），在东北官话中保留了下来。可以看出，东北官话的"拿"具有"持执>工具>处置"的演变路径。

（二）依照凭借

表依照凭借就是介引动作实施时依据、依靠、凭借的事物、事理、情况等。东北官话表"依照"的介词一方面源于其动词的"倚靠""凭借"义，"靠""指（着）""凭"就是三个常用的表依照凭借的介词。"指（着）"更侧重"指望""依靠"；"靠"更侧重"依靠""凭借"；"凭"更侧重"凭借""依凭"；"冲"更侧重"凭借""根据"。所以"指（着）"介引的宾语一般较为具体，且带有一定的主观性；"凭"所介引的宾语一般较为抽象，可以是事理、情况等；"靠"介引的宾语既可以具体，也可以抽象。例如：

（1）我得靠/指着他帮我了。

（2）靠/指这点东西挺不到晚上。

（3）靠/凭信念坚持下来了。

（4）靠/凭本事吃饭。

（5）凭长得高欺负人呗。

东北官话表"依照凭借"的介词还有一类源于其动词的"依照""照核"义，东北官话的"照（着）"就是这一类介词。东北官话一般不用"按""按照"，都用"照₃"。例如：

(6) 你就照₃这样式的买。

(7) 照₃他抄吧抄吧就行。

东北官话表"依照凭借"的介词还有一类来源于其动词的"面对"义，动词"面对"逐渐演变出表方向的介词用法，表方向再演变出表根据的用法，东北官话的"冲₂"就是这样。"冲₂"表根据，介引宾语多为抽象事理、情况。"依凭"自然就会向"原因"演变，当"冲₂"介引的宾语为一个主谓短语，即类似印欧语中的从句时，"冲"已经由"依凭"向"原因"演变，如下例中的（8）：

(6) 就冲₂你这句话给你机会的。

(7) 冲₂这一点选她

(8) 就冲₂她是表姐也不能不帮。

五、原因目的类

原因目的表示动作行为发生的原因或目的。

东北官话表原因的介词一个是"庸乌"，这个是同音字，相当于普通话的"因为"，疑似"因为"的音变形式。我们采取尹世超（2010）的写法，记为"庸乌"，是东北官话最为常用的表原因介词。

东北官话另一类表原因的介词是"冲₃"和"奔₂"，这两个介词都是表"方向"的介词，如"冲₃/奔₂我这里来了"，介引的宾语既是动作的方向，又是动作的目标。与同样介引方向的"朝"和"向"相比，"冲₃/奔₂"不强调动作的方向，而强调动作的参照物和目标，所以"冲₃/奔₂"的宾语除了是处所词，还可以是指人名词语，可以说"冲₃/奔₂我来了"，这里的"我"由作为"来"这个动作运行的方向，重新分析为"来"这个施事的目标。此外，东北官话还有"冲₃/奔₂这事来的""冲₃/奔₂这来的""就冲₃/奔₂她说话实在帮她"，其中的宾语不仅可以是人，还可以是事理、事件等，"冲₃/奔₂"可以看成是表示原因和目的的介词。

第二节 多功能介词

东北官话介词特色之一就是某些介词具有多功能性，且这些多功能介词基本都是具有方言特色的介词。

一、搁

"搁"是东北官话中功能最多、最全面的介词，可以介引处所、时间、施事、工具。"搁"的介词用法在汉语方言中是较为常见的。据《汉语方言大词典》（1999），中原官话、冀鲁官话、兰银官话都有"搁"作为介词的用法。还有学者如张惠清《昌黎方言"搁"各功能的语义关联》（2015）专门对昌黎方言中的"搁"进行了研究。东北官话介词"搁"的用法如下：

（一）表所在和表时点

"搁"介引动词行为所在处所的介词用法源自其动词"放""放置"义，现今共时平面东北官话"搁"仍保留动词用法，且基本不用"放"，只用"搁"。

（1）钥匙搁_放哪了？

（2）钥匙搁_在那搁_放着呢。

例（1）的"搁"是动词，读音为［k ɤ²¹³］或［kɑu²⁴］，例（2）是"VP1+NP+VP2"的结构，前一个 VP1 逐渐语法化为介词"搁"，也是汉语史常见的语法化路径。

东北官话前一个"搁"具备这样的句法条件，我们不仅可以从句法方面推论"搁"的介词属性，而且还可以从语音方面来判断。东北官话"搁+NP+搁"中，前一个"搁"读音为［k ɤ²¹³］，而第二个"搁"读音为［kɑu²⁴］。因此，介引所在的介词"搁"源于表"放置"的动词"搁"，读音为［k ɤ²¹³]。空间的所在还可以语法化为时间的所在，正如普通话中的"在"可以用于"在过去"，东北官话"搁"也有这种用法。例如：

(3) 你这话搁去年这时候还对，现在不好说。

只是东北官话一般表时点不用介词介引，直接将时间词作为动词的论元。上例中的"搁"经常省略。

（二）表起点和表始点

"搁"还用于介引动作开始的处所，也可以介引动作开始的时间，相当于普通话的"从"。例如：

(1) 你是搁北京回来的？　　　　［起点］
(2) 搁今儿起去新单位上班了。［始点］

普通话"来源（起点）"和"处所"没有使用同一个形式，而很多方言"来源"和"处所"却是两个相邻的功能节点，使用同一个形式。除了东北官话的"搁"，还有湖南平江话的"落"（王玮，2015）、桂阳土话"在"（邓永红，2009）、吴语中的"勒"（刘丹青，2003）、河北昌黎的"搁"（张惠清，2015）、湖南洞口的"搯"（胡云晚，2010）等，都为"处所—起点"模式提供了方言材料和佐证。

（三）表经由

"搁"还用于介引动作运行的路径，相当于"从"。例如：

(1) 搁这条道走过去近。　　　　［经由］
(2) 搁山洞穿出去。　　　　　　［经由］

"来源（起点）"和"经由"在普通话中共用同一个形式"从"。从已有研究成果可知，不少汉语方言也用同一个形式，如东北官话的"搁"，长沙话的"从"（鲍厚星等，1993）、娄底话的"走"（颜清徽、刘丽华，1994）、绥宁话的"打、从"（曾常红、李建军，2009）、隆回话的"打"（丁加勇，2009）、衡山前山话的"行"（毛秉生，2009）、凤凰话的"把"（李启群，2009）、新化话的"打"（罗昕如，1998）、涟源话的"走、从"（陈晖，

1999）等。可见，东北官话空间位移介词存在"起点—经由"模式。结合上面"搁"具有的"所在—起点"模式，且在东北官话中并没有"所在—经由"模式，所以"起点"应该是"所在"和"经由"的中间结点，处于"所在—起点—经由"模式。

（四）表施事

东北官话的"搁"具有介引施事的用法，但这个施事并不是被动施事，跟"叫""让""被"介引的被动施事不同，但也是后面动作行为的发出者。上文举过例子，这里再举几例：

    （1）这事搁我身上不能这么干。这件事放我身上不能这么做。   [施事]

    （2）搁我说咱别去了。如果是我来说咱们别去了。   [施事]

    （3）一会得搁人讲话吧。一会得放（安排）个人讲话吧。   [施事]

东北官话"搁"的这种用法跟"搁"的"放置"义有关，从例（1）可以看出，"搁"的宾语是"我身上"这个抽象的处所，"我身上"就是"我身上有一些缺点毛病"，其实就是"我有一些缺点毛病"。"搁"介引动作运行的处所做宾语，宾语通过不断泛化，出现了"具体处所—抽象处处—指人名词"这样的模式，当宾语为指人名词时，"搁"不表介引处所，而表介词施事。所以，"搁"的这种用法符合"放置—所在—施事"模式。结合前面的研究，我们可以知道，"所在"这个结点分别与"起点""经由"相邻，还跟"（非被动）施事"相邻。

（五）表工具

东北官话的"搁"还用于介引动作行为使用的工具、材料。例如：

    （1）没有筷子搁啥吃饭啊？   [工具]

    （2）这是搁剩下的碎布拼成的。[材料]

前面说过，"搁"介引表"工具"用法符合人类语言中"来源（起点）—经由—工具"这样的演变路径，由介引时空题元演变出介引非时空题元的用法。综合上述对"搁"的功能的讨论，我们认为东北官话的"搁"有两种概念空间模式：一种是"处所（所在）—来源（起点）—经由—工具"模式，另一种是"放置—所在—施事"模式。可以看出，表"处所"是"搁"的核心功能节点。

二、改/给/逮/得

"改/给/逮/得"是东北官话中除了"搁"之外，功能最多的介词，在介引处所和介引时间方面，具有跟"搁"相同的功能，都可以表所在、表起点、表时点、表始点、表经由。跟"搁"一样，表动作运行时间的时点论元也经常省略介词"改/给/逮/得"。例如：

（1）她<u>改/给/逮/得</u>家吃饭呢。

（2）我<u>改/给/逮/得</u>北边来的。

（3）<u>改/给/逮/得</u>隧道穿过去就是。

（4）我们<u>改/给/逮/得</u>小时候去过一次。

（5）<u>改/给/逮/得</u>昨天就开始下雨了。

"改""给""得"一定不是方言本字，只是记录读音的符号；"逮"具有"捉"的动词用法，在东北官话中又有"逮哪坐哪"的说法，意思为"逮住哪里就坐哪里"，也就是"找到哪里就坐哪里"。这是一个紧缩复句，这里的"逮"还保留着动词"捉"的用法，但同时"逮+NP+坐+NP"中的"逮"也具备语法化的句法条件，有向介词演变的动因。由于缺少东北官话的历史语料，我们无法总结"逮"的演变路径，也无法确定"改/给/得"究竟是"逮"的音变，还是普通话"在"的音变。但是东北官话不用"在"，只用"改/给/逮/得"，所以我们认为"改/给/逮/得"是具有东北官话特色的多功能介词，符合"处所（时点）—来源（始点）—经由"的模式。

三、冲/奔

"冲/奔"也是东北官话常见的介词，具有相似的概念空间。"冲"的功能更多，可以介引动作的空间位移方向，可以介引动作的有生方向，也可以介引工具依凭，还可以介引原因目的。"奔"只可以介引动作位移方向和原因目的。例如：

(1a) 冲窗户那边坐着。　　　(1b) 奔火车站那边走了。

(2a) 冲他笑了一下。

(3a) 冲这一点愿意帮他。

(4a) 冲你上过大学选你了。　(4b) 就奔我来的。

受其来源动词词义的影响，"冲"更强调"对着""面对"；"奔"更强调"目的""目标"。"冲"的功能节点较多，其间的联系为"空间位移方向—有生方向—依凭—原因目的"。"奔"没有中间的节点，直接"空间位移方向—原因目的"。"奔"缺少两个中间节点，直接从"方向"到"原因目的"跟"奔"的动词义有关，"奔"本身具有"目的"的语义特征，可以直接引申出介引"目的"的用法。而"冲"本身并不含"目的"义，要通过"有生方向""依凭"逐渐向"目的"用法演变。

四、照

"照"的用法与"冲"相似，也可以介引空间位移方向，介引依凭。与"冲"不同的是，"照"在东北官话中还有介引比较对象的用法。例如：

(1) 你就照这个方向一直走。

(2) 照这个条件找。

(3) 我照他矮不少。

"照"与"冲"有相似的动词义"面对"，又都发展出介引空间位移方向的用法，可见，东北官话"面对>空间位移方向"是一个常见的语法化路径。同时，"照"作为动词还有"比照"义，其在东北官话中演变出介引"比照"对象的用法。所以，东北官话介引"照"具有三个介引功能，但分别来自不同的语法化路径：其一为"照（面对）>表空间位移方向>表依凭"；其二为"照（比照）>表比较"。所以，这两条语法化路径在今天共时平面共存的三个功能节点之间没有一一相邻的关系，"空间位移方向—依凭"是一个概念空间模式，"比较"不在这个模式中。

五、往

"往"在东北官话中是最主要的介引方向的介词，由其动词义"前往"义演变而来，可以介引各种类型的处所词语，组成的介宾短语可以与不同类型的动词组合。例如：

（1）他往图书馆/家/南边/左/我这里/走了。

"往"还可以介引"目标""目的"，宾语都较为抽象，可以是"高处""上层"这样从处所抽象而来的表示等级的宾语，也可以是更加不具有实体性的形容词。例如：

（2）往高处/上层/走

（3）往100分努力

（4）往好处/坏处/想

（5）往死打/往远推/往长拉

"往"从介引"空间位移方向"演变为表"目标"，都一直用于动词前面，没有像近代汉语中那样用于动词后面的用法。"往+NP+VP"这个句法环境可能使"往"向介引"目标"演变，先有目标后有行动，这个符合人类认知的相似性原则。这种宾语范围的不断扩大，使"往"逐渐成为一个仅用于动词前面的介词。

六、给

"给"在汉语普通话及汉语方言中都具有多功能性，且使用频率高。东北官话的"给"具有介引"有生方向""接受者""受益者""处置"的用法，还可以介引"处置"。

（1）给她行个礼。　　　［有生方向］

（2）这个送给你。　　　［接受者］

（3）给他剪剪头。　　　[受益者]

（4）给这个吃了。　　　[处置]

东北官话的"给"也用作动词，具有"交付""使对方得到"义，也具有"致使"义。介词"给"分别源自两个动词用法：表"有生方向""接受者""受益者"源自动词"交付""使对方得到"义，表"处置"源自动词"致使"义。

据吴福祥（2015）："给"作为动词，经历了使令（容让）义到致使义，再到被动义的语法化过程。……清代后期，由致使义和容让义的"给"又分别产生出引介受事，表示处置对象和引介与事，表示协同对象的介词用法。据我们的调查，东北官话"给"跟近代汉语中"给"的功能用法既有相同之处，也有不同之处。相同之处在于"致使—处置"模式，东北官话"给"可以表处置。例如：

（5）你给_让他留下来吧。

（6）你给_把这个包放地上。

但概念空间的"使令—致使—（被动）"模式在东北官话中消失了，虽然有"致使"动词的用法，但没有再发展出表被动用法，而且也没有保留表协同的介词用法，没有"致使—协同"模式，没有例（9）例（10）的用法。

（7）行，这次就给_让他去。

（8）没给_让他看过。

（9）＊白给_被他打了一顿。

（10）＊给他聊天。

七、跟

东北官话的"跟"具有介引"伴随""有生方向""比较"和"处所"的用法，前三个是主要用法，介引"处所"仅在老派方言中使用。例如：

（1）我跟你商量件事。　　　[伴随]

(2) 你去跟他问个好。　　　[有生方向]

(3) 我跟他一般高。　　　　[比较]

(4) 你咋跟这站着呢?　　　[处所]

　　Haspelmath(2004)构建了与连词相关的概念空间,共涉及动词并列、名词并列、伴随、工具、方式、施事、来源、存在等 10 个节点。其中"伴随"和"存在(所在)"是直接相邻的两个结节。翟赟(2015)对 Haspelmath (2004)的一些节点进行了调整和扩展,他提出"伴随—名词并列—平比"是三个相邻的结点,"伴随—存在"也是相邻的结点。从两位学者的讨论中可以看出,"伴随"对某些功能来说是一个核心节点,东北官话"跟"就是以"伴随"为核心节点将不同功能关联在一起的。"跟"在东北官话中有两个概念空间模式:一个是"伴随—名词并列—平比",另一个是"伴随—存在"。此外,"跟"还有一个最为常见的功能,就是介引"有生方向",东北官话不用"向""朝",多用"跟"。前面讨论过,"跟"的这种用法也与"伴随"密切相关,"伴随—有生方向"也是一个常见的概念空间。

　　可见,东北官话多功能介词"跟"具有三个并列的以"伴随"为核心的概念空间模式:"伴随—名词并列—平比";"伴随—存在";"伴随—有生方向"。

第八章

句　式

句式研究一般指的是对某种语言或方言中存在的特殊句式进行的研究，如普通话中的把字句、被字句、双宾句、兼语句等都受到学者重视，取得了大量研究成果。东北官话也存在着跟普通话相同的这些特殊句式，此处，还有三种普通话不用的特殊句式。

第一节　"VP₁前儿，VP₂"句式

东北官话中有一个特殊的表示时间的成分"前儿"[tɕhiɐʴ²⁴]，一定要儿化，用在一些词的后面表示一定的时间义。一些东北官话词典将"前儿"解释为"时候，总是用在'这''那''啥'等代词之后"或"那个时候"。这种解释只指出了"前儿"的一种用法，而"前儿"的另一种更为常见的用法却是用在动词性成分后面，比如，"吃饭前儿""你跟别人说话前儿"，这里的"前儿"跟用于代词后面的"前儿"在意义和功能上都不相同。另外，我们讨论的"前儿"跟北京话、东北官话中的"前天"不是同一个词，而且跟方位词"前"也不同。"放学前儿"和"放学前"在东北官话中具有区别意义的作用，"前儿"和"前"是两个不同的词，而且，普通话中没有跟这种用法的"前儿"相当的词。我们讨论东北官话"VP前儿"的特殊用法以及"前儿"的语法化和来源问题。

一、"前儿"的分布及意义

（一）代词+前儿

东北官话"前儿"的第一个用法是用于指示代词"这""那"的后面组成"这前儿""那前儿"，用于疑问代词"啥""多"的后面组成"啥前儿""多前儿"。前者用于陈述，后者用于疑问。例如：

（1）这<u>前儿</u>去，人家不都睡了吗？

（2）都啥<u>前儿</u>了？怎么早不说啊？

其中"前儿"的意思相当于普通话中的"时候"，"这、那"指示"前儿"表示的具体时间，"啥、什么、多"对"前儿"表示的某个时间进行提问。

（二）动词性词语+前儿

东北官话"前儿"的第二个用法就是用在动词的后面，如"走前儿""回来前儿""洗澡前儿""唱歌前儿""买菜前儿""回家前儿"等，或者用在各类动词短语的后面，如"接孩子前儿""把东西放下前儿""跑出去前儿""使劲往上爬前儿""躺床上睡觉前儿""叫我接电话前儿"等；也可以用于主谓结构后面，如"你跑步前儿""大家讨论问题前儿"等。

我们把这种结构称为"VP前儿"，其中"前儿"表示VP这个动作、行为发生的时间，"前儿"在这里具有标记时间的作用，既可以表示一个时间点，也可以表示一个时间段。"走前儿""把东西放下前儿"中的"前儿"就是标记动作发生的具体时刻，一般是一个瞬间。"洗澡前儿""唱歌前儿""买菜前儿"中的"前儿"标记动作从开始到结束的一段时间，有持续过程。"前儿"的意思相当于普通话中的"……的时候"，"走前儿"就是"走的时候"，"洗澡前儿"就是"洗澡的时候"。

我们将"前儿"的这两种用法分别称为"Pron前儿"和"VP前儿"，统称"×前儿"。下面具体分析"×前儿"在东北官话中的使用情况。

二、"×前儿"的具体用法

(一)"VP 前儿"的分布情况

据考察,"VP 前儿"的分布情况比较固定,就是做状语。例如:

(1) 你<u>出发前儿</u>给我打个电话。

(2) 我<u>走前儿</u>,把这个带走。

(3) 你<u>知道前儿</u>,告诉我一声。

(4) 人家<u>在前儿</u>,你不说,都走了,现在。

(5) <u>汇报工作前儿</u>,可别把这项给忘了。

"VP 前儿"在东北官话中主要做时间状语,做状语的"VP 前儿"跟谓语构成"VP$_1$前儿,VP$_2$"句式,指明 VP$_2$所表示的动作发生的具体时间,例(1)限定了"打电话"的具体时间,例(2)限定了"把这个带走"的具体时间。

任何动作都跟时间范畴结合在一起,语言中表示时间的方式有很多,比如,汉语中的时间名词、时间副词、时量短语、方位短语等做状语、定语、补语,英语中的时间状语从句都可以表示动作的时间。东北官话中的"×前儿"起到了英语中由 when 引导的时间状语从句的作用,只是英语用从句的形式表示:

你走前儿——when you leave

你知道前儿——when you have known

从例(1)至例(5)可以看出,东北官话中的"前儿"将两个动作在时间上建立起联系,即用一个动作发生的时间来表示另一个动作发生的时间,从而使某两个动作在时间上具有同一性,但交际的重点在第二个动作。这类结构具有一定的描述性,使表达更加生动。

(二)"pron 前儿"的分布情况

1. 做主宾语

(1) <u>这前儿</u>不行,商店还没开门,你再等等吧。

（2）啥<u>前儿</u>都可以，你们自己说了算。

（3）我一直等到<u>这前儿</u>也没见着个人影啊。

"pron 前儿"做主语，通常与谓语构成一种判断关系，谓语部分对主语所指代的时间做一种肯定或否定判断。

2. 做定语

（1）都<u>啥前儿</u>的事了，你还记得呢？

（2）<u>那前儿</u>的人咋都那样呢？

（3）<u>那前儿</u>衣服现在还能穿呢。

"pron 前儿"做定语，从存在时间上限定中心语，定中之间的"的"有时省略，如例（3）。

3. 做谓语

（1）现在都<u>这前儿</u>了，人家肯定下班了。

（2）<u>啥前儿</u>了，怎么还不睡觉？

做谓语时，句子的主语是表示时间的词语，"prep 前儿"陈述主语所表示的时间，并带有一定的主观量，表示说话人认为说话当时的时间已经晚了。

4. 做同位结构的后项

（1）知道<u>那前儿</u>就已经晚了。

（2）他离开家乡<u>那前儿</u>才十五岁。

"那前儿"用在动词性词语的后面，与其构成一个同位结构，用来复指前面的动作发生的时间。

三、"VP 前儿"中"前儿"的独特性质

东北官话中的"前儿"是表示时间的词语，那么"前儿"和另外一个也可以表示时间的"前"有什么不同？"前儿"是时间名词还是表示时间的后置词？通过对这两个问题的解释，我们来揭示东北官话"前儿"的独特性质。

(一)"VP前儿"和"VP前"不同

东北官话中的"前儿"与"前"的意义和用法都不相同,看下面的例子:

(1a)吃饭前儿说话不好　　(1b)吃饭前说话不好　　(1c)边吃饭边说话不好

(2a)读书前儿做记号　　(2b)读书前做记号　　(2c)边读书边做记号

(3a)下课前儿交作业　　(3b)下课前交作业　　(3c)交作业的时候下课了

(4a)毕业前儿认识的　　(4b)毕业前认识的　　(4c)认识的时候毕业了

(1a)的意思是吃饭的时候说话不好,即吃饭的过程中别说话,(1a)还可以说成(1c),意思相同。而(1b)的意思是吃饭之前别说话,不能换成(1c)。(2a)的意思是读书的时候做记号,可以换成(2c)的说法;(2b)的意思是读书之前做记号,跟(2c)不同。(3a)的意思是下课的时候交作业,可以变换成(3c)这个句子,而(3b)的意思是下课之前,还没下课呢,就要交作业,所以不能变换成(3c)。同样,(4a)可以变换成(4c),但不可以变换成(4b)。

而且,"VP前儿"和"VP前"的焦点及重音也不相同,前者的焦点信息是VP,因此VP重读,像上例a中的"吃饭""下课"等都重读;后者的焦点信息是"前",因此"前"重读,如"吃饭前""下课前"。

由"VP前儿"和"VP前"做时间状语构成的句子,我们分别记作"VP$_1$前儿+VP2"和"VP$_1$前+VP$_2$"。"VP前儿"标记了VP$_2$这个动作发生的具体时间,"VP前"限定了VP$_2$这个动作发生的时间范围。我们可以用下面的图来表示。

用一条直线表示时间轴,上文(1a)可以用图8-1-1表示,其中VP$_1$(吃饭)与VP$_2$(说话)这两个动作发生在同一个时间段上。(1b)可以用图

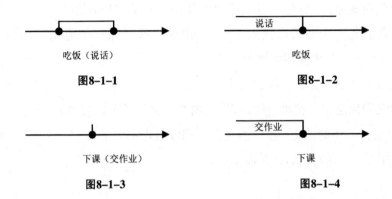

图8-1-1　　　　　　　　　　　图8-1-2

图8-1-3　　　　　　　　　　　图8-1-4

8-1-2 表示，VP$_1$ 限定了 VP$_2$ 的时间范围，一定在 VP$_1$ 发生之前的那段时间。上文（3a）可以用图 8-1-3 表示，可以看出 VP$_1$（下课）这个动作发生的时间与 VP$_2$（交作业）的时间是同一个时间点。上文（3b）可以用图 8-1-4 表示，其中的 VP$_1$（下课）以指明终结点的方式限定了 VP$_2$（交作业）这个动作的时间范围，VP$_2$ 应该发生在 VP$_1$ 之前的时间范围内。

（二）"×前儿"中"前儿"已经虚化为后置词

通过上面的分析，我们可以看出"前儿"的用法具有下面三个特点：

1."×"和"前儿"之间不能插入表示时间的助词

普通话表示时间的"时候"可以跟前面的定语之间插入结构助词，如"吃饭时候"可以说成"吃饭的时候"。东北官话中不存在"知道的前儿""他离开家乡之前儿"这样的用法。如果一定要加助词，只能将其中的"前儿"换成"前"，即"知道之前"，但此"前"非彼"前儿"，"前儿"的意义和性质都发生了变化。

2."前儿"不能单独使用

普通话表示时间的"时候"可以单独使用，比如，"时候不早了"，东北官话中的"前儿"不能单独使用。

3."VP 前儿"和"Pron 前儿"中的"前"性质有差异

"Pron 前儿"相当于普通话中的"Pron 时候"，"VP 前儿"相当于普通话中的"VP 的时候"，可以看出"VP 前儿"中的"前儿"本身就包含了结构助词"的"的语义和功能，所以 VP 和"前儿"之间结合得更加紧密，不能插入任何成分，"前儿"也不能单独使用。只是"Pron前儿"中的"这前儿""那前儿"中间可以插入"个"，说成"这（那）个前儿"，而"啥前儿""什么前儿"中间不能插入"个"。

通过上述三点分析，我们认为东北官话中的"前儿"在普通话中没有和它的意义和用法完全相对应的词语。"前儿"的性质可以表述如下：

"×前儿"中的"×"和"前儿"之间没有定中关系。

"前儿"不是时间名词，而是后置词。

四、"前儿"的语法化

现阶段东北官话"前儿"既可为意义较为实在的时间名词，又可为意义较虚的后置词等。这说明"前儿"还处于语法化的过程中，分析其不同用法可以推测出"前儿"的语法化轨迹。

（一）"前儿"用为名词

"这前儿""那前儿"中的"前儿"具有一定的名词性，相当于"时候"，用于指示具体时间，可以看成是意义较为实在的时间词。

（二）"前儿"用为后置词

"VP前儿"的语义重心已经完全转移到VP上，其中的"前儿"语法化为一个后置词，用于标记时间。例如：

（1）我到家前儿，他都走了。

（2）在外面前儿不想着，回来了才说这没买，那没买的。

在由"VP前儿"构成的"VP₁前儿，VP₂"句式中，VP₁和VP₂都是已然的动作，"前儿"用于表示两个已然动作之间时间上的关联。

（三）"前儿"用为进一步虚化的句法标记词

（1）下次来前儿再给他吧。

（2）问前儿你就说，不问不说。

（3）别人说话前儿，你别说话；别人不说了，你再说。

"VP₁前儿，VP₂". 句式中"前儿"还可以用于表示两个未然动作之间的关联，如例（1）；"前儿"还可以用于标记一个非具体的时间，如例（2）中的"问前儿"这个时间不是固定的，而"你就说"则是一个固定的事件，即只要 VP₁，就 VP₂，"前儿"的语义进一步虚化，用于条件复句中。例（3）中的"别人说话前儿"标记的也不是具体时间，而是一个假设的事件发生的时间，而且例（3）是表示正反对举事况的句子，其中的"别人说前儿"不仅标记时间，更多的是强调事况，如果发生 VP₁这样的事情，那么出现 VP₂这样的结果。因此，"前儿"的语义更为虚化，用为复句的句法标记词。

因此，东北官话中"前儿"的语法化方向为：

这（那）前儿>VP 前儿（后置词）>VP 前儿（句法标记词）

五、"前儿"的来源

汉语及很多语言中一些表示时间概念的词像"前、后、左右、以前、以内"等都源自表示方位的词，而东北官话表示时间的"前儿"较为特殊，它虽然包含表示方位的语素"前"，但跟"前"的语义没有必然联系，而且又包含一个起到区别意义作用的儿化词缀。那么，"前儿"的来源问题怎么解释呢？关于时间词的来源，可以从历时角度来研究，比如，普通话中的"时"，作为普通名词在先秦典籍中就开始运用，我们可以从不同年代的文献用例中考察"时"从古到今的用法，从而研究其语法化过程及动因。然而，这样的研究思路之于"前儿"就遇到了很大的困难，因为古代文献中只有"前"的大量用例，而没有"前儿"（一定带词缀）作为一个独立的词的用例。这里面有两种可能：一种是有"前儿"，但书面中写为"前"；一种是"前儿"确实出现得很晚，而且从一开始就用于某种方言，所以文献用例很少。这些都给我们推知"前儿"的来源带来了很大困难，但是，我们尝试分别从这两个角度出发，推测"前儿"的来源。

（一）"前儿"直接来自"前"

根据第一种可能，假设有些"前"可能是今天的"前儿"。我们对文献中所有出现的"前"的意思进行了考证，发现可能跟"前儿"有关的"前"

无非就是表示跟"后"相对的方位词之义。我们试图将"前后"的"前"跟表示"时候"的"前儿"建立起联系。我们知道,表示方位的"前""后"可以用于表示时间,如"立春前(后)""三更前(后)""吃饭前(后)"等,如图 8-1-5 所示,以"吃饭"这个动作为参照,"吃饭前""吃饭前儿""吃饭后"是连续的时间段,"前"和"前儿"的区别非常明显,今天也是如此,"前"和"前儿"是具有区别意义作用的两个不同的时间词。因此,我们可以推断,文献中不可能以"前"代"前儿","前儿"不会直接来自"前后"的"前"。

图 8-1-5

(二)"前儿"来自"前后"

既然"前儿"不来自"前",那么"前儿"还可能源自哪个表示时间的词?我们应当考虑跟"前儿"有关联的其他时间词,其或者跟"前儿"具有相似的意思,或者具备发展出"前儿"的意思的可能。

根据文献,我们发现除了"前"以外,表示时间的"前后"这个词的句法位置跟"前儿"也相同,如"冬至前后""清明前后"等。"前后"就是比某一特定时间稍早或稍晚一点儿的一段时间,也包括这一特定时间在内,"清明"前后,可以指"清明"之前几天,也可能就是"清明"当天,还可能指"清明"过后几天。"清明"是一个明确而固定的时间点,所以"清明前后"和"清明时候"的区别还是较为明显的。然而,有些表示时间的词跟"清明"不同,其表示的时间不够明确或不够固定,或者其本身就是一个时间段。例如:

(1) 清明节在寒食前后,故节物乐事皆为寒食所包。(宋 罗烨《醉翁谈录》)

(2) 已约归期,秋风前后,梨枣黄花满地匀。(宋 曹勋《沁园

春》）

（3）数得宣麻拜相时。<u>秋前后</u>，公衮更莱衣。（宋 张孝祥《苍梧谣》）

（4）等睡到<u>半夜前后</u>，我慢慢的下手。（元 无名氏《朱砂担滴水浮沤记》）

例（1）陈述了"清明节"和"寒食节"的时间关系，古代寒食节是一个较大的节日，在冬至后的一百零五天，在清明节前一日或两日，一般放假至少三天，也就是说清明节是包括在寒食节之中的。有文献为证，如《唐会要》卷八十二《休假》明确记载："（开元）二十四年二月十一日敕：寒食清明，四日为假。大历十三年二月十五日敕：自今以后，寒食通清明，休假五日。"因此，在"清明节在寒食前后"中，"前后"一定不是"或前或后"，而是"时候"。例（2）的"秋风前后"指"刮秋风"这个动作发生的前后，"秋风"本身具有不确定性，只有已经刮风了，我们才能确定"秋风前后"指的究竟是哪段时间。因此，"秋风前后"的时间应该是从"秋风时"到"秋风后"几天的一段时间，由于既然"已约归期"，则时间应该是较为确定的，即秋风开始刮的时候，因此，这里的"秋风前后"也就是"秋风时候"。例（3）中的"秋"是一个时间段，而且是一个较为模糊的时间段。我们具备理想化的认知模式，并承认范畴具有原型性，因此，在整个秋季中，我们很难将秋前的几天和秋后的几天从秋天中干净地分离出来，前前后后的几天都可以看成是"秋时候"，可以说"秋前后"就是"秋时候"。例（4）的"半夜"本身就是一个较为模糊的概念，据《汉语大词典》，表示"夜里十二点左右"。因此，这里的"半夜前后"也必然是一个不确定的时间，包括整个可以称为"半夜"的这段时间，因此，"半夜前后"就是"半夜时候"。

可见，某些"×前后"会自然地发展出"×时候"的意思，则同一个"前后"有的表示"或前或后"，有的表示"时候"，因此，表示"时候"的"前后"必然要用另外一个词代替。

汉语中"早晚"这个词的表意和构词情况跟"前后"有些相似，本来指或早或晚的时间，但后来在中原官话和江淮官话中有"时候"的意思，"这早晚"就是"这时候"。"早晚"一词既表示"或早或晚"又表示"时候",这可能会造成交际的障碍。受语言系统性和自洁性的影响,表示"时候"意思的"早晚"难免发生一定的变化以区别意义。从汉语史来看,"早晚"有两个走向。一是只保留了"晚",省略"早",据《汉语方言大词典》,"晚"表示"时候",常与"这""那""多"连用,江淮官话中的"这晚"就是"这时候"。另外,某些方言中还有"时晚儿"这个词,就是"时候",胶辽官话"这时晚儿""小时晚儿"就是"这时候""小时候"。另一个是"早晚"合音为"咱"(上声),表示"时候"的意思,东北官话中的"这咱"就是"这时候"。

由于文献例证原因,我们无法详细证明"前儿"的语法化过程。但是,从词汇类同引申的角度,我们发现表示时间的"顷"这个词,也同时具备"时候"和"左右(指时间)"两个意思。

"顷"有时候义。例如:

(1)那顷这丫头在娘房里着紧不听话,俺没曾在灶上把刀背打他?(《金瓶梅词话》第十一回)

(2)生命刻刻消磨于把笔之顷。(冰心《往事二》)

"顷"有"左右、前后义(指时间)"。例如:

(3)一八三四年顷,俄国的果戈理(N. Gogol)就已经写了《狂人日记》。(鲁迅《且介亭杂文二集·〈中国新文学大系〉小说二集序》)

(4)五时顷起床。在市川时日日苦雨,至此始见晨曦。(郭沫若《归去来·浪花十日》)

上述用例从侧面证明,"××时"只是个大概的概念,和"××前后(指时间)"具有千丝万缕的联系。

综上所述,我们认为东北官话表示时候的"前儿",最可能来自表示时间的"前后"。

第二节 "头+时间词+VP" 句式

任何语言或方言都有时间顺序范畴和相应的表示时间顺序的手段，正如普通话用"……之前"，保定方言（宋娜，贝罗贝2019）用"投"。我们认为，东北官话常用的表示时间顺序的词是"头"，而不是"投"。下面首先总结共时，张明辉的东北官话表时间的"头"的用法，再从语法化视角考察"头"的历时演变。

东北官话表示时间的"头"的用法总结如下：

（1）头两年他去过一次，今年不想去了。两年之前他去过一次，今年不想去了。

（2）头两年收成好，后两年不行了。第一年和第二年收成好，第三年和第四年不好了。

（3）你头五点来。你五点之前来。

（4）头五点之前人家就到了。五点之前人家就到了。

（5）头走之前把这些都修好。走之前把这些都修好。

（6）头走来一趟。走之前来一趟。

可以看到，东北官话中的"头"是一个时间词，且有进一步向时间标记词虚化的趋势。下面总结东北官话时间词"头"的用法。

一、东北官话时间词"头"的两种用法

上述用法可以总结为两种：一种用于"头+时间词"，另一种用于"头+动词"。下面分别讨论。

（一）头+时间词

这个结构中的时间词既可以是时段词，也可以是时点词。

1. 头+时段词

东北官话"头+时段词"是表示两种不同语法意义的同形结构。第一种表示"从开始往后数的那些时间","头三天"就是"从开始往后的第一天、第二天和第三天";第二种表示"从某个时间点往前数那些时间后到达的那个时间","头三天"就是"从某个时间点往前数三天所到达的那个时间点",即"三天之前"。例如:

（1a）<u>头两天</u>都还行，这几天不听话了。_{从开始的第一天和第二天还行，这几天不听话了。}

（1b）你要是<u>头两天</u>跟我说，你这事都能成。_{你要是两天之前跟我说，这事都能成。}

（2a）<u>头一个月</u>一直没人来，现在好了。_{开始的第一个月一直没人来，现在好了。}

（2b）<u>头一个月</u>你就得说，要不就晚了。_{一个月之前你就得说，要不就晚了。}

例（1a）是第一种用法，表示这段时间（两天）内都处于"听话"的状态。而（1b）则表示以说话时为参照的"两天之前"的那个时间节点，这个时间点是"跟我说"发生的时间。二者在焦点和重音上有所不同:（1a）重音在"头"，"头"和"两天"之间结合紧密，都是焦点;（1b）焦点和重音都落在"两天"上，"头"不会重读，"头"和"两天"之间可以有明显的停顿。（2a）是说"从前面开始数的一个月"，（2b）是说"距离预期时间一个月之前的那个时间"。

此外，第一种用法都表示该话题内从头开始计数的一段时间，如"几年""三个月""两三天""四五周"，因此，"头+时段词"的后面可以加"一直""都"等表示持续或总括类词语，如上面例（1a）和例（2a）。第二种用法"头+时段词"的后面可以加"就""才"表示限定的副词，而第一种没有这种用法。例如:

（3）你<u>头一天</u>就得去，现去就晚了。_{你在预期时间的一天之前就得去，到约定那天去就晚了。}

（4）你<u>头一周</u>才开始准备，肯定不赶趟儿。_{你在预期时间的一周之前才开始}

准备，肯定不赶趟儿。

2. 头+时点词

在东北官话中，"头"还有一种用法，也可以用于时点词的前面，构成"头+时点词"结构。例如：

(1a) 他家孩子<u>头三十儿</u>能回来。

(1b) 他家孩子在三十儿之前能回来。

(2a) <u>头月底</u>得把账算清。

(2b) 月底之前得把账算清。

(3a) <u>头正月</u>剪头。

(3b) 正月之前剪头。

(4a) <u>头 3 点</u>来就行。

(4b) 3 点之前来就行。

这些结构仅表示上述第二种语法意义，即表示在某个时间点之前。这个语法意义在东北官话中用"头+时点词"来表示（如 a 类），在普通话中用"时点词+之前"来表示（如 b 类）。然而，在东北官话中，也有将上面两种表示方法结合起来综合运用的方式，即"头+时点词+之前"。例如：

(1c) 他家孩子<u>头三十儿之前</u>能回来。

(2c) <u>头月底之前</u>得把账算清。

(3c) <u>头正月之前</u>剪头。

(4c) <u>头 3 点之前</u>来就行。

c 类语法意义与 a 类、b 类相同。

（二）头+动词

东北官话中，"头"还可以跟动词组合，表示"在这个动作发生之前"。例如：

(5a) <u>头走</u>告诉我一声。_{走之前告诉我一声。}

(6a) <u>头吃饭</u>把这个整利索。_{吃饭之前把这个整利索。}

（7a）<u>头来</u>先吃了一口。_{来之前先吃了一口。}

这个结构所表示的语法意义与上面"头+时点词"（如上例1a～4a）表示的语法意义相同。正如"头+时点词"可以变换成"头+时点词+之前"结构，"头+动词"也可以变换成"头+动词+之前"。例如：

（5b）<u>头走之前</u>告诉我一声。_{走之前告诉我一声。}

（6b）<u>头吃饭之前</u>把这个整利索。_{吃饭之前把这个整利索。}

（7b）<u>头来之前</u>先吃了一口。_{来之前先吃了一口。}

b类语法意义与a类语法意义相同，两种说法都可以，b类用法的使用也不排除是受到"头+时点词+之前"结构的影响。

二、东北官话时间词"头"的语法化分析

据《说文解字》（2018），"头，首也。从页，豆声"，其在汉语史发展过程中衍生出多个义项。

《汉语大字典》（1990）记录了"头"的10个义项，其中表时间的仅有1项：

⑨方言。临到；接近。如头吃饭要洗手；头五点就得动身。

《汉语大词典》（1993）记录了"头"的13个义项，其中表时间的有2项：

④前，表示时间在先的。《儒林外史》第七回："直到第二日要发童生案，头一晚才想起来。"杨朔《乱人坑》："头些年工人哪有这个穿……想想当时我真想哭。"

⑰从；临。表示时间接近某一点。金董解元《西厢记诸宫调》卷六："头西下控着马，东向驭坐车儿。"《醒世姻缘传》第十六回："头你们出来的两日前边，把我与晁凤叫到跟前。"黄肃秋校注："头，打、从、自、在。"《人民文学》1981年第8期："头春节，人缓过来了，债也堆起来了。"

通过上文对东北官话"头"用法的分析可知，东北官话的"头"保留了时间词的用法，且具有词典没有收录的更加丰富的用法。于是，我们将对东北官话中的"头"进行语法化分析，揭示其在东北官话中表时间义的共时语法化路径。

（一）从身体到空间的隐喻性语义演变

据 Lakoff & Johnson（1980），人类身体自身的特征以及身体与周围世界的相互作用产生了"前—后""上—下""远—近""里—外"等空间范畴。人类通过认识 自身从而认识世界，把自己的体验引申到空间其他事物。"头"的本义是"头部"，位于人类身体的上端，通过隐喻性思维，其他一切动物、植物等各种事物的上端也可以叫"头"，即"头"引申出表空间范畴中的"上端"之义。东北官话中有"羊头""山头""枝头"等用法，历时文献中也较早出现了这种用法。例如：

（1）疾走料虎头，编虎须，几不免虎口哉！（《庄子·盗跖》）
（2）至月余，匈奴斩山头而去。（《汉书·张汤传》）

（二）从空间到次序的隐喻性语义演变

由于隐喻思维的存在，表示空间方位上下的认知域可以整体映射到表示次序的认知域。

空间范畴内的方位具有对称性，且人们经常需要成对地表达这样的方位概念，语言中大量存在这样的表述形式，如"首尾相连、鞍前马后、左顾右盼、远近闻名"等。"头"原本表示空间关系中以人站立方向为视角的方位关系，即上下关系，头为"上"，脚为"下"。但人体不仅可以站立，还可以平躺，如果以平躺方向为视角，则头为一端，脚为另一端。就其他动植物和事物而言，如果有"头"都一定有在空间上与之相对的另一端，经常用"尾"称说，如"车头车尾""船头船尾"；东北官话还用"梢"来称说，如"坑头坑梢"。可以说"头"一定处于一个空间序列中，且作为这个序列中的一端，即"头"表空间方位的上端义引申为次序序列的开端义。据文献记载，这种语义的引申出现在新的句法环境中，这符合一般的语义演变规律。表空间方位的"头"一般用于"×+头"结构，义为"×的上端、一端"；表序列开端的"头"用于"头+×"结构，义为"开始（第一）的×"，这种用法在元代已经出现。例如：

（1）咱们若做汉人筵席呢。头一碗燕窝。第二碗鱼翅。第三碗匾食。第四碗鳆鱼。第五碗海参。（元《老乞大新释》）

例（1）中"头一碗"的"头一"显然为"第一"之义，可以说"头"由上端义引申出开端义。东北官话中不仅有表示动作序列的"头婚""头胎"，也有表示程度、等级序列的"头等""头名"，还有表示单位序列的"头回""头把"这样的用法。

三、从次序到时间的隐喻性语义演变

不难发现，客观世界和主观世界中的大量事物都存在于一定的序列中，具有一维属性的时间域更是一个典型的序列，时间词都处于某个序列中，因此，表示序列开端的"头"自然可以用于表示时间的开端。另外，"头+×"结构本身是一个能产性很强的序列，在类推的作用下，×还可以扩大到表示其他范畴的词语，包括时间词。因此，一方面是受认知思维中无处不在的隐喻思维的影响，另一方面受结构自身能产性的影响，在两方面共同作用下，"头+时间词"的用法大量出现。例如：

（1）判官道："大舅，你有所不知，大凡人死之时，头一日，都在当方土地庙里聚齐。第二日，解到东岳庙里，见了天齐仁圣大帝，挂了号。第三日，才到我这酆都鬼国。"［明《三宝太监西洋记（四）》]

（2）今年老佛爷办万寿，头日挂上此灯，第二日不见灯影了。［清《三侠剑（中）》］

例（1）中的"头一日"是以"人死之时"为时间序列，表示这个时间的开端，后面的"第二日""第三日"；例（2）以"办万寿"所经历的时间为序列，表示开端，我们称其中的"头"为"头$_1$"。我们在文献中又发现了下面的用法，我们称其中的"头"为"头₂"。例如：

　　（3）头年妻子又死去了，今年正是六十正寿，上他这里来祝寿
的甚多。（清《小五义》）

　　（4）头年里还看见日头是红的，今年连日头也看不见了，行动
都着人领着。（明《醒世姻缘传》）

　　上述例句中，与"头年"相对的是"今年"，而不是"二年""次年"，
"头年"表示的时间是"今年前面的那一年"，这个时间也是说话者所述时间
序列的开端，在这个话轮中不会再述"头年"前面的时间。

　　如果说"头₁"表示的是某个客观时间序列的开端，则"头₂"表示的是
以说话时为视角的时间序列，说话时一般用定指标记，而"头₂"表示的是先
于说话时的跟此次话题相关的某个时间。若说话时为"今天"，先于说话时的
那一天则为"头₂天"，若说话时为"今年"，先于说话时的那一年则为"头₂
年"。因此，"头"可以表示两个不同视角下的时间序列的开端，"头₁"引申
为"（第）一"，"头₂"引申为"先前的"。

　　受到类推机制的影响，"头+时间词"进一步扩大使用范围，还可以用于
没有明显时间序列的结构中，即单独使用"头日""头年"，而表示后序时间
点的词语"今日""今年"或"第二日""第二年"不出现，此时"头日"
"头年"中的"头"既可能表示"（第）一"，也可能表示"先前的"，只能
根据语境来判断。在长期大量使用的历时发展过程中，一些单音节时间词与
"头"已经词汇化为词库的成员，如"头天""头晚""头年""头伏""头
七"等，这些用法在东北官话中保留下来。

　　综上所述，我们将"头"的语法化路径总结如下：

　　　　　　　　→第一
　　头→上端→开端
　　　　　　　　→先前的

　　除了上述用法以外，东北官话的"头+时间词"还有其他用法，其中
"头"的具体语义也发生了变化。东北官话的这种用法在近代就已经出现，下

面从历时角度进一步分析"头"在表时间序列开端的基础上的语法化过程。

（一）"头"由"先前的"演变为"在……之前"

根据历时文献，"头+时间词"在使用中出现了以一段时间作为序列中的一点的用法：

（1）头三年来一道人，说是传给我儿的能为艺业。三年已过，我以为他传授了他弓刀石，谁知道今天他在外头一练，我一看原来跟我当年在朝为官的时候，所审问的大案贼一般不二。（清《大八义》）

（2）乔贞说："他是我的岳父，头五年在贾家庄，咱们还同桌吃过一回饭。"（清《彭公案》）

很显然，从语境来判断，上述例（1）中的"头三年"不是由"头$_1$"表示的"第一个三年"，则可能是由"头$_2$"表示的"先前的三年"。单独说"先前的三年"是一个较为模糊的时间概念，但在例（1）这样语境中，其语义具体为"先于说话时三年"，即"在三年之前"，如图8-2-1所示。

图 8-2-1

同样，例（2）表示"在五年之前"。二者中的"头"都表示"在……之前"。这种用法的"头"是由"头$_2$"引申而来的，"头$_2$"位于时点词之前，表示"先前的"，"头晚""头天""头年"就是以"（一个）晚""（一个）天""（一个）年"为划分时间序列的标准，表示"在（这一个）晚先前的晚""在（这一个）天先前的天""在（一个年）先前的年"，如图8-2-2所示。

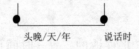

图 8-2-2

当"头"后面是时段词时，就以这个时段词作为划分时间序列的标准，上面例（1）就是以"三年"作为时间序列的划分标准，"头三年"就表示"在（这三个）年先前的年"，例（2）就是以"五年"作为时间序列的划分标准，"头五年"就表示"在（这五个）年先前的年"。如图8-2-3所示。

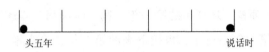

图 8-2-3

"头三年""头五年"都仍然表示的是一个时间序列的开端，其中的"头"准确地说都表示"在……之前"。因此，可以说由"头₂+时点词"结构向"头₂+时段词"结构发展的过程中，"头₂"的语义就可能由"先前的"演变为"在……之前"。

（二）"头"由"（第）一"演变为"开始的"

此外，在现代东北官话中，"头+时段词"还有另外的用法，如上文的（1a）。再如：

（1）头三年都还行，这三年不行了，后三年还不知道会咋样。

（2）头三年都还行，第二个三年不行了，第三个三年又好了。

例（1）这样理解：从开始的第一年、第二年和第三年还行，以说话时为中心的第四年、第五年、第六年不行了，后面的第七年、第八年、第九年不知道会怎么样。可以看出，其中的"头三年"并不是"三年之前"，而是"开始的三年"，其中的"三年"是一个时间段，如图8-2-4所示。

图 8-2-4

例（1）这句话是以说话者所陈述的某个时间序列为视角，"头三年"是这个时间序列的起点，是"这三年"序列中的成员，正如"头年"是"今年"序列中的成员一样。"头年"是"今年"前面的"年"，那么，"头三年"就应该是"这三年"前面的"三年"，即以说话时为视角，"头三年"就是说话者所述时间序列的开端，只是这个开端较长，是一段时间。

例（2）这样理解：从开始的第一年、第二年和第三年还行，接下来的第四年、第五年、第六年不行了，再接下来的第七年、第八年、第九年又好了。可以看出，其中的"头三年"仍然表示"开始的三年"，只是这句话的表述视角与例（1）不同，其是以某一个时间序列为视角，以这个时间序列的开端为陈述的起点，正如"头年"是"第二年"序列中的成员，"头三年"是"第二个三年"序列的开端，只是这个开端是一个时间段，如图 8-2-5 所示。

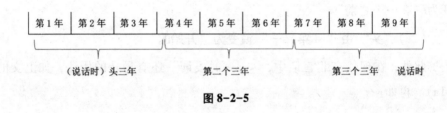

图 8-2-5

例（2）的说话时不是这个时间序列中的一点，而是在这个时间序列之前或之后，而例（1）的说话时是这个时间序列中的一点。

通过上文的分析可知，例（2）中的"头"为"头$_1$"，即"（第）一"，例（1）中的"头"虽然不能直接理解为"（第）一"，但是语义与"（第）一"密切相关。"（第）一"虽然是一个较为具体的表量的序列，但同时也是一个序列的起点、开端，"头三年"就是"第一个三年"，也是"开始的三年"，"头"由"（第）一"引申为"开始的"。

综上所述，我们进一步总结东北官话"头"的语法化路径：

　　　　　　　→（第）一　　→开始的

　　头→上端→开端

→先前的　　→在……之前

（三）"头+时段词"由"在……之前"演变为"开始的"

在上述演变路径的末端，"头"虽然引申出"开始的"和"在……之前"两个不同的语义，但是句法组合能力相同，都出现在"头+时段词"结构中。也就是说，在历时发展过程中，"头+时段词"可能经历了一个表义较为模糊的过渡阶段，由一种语义向另一种语义演变，即"A→A/B→B"。

汉语史的文献为这种演变提供了证据。从文献中可以看出，清代就出现了"头三年"这样的用法，通过上文可知，其义为"三年之前"。例如：

(1) 头三年来一道人，说是传给我儿的能为艺业。三年已过，我以为他传授了他弓刀石，谁知道今天他在外头一练，我一看原来跟我当年在朝为官的时候，所审问的大案贼一般不二。（北宋《大八义·第一回》　左云鹏恩收八弟子赵华阳私访霸王馆）

此外，我们在清代的文献中还发现了这样的用例：

(2) 申老伯去世的前头几年，记得那时候我只有十三岁。（清《官场现形记》）

(3) 谁又见城隍爷有个甚么大灵应来着？我这里三年前头，忽然一天到了半夜里，听见那城隍庙里，就合那人马三齐笙吹细乐也似的。（清《儿女英雄传》）

(4) "头你们出来的两日前边，把我与晁凤叫到跟前。"（清《醒世姻缘传》）

(5) "众位，不是我黄某说句大话，想当年我在绿林之中，并无遇见对手，头八年前我在德州镖打窦尔墩，我做买卖永远都是单人独骑，并不搭伴，绿林中像我这样的人也很少。"（清《彭公案》）

根据上下文语境可知，上例（2）至例（5）中所有的由"头"构成的时间结构都表示"在……之前"，却用了三种不同的结构："时段词+前头""前头+时段词""头+时段词+前"。与"头+时间段"相比，后起的结构有两个特点：一是增加了一个表示时间的词语"前"，"头"与"前"共现；另一个是清代"头"与时段词组合的语序比北宋时期更为灵活。但是从上述例句可知，不同结构的语法意义也存在不同，例（4）和例（5）中"头+时段词+前"结构十分明显地表达"在……之前"之义。与之相比，例（2）和例（3）的表意就较为模糊，特别是例（2），如果离开上下文语境，既可以表示"开始的几年"，也可以表示"在几年之前"；例（3）也可能表达两种语义，但更倾向于表达"在……之前"之义。因此，从以上四个例句中就可以看出"（头）+时段词+（前）"的语义演变过程：

例（2）→例（3）→例（4）→例（5）

从例（2）到例（5），其表达"在……之前"之义越来越明显，而表达"开始的"之义越来越弱直至完全消失。

通过历时文献，可以做这样一个推论，"头+时段词"表"在……之前"义逐渐被"头+时间词+前"结构所代替，"头+时段词"主要表"开始的"之义，但其表"在……之前"义的用法仍然存在。在演变过程中，有两个因素是语法化的重要动因：一个是语序转移动因，即"前"由前向后的转移是语义演变的重要动因；另一个是语义转移动因，也是语义竞争的结果，即"前、之前"义主要由"前"承担，而"头"的词义逐渐弱化，处于"标记某一时间点"过程中，因此，也有人认为该结构中的"头"义为"从、临"，如《汉语大词典》。

总之，从共时平面确实可以看出东北官话"头"的语法化结果，但"头"仍处于语法化过程中，可以看成时间词。

既而，我们进一步总结东北官话"头"的语法化路径：

　　　　　　　　→（第）一　→开始的
头→上端→开端　　　　　　↑
　　　　　　　　→先前的　　→在……之前

四、从时间到时间标记的隐喻性语义演变

综上所述，"头+时段词"中的"头"仍然可以看成是词汇成分，具有表

时间义。然而，东北官话还有"头+动词性成分"的用法，正如文章第一部分所述。动词性成分表示一个动作过程或一个事件过程，"头+动词性成分"表示的是"在这个动作或事件发生之前"，该结构不排除是类推作用的结果，但其中"头"的组合关系发生了变化，将会引起"头"发生语法化演变。"头+动词性成分"结构通常跟另外一个主谓结构或谓词性结构同时使用，"头+动词性成分"整体表示后面事件发生的时间，起到时间状语或状语从句的作用。例如：

（1）头西下控着马，东向驭坐车儿。（金《西厢记诸宫调》）

（2）我头行路上许了些愿心，到腊月初一日宰猪羊祭赛天地。（明《金瓶梅》）

（3）他头进来的时候，程英才嘱咐他说："天下的事定不得……"（清《醒世姻缘传》）

由于"头"后面动词性成分本身也表示一个事件，我们更倾向于将"头+动词性成分"看成状语从句，将"头"看成是来自时间词的半虚化的前置词。整体时间状语从句表示主句动作发生的时间节点，主句动作事件发生在"头+动词性成分"之前，且两个动作发生的时间相邻。

综上所述，我们再从总体上总结一下"头"的语法化的路径：

$$
\begin{array}{c}
\rightarrow（第）一 \rightarrow 开始的 \\
头 \rightarrow 上端 \rightarrow 开端 \qquad\qquad \uparrow \\
\rightarrow 先前的 \qquad \rightarrow 在……之前 \rightarrow 前置词（标记时间）
\end{array}
$$

第三节　"A[性质]+儿+的"句式

东北官话中存在着一些鲜活且独具特色的语法现象，这是普通话中所没有的。比如，东北官话中有这样的句子——"你大方的""都精神的""你给

173

我老实的"，其中的谓语部分都是由"性质形容词+的"构成的，主语一般都是"你"。据我们分析，这类句子在高层次上具有某种共同的语义范畴，由于其语义主要是由谓语部分承担的，可以将其谓语"性质形容词+的"作为一种构式，简称"A[性质]+儿+的"，我们旨在对此类构式加以探析。这种语法现象是我们调查的东北官话所共有的。

一、A[性质]的特征分析

下面从语音、语义和语用三个角度讨论"A[性质]+儿+的"中A[性质]的特征。

（一）语音特征

我们讨论的可以用于"A[性质]+儿+的"构式的双音节性质形容词"A[性质]"，其后一音节在普通话中都读轻声，如"老实、大方、精神"等，在东北官话中也是如此，但当其用于"A[性质]+儿+的"构式后，读音情况就发生了变化。A[性质]的后一音节不再读轻声，而是读成阴平调，同时添加一个儿化尾，读成儿化音。"A[性质]+儿+的"的实际读音为"A[性质]+儿[阴平]+的"。例如：

> （1）精神的〔tɕiŋ⁴⁴ ʂən də〕——精神儿的〔tɕiŋ⁴⁴ ʂər⁴⁴ də〕
>
> （2）大方儿的〔tA⁴⁴fɑŋ də〕——大方的〔tA⁴⁴fɑr⁴⁴ də〕

我们还看到，并非所有性质形容词都可以用于"A[性质]+儿+的"构式，可用于此构式的A[性质]同时还要受到语音的限制。一方面，只有后一音节读成轻声的形容词才能用于此类构式，如"老实""直溜""乐呵""闯楞敢说敢干义"中的"实""溜""呵""楞"都读轻声。另一方面，由于儿化韵律的影响，像"认真""努力"这种加儿尾会很拗口，其本身就不适合添加儿尾的性质形容词，也不能用于此类构式。

（二）语义特征

"A[性质]+儿+的"构式具有区别于其他构式的独立的句法语义特征，因此，并不是所有的性质形容词都可以进入此类构式。我们发现，能用于这类构式的"A[性质]"具有下列语义特征：

1. 具有述人特征

"A[性质]+儿+的"构式是说话人让听话人去实现 A[性质] 这种性质状态的带有使役性的构式，A[性质] 的语义一定指向听话人，即"A[性质]"跟听话者具有直接语义关系。比如，"大方儿的"就是让听话人呈现"大方"的状态，"消停（安静、安稳义）儿的"，就是让对方安静下来，呈现"消停"的状态。

"A[性质]"所具有的语义内涵和概念义正是用来描述听话人的，因此，我们可以说"A[性质]"具有[+述人]特征。

2. 具有可控特征

根据会话原则可知，听话人有能力实现 A[性质] 的性状，是保证交际顺利进行的重要因素。有些性状十分容易控制和实现，比如，"直溜"这种状态，只要挺直身体这一个动作就可以实现，再如，"痛快"[迅速]义，只要加快动作，就可以呈现。当然，有些性状的实现可能不那么容易，比如，"明白""漂亮"的实现可能需要一定的时间和精力。但总体而言，A[性质] 是可以实现的，因此能够用于"A[性质]+儿+的"构式的 A[性质] 应该具有[+可控]的特征。

3. 具有贬义特征

通过对语料的调查及内省，我们发现用于"A[性质]+儿+的"构式的 A[性质] 都是正向的、积极的，是人们所追求的和期待的，比如，"大方""干净""和气""精神""爽快""稳当"等，这些词都具有褒义色彩。即使不是典型的褒义词，也一定是中性词，如"直溜""消停""肃静""痛快"[迅速]义等。因此，可以说 A[性质] 不会是非正向或非积极的，具有[-贬义]特征。

（三）语用特征

能够用于此类构式的"A[性质]"还要受到语用因素的影响，只限于那些口语化程度相当高的形容词。一些跟 A[性质] 的词汇意义相当而口语化程度低的普通话词汇便不容易用于此类构式。例如，人们不说"高兴儿的"，而说"乐呵儿的"；不说"豪爽儿的"，而说"敞亮儿的"；不说"迅速儿的"，而说"痛快儿的"。

二、"A[性质]+儿+的"构式分析

(一)"A[性质]+儿+的"构式的句法分析

下面从"A[性质]+儿+的"构式的功能分布及其中"的"的性质两个角度来分析其句法特征。

1. 句法功能

（1）独立成句

这类构式带上一定的祈使语气就可以构成一个形容词性非主谓句。例如：

①<u>稳当儿的</u>！别着急。

②<u>痛快儿的</u>_{迅速义}！别磨蹭了。

（2）做谓语

做谓语是这类构式的主要句法功能，主语一般是第二人称。例如：

③你们都<u>消停儿的</u>_{安静、安稳义}，给我坐下。

④你<u>乐呵儿的</u>，别老皱着眉头。

（3）做补语

用于动词后面做补语，与动词构成述补结构以补充说明动作的结果所呈现的状态，也是这类构式的句法功能，句子的主语也可以省略。例如：

⑤你站<u>直溜儿的</u>！

⑥穿<u>漂亮儿的</u>。

（4）做状语

⑦你<u>老实儿</u>地坐着。

⑧你就<u>敞亮儿</u>地说呗。

有些构式也可以做状语修饰动词性成分，但不是常见用法，一般不用"的"，如上面例⑦可以说成"你老实儿坐着"。

2."的"字分析

在东北官话中，上述例句中的"A[性质]+儿+的"构式也可以由"A[状态]+的"来替换，A[状态]是状态形容词，是A[性质]的重叠形式。比如，例③和例④可以分别替换为下面的形式：

（3'）？你们都消消停停地[安静、安稳义]，给我坐下。

（4'）你乐乐呵呵的，别老皱着眉头。

尽管在句法上可以做相应的替换，但句子的语气及语法意义发生了变化。替换后句子的祈使语气明显没有之前那样强烈，也因此导致（3'）的可接受度降低。"给我坐下"带有强烈语气，要求包含同样语气的句子与其关联构成顺承关系，但显然前一句"你们都消消停停地"的语气不算强烈，因此，"你们消消停停地"和"给我坐下"之间明显缺少一定的使之联系在一起的逻辑–语义关系。

替换后句子的语气发生变化的根本原因在于"A[状态]+的"跟"A[性质]+儿+的"本身的语法意义不同。"A[状态]+的"突显的是状态的结果，是静态的，而"A[性质]+儿+的"突显的是实现状态的过程，这个过程要经历一定的动作行为，是动态的。根据朱德熙《说"的"》，"A[状态]+的"中的"的"是"的$_2$"，我们也可以大胆地设想，东北官话中"A[性质]+儿+的"中的"的"是普通话中所没有的第四个"的"，我们称其为"的$_4$"，是动词性成分的后附成分。

另外，这类构式在句法上还有一个显著特征，即此类构式都是肯定形式，没有否定形式，是逻辑语义上的不对称性在句法层面的反映。

（二）"A[性质]+儿+的"构式语义分析

1. 具有使成状态的特征

"A[性质]+儿+的"构式具有相同的语义范畴，表示说话人让对方通过一定的动作行为将其内在的本质特征如性格、品性等表现出来，或者将外在的表象如面貌、精神等突显出来，即让听话人处于"A[性质]"这种状态。因此，可以说这类构式具有[+使成性]。例如：

（1）范老师来了，大家都站好了，立正儿的。

（2）上课了，都给我坐<u>老实儿的</u>。

例（1）是说话人使大家将"立正"这种精神面貌表现出来，例（2）是说话人使大家将"老实"这种品格表现出来。

2. 具有期待实现的特征

在使用这类构式进行交际的过程中，保证交际能够顺利实现的前提，是说话人知道对方有达到"A$_{[性质]}$"这种状态的能力，并期待对方实现此种状态。因此，构式本身具有主观期待的特点，不管形容词本身的词义如何，都是说话人所期待的。可以说此种构式是以对方最终实现 A$_{[性质]}$这种状态为交际目的的。因此，可以说这类构式具有一定的$_{[+期待性]}$。例如：

（3）明天你收拾<u>漂亮儿的</u>，往那儿一站。

（4）来，要照了，大家都<u>乐呵儿的</u>。

例（3）期待对方实现"漂亮"的样子，例（4）期待对方实现"乐呵"这样的状态。

3. 具有动态过程的特征

构式本身突显了一个说话人通过言语行为让听话人去实现某种状态的动态的使成过程，通过这个过程，说话人所期待的结果在听话人那里得以实现。例如：

（5）人家都走了，就差你了，你<u>痛快儿的</u>。

（6）客人马上到，赶快收拾<u>干净儿的</u>。

例（5）中"痛快"的实现要通过一个"快速行动"这样的动作过程，例（6）中"干净"的实现要通过一个"收拾"的动作过程。

（三）"A$_{[性质]}$+儿+的"构式的语用分析

1. 表达提醒、叮嘱语气

"A$_{[性质]}$+儿+的"构式的主语一般是第二人称"你"或"你们"，如"你痛快儿的""你们利整儿的$_{利落、整齐义}$"。这类构式表达了说话人所传递的一种命令、叮嘱或劝告的语气，以让听话人处于 A 所表示的状态。因此，这类构式不是普通的陈述句，而是带有一定的祈使语气，可以将之称为祈使类构式，相当于普通话中的"A_[性质]+点"。例如，"大方儿的""肃静儿的"就相当于普通话中的"大方点""肃静点"。

(1) 人家在上课，你们都<u>肃静儿的</u>。

(2) 大家都看着你呢，你得<u>大方儿的</u>。

2. 在口语中使用

这类构式结构简单，并带有儿话和一定的语气，主要在口语中使用，在东北官话中，属于地道的口语构式。

三、"A_[性质]+儿+的"与"A_[性质]+点"的区别

"A_[性质]+点"是普通话中的常见构式，通过上文的分析可知，东北官话中的"A_[性质]+儿+的"与"A_[性质]+点"在用法和意义方面具有一定的相似之处。那么能不能认为二者具有同一性呢？答案是否定的。因为人类可以用不同的识解方式来认知同一个情景，产生不同的象征单位和概念结构，用以表现不同概念结构的句法结构自然也不相同。因此，我们认为"A_[性质]+儿+的"和"A_[性质]+点"是两个不同的构式，尽管二者具有一定的相似性。可以从下面几个角度来具体分析二者的差别。

（一）读音不同

"A_[性质]+儿+的"中形容词的第二个音节一律读阴平调，而且重音就在第二音节，而"A_[性质]+点"中形容词保持原来的读音，也没有固定重音，如"稳当点"受"当"的轻声影响，重音在"稳"上，而"高兴点"中没有轻声音节，重音则在"兴"上。

（二）突显侧面不同

经过比较发现，"A_[性质]+儿+的"构式旨在突显一种过程，是动态的，通过一定的动作过程呈现某种状态；而"A_[性质]+点"旨在突显一种结果，是静态的，强调某种结果的实现。

（1）你**老实儿的**，人家看着你呢。

（2）你**老实点**，别乱动。

例（1）"你老实儿的"，是让对方做出一定的动作以达到"规矩""不乱讲话""安分乖巧"等可以表述"老实"的样子。例（2）"你老实点"，是让对方停止某个动作以达到"老实"的结果。

（三）预设不同

使用"A$_{[性质]}$+点"这个构式时可能存在两种预设。一种预设的内容是"听话人处于跟 A 相悖的状态，而说话人则希望其立即停止该状态，并处于 A 这种状态"。可以说，这表达了说话人在说话的当时对听话人前一种状态的否定和不满。如"你老实点"，一定有"你不老实""你没有老老实实的"这样的预设，而说话人对于"不老实"这种状态持否定态度。另一种预设的内容是"认为对方不能主动实现某种结果"，于是用"A$_{[性质]}$+点"来加以提醒。例如：

（1）别乱动，**老实点**。

（2）一会儿来客人了，你得**老实点**，好好表现。

例（1）中的"老实点"是对"乱动"的否定和不满，例（2）中的"老实点"用于提醒对方应该表现出"老实"的样子。

使用"A$_{[性质]}$+儿+的"这个构式通常仅用于对听话者即将发出的动作的一种提醒和提示。例如：

（3）你打扮**漂亮儿的**。

（4）都乐**呵儿的**。

因此，"A$_{[性质]}$+点"既具有纠正义，又具有提醒义，而"A$_{[性质]}$+儿+的"只具有提醒义。

（四）语气不同

相比之下，"A$_{[性质]}$+儿+的"的语气较为缓和、轻松、不生硬，因此这类构式一般用于表示建议、嘱咐、吩咐的语气，而"A$_{[性质]}$+点"的语气既可以缓和，也可以生硬，这要根据当时的语境和说话人的语音来决定。因此，当需要以生硬的语气表示发号施令或表达不满情结时，应该用"A[性质]+点"。

另外，二者在句法方面也有不同，"A[性质]+儿+的"可以做状语，而"A[性质]+点"一般不做状语，多用作谓语。

通过上文分析可知，东北官话中有一种表示祈使语气的构式"A[性质]+儿+的"，我们从构式高度在语音、语义和语用几个方面探究了此类构式的特征，总结出祈使构式"A[性质]+儿+的"的构式义：以较为缓和的语气，提醒、叮嘱对方通过一定的动作过程，实现某种说话人主观期待的性质状态。

从人类认知方式角度考虑，这类构式与普通话中的"A[性质]+点"式是两类不同的构式，通过对二者加以对比分析，从而深入挖掘其构式义：以较为缓和的语气，提醒、叮嘱对方通过一定的动作过程，实现某种说话人主观期待的性质状态。

我们讨论的是祈使构式"A[性质]+儿+的"，但是，在东北官话中，还有一类与之同形的另一种构式，如"肥大的""僻静的""宽绰的""凉快儿"等，也可以称其为"A[性质]+儿+的"构式，但与我们讨论的构式是两个完全不同的构式，其主要用于描述，具有描绘性，而不具有上述那些特征，比如，其绝不能表示祈使语气，没有可控性等。

第九章

疑问范畴

疑问范畴，是人类语言普遍存在的一种范畴，既是句法问题，又是功能和语用问题，还包含着特定的语义。语言中都含有一定种类的疑问句，以不同的结构形式、语序关系、疑问词语及疑问语气这几个方面的不同而分为不同的类别。疑问范畴也是方言语法研究的重点之一，最早关注方言疑问范畴问题的是朱德熙的《关于汉语方言里的两种反复问句》（1985），其不仅是最早研究汉语方言疑问范畴的成果，而且拉开了整个汉语方言语法研究的序幕，使方言语法研究引起学者的关注。其后，朱先生在《"V-Neg-VO"与"VO-Neg-V"两种反复问句在汉语方言里的分布》中指出了这两种疑问语序构成的疑问句式是汉语方言中主要存在的两种疑问类型，且有着不同的地域分布。这篇研究汉语方言疑问范畴的论文引起了学者的广泛关注，引发了热议，其后逐渐出现了一批汉语方言疑问范畴的研究成果。最近几年，汉语方言疑问句的比较研究也是汉语疑问范畴研究的热点之一。

进入 21 世纪以来，汉语方言疑问范畴的研究受到越来越多的学者的关注，取得了较为丰硕的成果。公开发表的著作和文章不仅在数量上有了飞跃，而且研究的视野和方法也不断扩大，汉语方言疑问范畴研究同时关照广度和深度、横向和纵向、结构和功能等各个方面，在研究的角度、研究的内容和研究方法方面都取得了长足的进步，已经由单一的语法范畴研究向语义范畴、类型学范畴领域扩展，不断关注语言内部的传承以及语言间的渗透和影响，成为现代汉语方言语法研究的一个新的领域。汉语方言疑问范畴的研究属于方言语法研究的一个分支，在各方言区中，吴方言与粤方言的研究成果显著，闽方言和湘方言成果次之，而客家方言、赣方言成果较少。而且，对方言疑问范畴研究成果的总结不多，东北官话疑问范畴几乎无人问津，以为其与普通话有着极大的相似性，其实则不然。通过调查，我们认为东北官话疑问范畴在结构形式和疑问词语方面都极具方言特色。

通过前人研究我们发现，除部分地区如甘肃临夏方言中就只存在是非问、特指问和选择问三种疑问形式以外，大部分方言区包括是非问、特指问、选择问和正反问这四类疑问句式。东北官话的疑问句也可以分为是非问、特指问、选择问和正反问四类，下面具体分析。

第一节　是非问

虽然方言语法研究得到较高的关注与重视，但东北官话语法仍然无人问津。最主要的原因是学界只关照到东北官话语法与普通话语法的"大同"，而忽略了其间的"小异"。跟普通话区别较大的语法现象固然值得研究，但这些"小异"也是鲜活的语言事实，需要我们一点点地去整理、记录、研究、讨论。我们的研究成果不仅忠实地记录了东北官话语法的面貌，也为整个汉语语法史的发展及类型学视野下的语法比较提供了语言事实。东北官话的是非问至今无人问津，我们将从形式和功能两个方面讨论东北官话是非问。

一、东北官话是非问的疑问形式

疑问语气词和疑问语调是是非问句的两种基本疑问形式，东北官话的是非问也主要是由疑问语调或疑问语气词构成的，除此以外，还有一种特殊的是非问句式，下面分别讨论。

（一）由疑问语调构成的是非问

东北官话有大量的由疑问语调构成的是非问句，其中包含带语气词和不带语气词两种：

1. 不包含语气词

不用任何语气词，只用上升的句调表示疑问信息的疑问句在东北官话具有两个主要特点：语用方面表现为使用频率不高，远远低于由语气词构成的是非问；功能方面表现为都倾向于流露出惊讶的语气和难以置信的意味。例如：

    （1）他是你哥？

    （2）你要去上山刨地？

这类疑问句都具有比较明显的上升语调，问的同时往往传递着其他信息。例（1）的说话人对"他是你哥"这个命题感到惊讶或不相信，例（2）的说话人对"要上山刨地"这件事感到难以理解甚至不满抱怨。

2. 包含语气词

东北官话中，由上升语调构成的是非问的句末常常伴有使语气得到舒缓的语气词，这种用法极为常见，是东北官话是非问的主要形式。常见的语气词如下。

（1）口 [ɔ]

"[ɔ]"是东北官话常用的是非问语气词，一般用于前字韵腹或韵尾是 [u]、[n]、[ŋ]、[ə]、[ɿ]、[ʅ]、[ɚ] 的句尾。例如：

    ①不时兴握手 [ɔ]？

    ②在主任家住 [ɔ]？

    ③你不抓点紧 [ɔ]？

    ④还能成 [ɔ]？

    ⑤挺好的 [ɔ]？

    ⑥真没吃 [ɔ]？

    ⑦就在这儿 [ɔ]？

    ⑧那还叫隐私 [ɔ]？

（2）[nɔ]

当前字韵腹或韵尾是 [n] 时，既可以用 [ɔ]，也可以用 [nɔ] 作为疑问语气词。例如：

　　①还没见［nɔ］？

　　②你俩要造反［nɔ］？

（3）［nɔ］、［ni'ɔ］、［niA］或［niɛ］

　　当对正在进行的动作或状态进行提问时，普通话可以不用是非问的疑问语气词，直接用疑问语调进行提问，即"S+呢"的形式。例如：

　　①你还在生气啊（［nə］）？

　　②你还想着这件事啊（［nə］）？

也可以加上用于是非问的语气词"啊"，读为［nA］，上例可说成

　　③你还在生气啊（［nA］）？

　　④你还想着这件事啊（［nA］）？

　　这一点东北官话跟普通话不同，表现为两个方面。第一，东北官话没有单独用疑问语调而不用疑问语气词的形式，即没有"S+呢"的形式，都在句末加了语气词。第二，句末的语气词不用［nA］，而用［nɔ］、［ni'ɔ］、［niA］或［niɛ］。这四者是自由变体，读哪个音跟说话人的语速或表义焦点等语用因素有关。当说话人突出强调动词或状态的持续性或进行性时，一般读为［ni'ɔ］，当这一点不被强调，而只是就全句进行提问时，一般读为［nɔ］、［niA］或［niɛ］。例如：

　　⑤这苞米还没卖［ni'ɔ］？

　　⑥你还敢来［niA］？

　　⑦厂长，收拾花［niɛ］？

　　⑧这孩子，给你妈做广告［nɔ］？

　　例⑤强调苞米没卖这种状态一直在持续，并对这种持续提出疑问，而语义的焦点就在于表示这种持续性的语气词"呢"身上，"呢"倾向于单独发音，因此说成［ni'ɔ］。例⑥至例⑧侧重对整个事件进行提问，则说成

[niA]、[niɛ] 或 [nɔ]。

（4）[lɔ]、[liɛ] 或 [liA]

普通话中表示"了"和"啊"合音的"啦"，可以用于是非问，如"他真来啦"，这种用法的语气词在东北官话中一般说成 [lɔ]。例如：

①用冰镇上 [lɔ]？
②扎完 [lɔ]？
③定下来 [lɔ]？
④好 [lɔ]？

在只有一个词构成的疑问句中，如上例④，是非句的语气词还可以用 [liɛ] 或 [liA]。再如：

⑤来 [liɛ] / [liA]？
⑥成 [liɛ] / [liA]？

从年龄上看，一般老年人或受教育程度低的人群多用 [liɛ] 或 [liA]，而年轻人和受教育程度高的人群多用 [lɔ]。

（5）[iɔ]

[iɔ] 用于前字韵腹或韵尾是 [y]、[i]、[A] 和 [o] 的是非问句尾。例如：

①镇长没去 [iɔ]？
②还能咋的 [iɔ]？
③信心不大啊 [iɔ]？
④不坐啊 [iɔ]

"咋的"中的"的"在东北官话中读为 [di]，因此例②句末语气词也用 [iɔ]。

（6）呗

语气词"呗"在普通话中的用法为"表示事实或道理明显，很容易了解"或"表示勉强同意或勉强让步的语气"，一般用于陈述句，也可用于感叹句。例如：

①他们想去，就让他们去呗。

②你们遇上了个好人呗！

东北官话中的"呗"也具有这种语义和功能，除此以外，还可以用于是非问疑问句的末尾，表示显而易见的语气。例如：

③你那意思我能往出说呗？

④我是三无产品呗？

⑤那你羊把我菜吃了，你还有理呗？

⑥你那意思是王小蒙现在落单了呗？

⑦这么写可以呗？

由语气词"呗"构成的是非问具有独特的功能，"S"是对对方话语的推论，"S+呗"就是问对方这个显而易见的结论是否正确。假设对方的言论内容为A，说话人认为他对A的理解，得出S这样的内容是固然的，显而易见的。A，换句话就是S，或者A的意思就是S，这种显而易见的关系通过"呗"来表示。但毕竟A是甲方说的，S是乙方的推论，推论正确与否需要得到甲方的确认，这就是"S+呗"。这里面还有一个问题，当乙方推论时，他对A的评判与否关系到这个疑问句的语用功能。当他对A不加入对与错的评判，只是客观推论，得到的回答是肯定的。比如，例⑥和例⑦，例⑦中A的内容是甲告诉乙具体应该如何写，乙不管甲说的是否正确，仅凭着他的理解客观推论，这种S的疑问度很低，但也是疑问句。我们称这类表疑问的"呗"为"呗$_1$"。

当乙不赞同甚至反对甲方观点，不同意A的说法时，结论S显然也是他不赞同的，因此"S+呗"的意思就是"非S"。因此，"S+呗"的否定语义是显而易见的，是一种反诘问句，只能通常也会得到对方"不，不是这个意思"这样的回答。我们称这类用于反诘问的"呗"为"呗$_2$"。

例③至例⑤在普通话中用下面的是非问形式构成反诘问句：

(3') 我能往出说（吗/啊）？

(4') 我是三无产品（吗/啊）？

(5') 那你羊把我菜吃了，你还有理（吗/啊）？

这三例的语义分别是"我不可能往出说""我不是三无产品""你没有理"。例（3'）至例（5'）的语义看似跟例③至例⑤相同，都是"S+证气词?"，表达否定语义。那么，两者是非确实相同吗？实则不同，东北官话用"S+呗"不仅是对本句中S的否认，还是对对方所持观点的否定，S是说话人从对方的言谈中推论出来的，"S呗"其实包含着这种推论，意思是"非S并且你说的不对"。而普通话的"S吗"仅是对S的否定，意思是"非S"。为什么会存在这样的不同？就在于"呗"这个语气词在东北官话中还有个特殊的功能，我们将其总结为"暗中转述"，就是"S呗"中包含着"你的意思是说"这样的意思，"S呗"就是"你的意思是说S呗"，而有的时候"你的意思是说"省略了，但其语义包含其中。例③就是一个完整的形式，而例④和例⑤就是省略形式。

（二）由语气词构成的是非问

普通话中构成是非问的疑问语气词主要是"吗""吧"两个，前者表示一般性疑问，后者表示测度性疑问。这两个疑问语气词及其相关用法，东北官话中都有，而且用法跟普通话相同。除此以外，东北官话中还有一种使用频率比较高的疑问形式——"S（不）+吗"，即包含否定词并由疑问语气词"吗"构成的疑问句。就这种疑问形式本身来说，并不特殊，普通话中也有这种形式。但稍做考查，就会发现这种是非问形式具有三个特别之处。

一是使用频率高，比普通话中更为常用。

二是句中省略判断动词"是"。例如：

(1) 你今天不不送吗？

(2) 这不没谈完呢吗？

(3) 不一个道理吗？

(4) 她是女的，我不男的吗？

（5）这不你哥吗？

例（1）中的"不不送"，是"不+不送"的意思，普通话就是"你今天不是不送吗"，例（2）中的"不没谈完"，是"不+没谈完"，普通话是"不是没谈完呢吗"。例（3）至例（5）中出现了否定词直接修饰名词性词语的现象，这在东北官话中极为常见，判断动词"是"一般都省略不出现。

第三是这类疑问句通常用于答句中，作为对对方提问的回答，以反问答疑问。比如，例（1）用来回答"你怎么还不去送？"，例（2）用于回答"你咋还不走？"。

（三）S+咋的呀

东北官话中还有一种特殊的是非问形式，由"S+咋的"构成，常在句末加语气词"呀"。例如：

（1）瘸光荣咋的呀？

（2）我自己家我还能回错了咋的？

这种形式所表达的语义相当于"S+吗/啊"，例（1）的意思就是"瘸光荣吗"，例（2）就是"我自己家我还能回错了吗"。可见，都是用是非问的形式表达了反诘的语义，"S+吗/啊"形式的反问语气较为强烈，带有一定的不容置疑意味。而"S+咋的呀"的反问语气稍弱一些，没有不容置疑的意思，只是间接地表达自己的想法，带有因不被听话人理解而具有一定程度的不满或轻微抱怨的语气。这种是非问的形式较为特殊，东北官话中有这样的句式：

（3）咋的呀，瘸光荣［ɔ］？

（4）咋的，我自己家我还能回错［lɔ］？

例（3）和例（4）的前一句都是一个由疑问代词"咋的"构成的特指问，后一句是一个是非问。如果例（3）"咋的"后移至句尾，并且疑问语义弱化甚至消失，就构成了东北官话"S+咋的呀"这种形式。人们对这种疑问句的回答是"是的，瘸光荣"或者"不是"，对例（4）回答是"不是"。总体来说，对这类疑问句的否定回答都首先回答一句"不是"，然后可以进一步说明，也可以仅回答一句"不是"。可见，这是东北官话中一种特殊形式的是非问句。

二、东北官话是非问的功能分析

跟普通话和其他方言一样，东北官话的是非问也有功能的差别，主要有下面几种类型。

（一）一般性询问

所谓一般性询问即对某个问题确有怀疑，基本上不清楚，也没有做肯定或否定性推论或揣测，只是希望对方给以明确回答。具有这类功能的是非问在普通话中用"S+吗₁"来表示，但东北官话却很少用这样的形式。东北官话一般用一种特殊形式的正反问来表示一般性询问。例如：

（1）这件事你知道不?_{这件事你知道不知道?}

（2）他去不?_{他去不去?}

例（1）和例（2）是让听话人做出正或反的回答。无论是"去不去"，还是"去吗"，回答的信息是一致的，都是"去"或"不去"。这两种疑问句普通话都有，而东北官话却多用前者，可见东北官话在一般性地询问是与非的疑问信息时，倾向于更加直接地加以询问，将肯定和否定两方面信息直接作为疑问信息展现出来，这与东北人直爽的性格不无关系。因此，我们可以认为，表示一般性询问的是非问疑问句在东北官话中较少使用。

（二）揣测性询问

所谓揣测性询问即基本上知道某个信息，但是还不能确认，所以提出来，要求对方证实。东北官话用"S+吧"来表示这种疑问句，跟普通话基本相同，只是"吧"有时音为"[bɔ]"。

（三）推论性求证

所谓直接推论性求证，是对现场所见、所闻、所感的某种情况进行再次确认或求证。在东北官话中用"S+啊?"来表示，当然东北官话的"啊"音

190

跟普通话都不相同，详见上文。

当看到一个人害怕的样子就可以问"你胆儿这么小啊"，听到对方说肚子饿，就可以求证"真没吃啊"。这类疑问倾向于现场的求证，因此经常跟表示新事物出现的"了$_2$"一起使用，对已知信息特别是可以对刚刚出现的新事物、新事件、新变化加以求证，构成"了$_2$+啊"，比如，"定下来了啊""好了啊"；或者跟表示持续到现在的"呢"一起使用，一个人刚走进院子发现地上堆的苞米时，立刻说了一句"这苞米还没卖呢啊"。只是这种侧重于从现场获得的直接经验进行推论的询问，在东北官话中使用频率非常高。

因为受句末语气词的影响，句子在表达疑问的同时，都带着一定的情感，包括惊讶的、出乎意料的、不敢相信的或赞叹的等。"拿小蒙当大小伙子用啊"带有惊讶的情感，"真没吃啊"带着出乎意料的情感，"考上了啊"带有喜悦的情感，等等。

我们知道，回声问都是是非问，东北官话的回声问当然也是如此，而且大部分都是表示直接推论性求证功能的回声问，即东北官话的回声问用"S+啊（读音不同）?"的疑问形式。邵敬敏（1996）认为，回声问在口语中很少使用语气词，可见东北官话的回声问跟普通话存在不同。

（四）转述性求证

所谓转述性求证，是在交际过程中，对对方的言谈内容加以总结分析后，从中转述对方想要表达的意思，说话者自认为对对方的意思有着比较显而易见的理解，但仍然以疑问的方式把这个意思表达出来。

不管对方的意思是否正确，仅凭自己理解客观转述，这种是非问的疑问度很低，但也传递一定的疑问信息，东北官话用"S+呗$_1$"表示。

当说话者对对方的言谈不赞同、不满意时，也会顺势得出一个显而易见的结论。既然认为对方观点不正确，那从中得出的结论也一定不正确，只是这个并不正确的观点没有用陈述语气直接表达出来，而是用反诘语气间接地说出来，东北官话用"S+呗$_2$"来表达这样的功能。例如：

（1）你那意思我能往出说呗$_2$?

（2）我是三无产品呗$_2$?

（3）那你羊把我菜吃了，你还有理呗₂？

例（1）中说话人的意思是"我当然不能往出说（你的观点不正确）"；例（2）中说话人的意思"我显而易见不是三无产品（你的观点不正确）"，例（3）中说话人的意思是"你肯定没有理（你的观点不正确）"。

因此，这类疑问句包含着一种转述或前提"你的意思是"，把对方的意思转述出来，用反诘语气间接表达不赞同的语义。

（五）已知性反问

所谓已知性反问，就是用略带反问的语气提醒对方一个已知信息，并用以回答对方的提问。例如：

（1）A：玉田咋没来呢？

B：不发烧了吗？

（2）A：怎么轮不到你呢？

B：咱不还年轻吗？

（3）A：还不走呢？

B：这不没谈完呢吗？

例（1）的意思是"咱们都知道的，玉田发烧了"，说话人是当作已知信息说出的，这类反问句也是不需要对方回答的。即使B传递的信息并不是双方已知的，这种反问句也会赋予这个信息已知性，也就是说这类反问句本身就突显了"信息已知性"。因此，如果A并不知道这个信息，会接着说"什么时候发烧了，我咋不知道呢"。

可见，说话人所传递的信息是对方已知的，用反问的语气说出来就带有了一定的轻描淡写却又不容置疑的意味，并具有提醒的功能。

（六）责备性反问

所谓责备性反问，就是说话人在用较为强烈的反问语气表明个人观点时，流露出一定的不满甚至责备的意思，东北官话用"S+咋的"疑问句来表示。例如，"瘸光荣咋的"一方面想说"瘸并不光荣"，另一方面还发泄他因别人对自己的误解而产生的气愤、焦躁和不满等情绪。

综上所述，我们对东北官话是非问句的疑问形式和功能进行了详细分析，并将之与普通话加以比较，总结为表9-1-1。

表9-1-1 东北官话是非问句与普通话是非问句的功能比较

功能	形式	与普通话比较
一般性询问	S+吗 （较少使用）	S+吗₁（普通话正常使用）
揣测性询问	S+吧	S+吧（用法基本相同）
推论性询问	S+啊（［ɔ］［nɔ］［lɔ］［iɔ］ 等）	S+啊（［A］［iA］等，读音不同）
转述性询问	S+呗₁	——
已知性反问	S+不+吗	使用频繁；经常省略"是"；常用于答句
责备性反问	S+咋的	——

总之，疑问范畴也是方言语法研究的重点之一，东北官话的是非问可以从疑问方式和疑问功能两个角度进行研究。从疑问形式来看，由疑问语调构成的是非问是东北官话是非问句的主要形式，特别是那些由句末伴有语气词的上升语调构成的是非问最为见常，是东北官话是非问的主要形式，且语气词的读音跟普通话存在差别。东北官话是非问的疑问功能不仅具有多样性，而且个性较为明显，包括由"S+呗"构成的转述性询问功能、由疑问语气词"吗"和否定命题构成的已知性反问功能和由"S+咋的"构成的责备性反问功能。

关于东北官话是非问句的其他一些问题，如是非句的来源和形成问题、类型学视野下的横向比较问题等，都值得我们深入研究。

第二节 特指问

特指问是指说话人就某一方面进行提问，要求听话人做出回答，即针对疑问句的信息焦点做出具体的回答。这里的信息焦点主要由疑问代词来承担。根据疑问代词出现的情况以及所表达语义功能的不同，可以将东北官话的特指问分为由疑问代词承担疑问焦点的一般格式和由语境表示疑问信息的特指问简略式两大类。

一、一般特指问研究

一般特指问中的疑问代词负载疑问信息，是构成特指问的核心部分。根据我们的调查，从形式上看，东北官话具有数量较为丰富且用法灵活的疑问代词，还有一些与其他名词或动词形成固定结构来表示疑问的疑问代词组合形式，我们将前者和后者分别称为疑问代词的独用系列和合用系列。从疑问信息点上看，东北官话的特指问也有问事物、问人和问处所等多种疑问功能。从形式和疑问信息点两个角度对东北官话的疑问代词进行归纳总结，结果如表9-2-1所示。

表 9-2-1　东北官话疑问代词词表

疑问信息	A. 独用系列	B. 组合系列
①问事物	啥	啥玩意儿、什么玩意儿、哪门子
②问人	谁	啥人、哪个
③问处所	哪儿	啥地方、哪疙儿、哪疙瘩、哪面儿、哪块儿、哪边儿、哪头儿、哪个犄角旮旯、哪两溜儿
④问时间	多咱、多前儿、啥前儿	啥时晚儿
⑤问目的和原因	咋、怎	干啥、为啥
⑥问情状	咋、咋样、咋的、怎的	啥样式儿、啥样儿
⑦问方式	咋、怎	咋整
⑧问数量	多、几、多少	多些
⑨问程度	多	
⑩问选择	哪个	

下面我们对东北官话的一般特指问进行分类研究。

（一）问事物

东北官话中，"啥"可以独立使用，询问事物或者事情，不会使用普通话中的"什么"。有些方言如吴方言也使用"啥"来询问事物，但相比较而言，东北官话中"啥"的使用范围更广，组合更加灵活。"啥"主要充当主语、宾语和定语。例如：

(1) 啥指示，刘总？

(2) 啥是重要的？你说啊。

(3) 啥叫叛徒名儿啊？

(4) 你跟玉田唠啥呢？

(5) 人家有孩子办，咱们搁啥办啊？

(6) 我能惹啥事儿啊？

(7) 找啥凳儿啊？

(8) 这啥？没见过。

"啥"用于询问事物，可以独用"啥？"，经常出现在主语、宾语和定语的位置上，如上面例句。上文例（5）至例（7）是疑问代词"啥"在东北官话中做定语的常见用法，即在述宾短语或离合词中间插入"啥"表示说话人对于听话人的言语、行为表示不耐烦、不满的语气，更多的是无疑而问，具有反诘功能。而且，当句中的谓语动词是判断动词"是"时，这个"是"经常省略，只剩下主语和做宾语的"啥"，如上例（8）。这种用法在东北官话中较为常见。

"哪门子"也相当于"什么"，专门用于述宾短语或离合词中间，表达反诘问的语气，是对整个述宾短语或离合词的否定。例如：

(9) 你抽哪门子烟？

(10) 不年不节的，挂哪门子灯笼？

在东北官话中，除了用"啥"来询问事物外，还经常用"啥玩意儿""什么玩意儿"来询问事物。例如：

        （11）你整这一堆都是啥玩意儿？

        （12）跟你说啥玩意儿了？啥事啊？

        （13）因为什么玩意儿呀？

        （14）还睡啥玩意儿睡啊？麻溜起来干活去。

    东北官话疑问词最具特色的用法之一就是，"啥"与原本表示事物的名词性词语"玩意儿"经常搭配使用，形成了一个凝固的疑问形式"啥玩意儿"。"啥玩意儿"原本是"啥+玩意儿"，是对"玩意儿"这一具体事物的提问，就是"什么东西"，如上例（11）；在"啥+玩意儿"的组合中，"玩意儿"还可以是抽象事物，如上例（12）中的"啥玩意儿"问的是说话的具体内容；例（13）中的"啥玩意儿"是问原因；例（14）用于不能带宾语的动词"睡"的后面，显示"玩意儿"并不是"睡"的宾语，而是与"啥"词汇化为一个疑问词了。由上面的例句可以看出，"啥玩意儿"逐渐语法化，由词组到词的过程。可以说，"啥玩意儿"整体发生了语法化，就相当于"啥"，再如，下例（15）：

        （15）A："广坤掉河里去了。"

            B："啥玩意儿？"

            A："广坤叔掉河里了。"

    "啥玩意儿"是对整个句子表示的事件的询问，相当于"啥"。从对方的回答中也可以看出，"啥玩意儿"的疑问焦点跟"玩意儿"无关，而是整个抽象的事件。

    另外，"啥"在单独使用时不会换用为"什么"，"什么"这个疑问代词在东北官话中是不会单独使用的。而"啥玩意儿"中的"啥"却可以换用为"什么"，上述例句中的"啥玩意儿"都可以换成"什么玩意儿"。

（二）问人

    吕叔湘先生（1984）在《"谁是张老三？"＝"张老三是谁？"》一文中指出，两个问句中"谁"所针对的语义指向是不同的。前句中"谁"询问的是"哪一个"，语法意义是"指别"。而后一句中的"谁"的语法意义是"求

解"，询问属性，即"什么人"。在东北官话中，这两种语法功能分别由
"谁"和"哪个"来承担。"谁"相当于普通话中"谁"的用法，用于"指
别"，而"哪个"也可以用于"指别"，二者都可以出现在主语的位置上。
例如：

(1) 谁叫王长贵啊？

(2) 谁这么晚来电话呢？

(3) 跟谁来的啊？

(4) 你这要给谁家保媒去啊？

(5) 哪个是王长贵？

(6) 谁那破车在这儿叫唤啊？

　　"谁"读音为"[sei²⁴]"，用于问人，可以做主语、宾语和定语，这一点
同普通话相同，只是东北官话中的"谁"还可以用于"谁+那+名词"领属格
式中，用于对该格式中名词的领有者的询问，如上例（6）是对"破车"主
人的询问。再如，"谁那嘴没有把门儿的？""谁那手那么贱？""谁那眼睛总
往别人卷子上看呢？"中的"谁"都是修饰后面名词的，整个疑问形式在对名
词的领有者进行提问的同时，还带有一定的贬义色彩，表示对该名词所指人
物发出的动作的不满，而且，在问的同时警告对方停止此动作行为。"谁那嘴
没有把门儿的？"就是警告对方不能再说话了。

　　除了"谁""哪个"之外，东北官话还使用"啥人"来进行提问，询问
某人与听话人的关系，多出现在宾语位置。例如：

(7) 他是你啥人啊？

(8) 不能随便告诉人家，门口站着的是啥人啊？

（三）问处所

　　东北官话中，询问处所主要使用疑问代词"哪儿"及由"哪儿"跟其他
词语组合而成的组合式疑问词，如"哪疙瘩""哪疙儿""哪块儿""哪头儿"
"哪场儿""哪两溜儿""哪个犄角旮旯"。东北官话问处所时，组合式疑问代
词更为常用，其中的"哪"读为[nei²¹³]或[nai²¹³]。例如：

（1）针放**哪疙**啊？——别被上了啊。

（2）你们搁**哪疙瘩**呢？——在篮球场呢啊。

（3）我**哪块儿**说得不对？——头一句就不对。

（4）往**哪头儿**走啊？——往新玛特那头儿走。

（5）去**哪面儿**吃饭啊？——前面拐弯有个饭店。

（6）走**哪儿**啦？——过鞍山了。

（7）你把东西放**哪个犄角旮旯**啦？咋找不着呢？

（8）你家在**哪两溜儿**了？

上文提到八个疑问代词，用法上各有分工。"哪疙""哪疙瘩"是最为常见的最为一般的问处所的疑问代词，任何语境或功能下都可以使用，所有老派一定使用这两个词问处所，相比之下，前者更为常用，是后者的省略形式。"哪块儿"在新派中较为常用，既可以问具体处所，也可以问抽象范围、方面等，如上例（3）就是抽象的方面。"哪场儿"一般问具体处所，"哪头儿"一般问方向，"哪个犄角旮旯"也是一种固定结构，一般用于问角落或较为隐蔽、难以发现的地方，其在东北官话中有一定的功能义，说话人是有一定意图的，传达了不友好、不耐烦之义。而且，其语用功能一般不是首次询问，而是用于追问问，其预设义为说话人已经找了很久却没有找到而产生急躁心理，此时发问往往用这个疑问代词。

除了上述疑问代词外，东北官话还用"啥地方"来问处所，但不是询问处所的具体方位，而是询问处所的属性，包括外观、结构、性质等。例如：

（9）你刚才说的那是个**啥地方**啊？老上档次了吧？

（10）这是**啥地方**啊？是个能吃饭的地方吗？

例（9）是对综合性质的询问，例（10）是对某方面属性的询问。

（四）问时间

东北官话中，该类疑问代词有"多咱""多前儿""啥前儿""啥时晚儿"，这些都相当于普通话中的"什么时候"，但东北官话不用"什么时候""啥时候"，除非是受普通话影响的年轻人。例如：

(1) 这衣服<u>啥前儿</u>买的？

(2) <u>多咱</u>能到啊？

(3) <u>多前儿</u>开学？

(4) <u>啥时晚儿</u>走啊？

(5) 等<u>多咱去前儿</u>给你带去。

在上述疑问代词中，使用频率最高的是"啥前儿"，它可以用于代词可以出现的所有句法位置，可以用于各种语境、各种人群，既可以询问时段，又可以询问时点。例如：

(6) 你<u>啥前儿</u>走？——明儿早上。

(7) 你<u>啥前儿</u>上海南住去了？——搁去年开始一直搁海南呢。

"多咱"可以用于疑问，但与"啥前儿"相比，更常用于疑问代词的虚指用法中，如上例（5）。"多前儿"的使用频率正逐渐降低，"啥时晚儿"更常见于老派。

上述是疑问代词的一般用法，当询问具体的某年、某月、某日或某时，东北官话都可以用上述疑问词，此外，也可以用"哪年""几月份""哪天""几点"，其中"哪"的读音都为 [nei^{213}] 或 [nai^{213}]。

（五）问目的和原因

在东北官话中，有以下几个疑问代词询问目的和原因，分别是"咋""怎""干啥""为啥""咋回事"。前两者是基本形式，后三者是组合而成的固定形式。例如：

(1) 你<u>咋</u>不去呢？

(2) 你<u>怎</u>不发言呢？

(3) 你<u>为啥</u>不去？

(4) 你<u>干啥</u>不去？

(5) 他一直不去，<u>咋回事</u>？

东北官话中，最常见的询问目的和原因的疑问代词是"咋"，用于各种语境，各种场合，各类人群，经常做状语，相当于"为什么"。用"咋"来询问时，句末要有疑问语气词"呢"。再如：

(6) 那<u>咋</u>没啥动静呢？

(7) <u>咋</u>不说了呢？

(8) <u>咋</u>给这么多呢？

(9) <u>咋</u>不来了呢？

(10) 这一天<u>咋</u>这么闲呢？

总体来说，东北官话中的"咋"的疑问语气不算强烈，而且，有时还十分弱化，甚至不表疑问，仅表惊讶。例如：

(11) A：你<u>咋</u>来了呢？

　　　B：啊，来了。（来看看你。）

上例的意思是"你来了呀"，语气类似于打招呼，对方一般会接着回应"是的，我来了"，但有时也会回答原因，如上例中的"来看看你"就是原因。

"怎"也较为常用，上面的"咋"都可以换成"怎"。"怎"在年轻人中更常用，但仅用"怎"，不用"怎么"，老派则仅用"咋"，几乎不用"怎"。

"为啥"用于询问目的和原因时，语气较为强烈，也较为正式，一般用于较为正式地询问原因的场合。例如：

(12) 你先说吧，这次<u>为啥</u>能出事？

(13) 你<u>为啥</u>不听人劝，捅了这么大个娄子？

上例中的"为啥"不能换成"咋"。

"干啥"的本义是表示"干什么""做什么"，是一个述宾结构，是对"做"的具体受事或对象等的询问，这种用法东北官话也有。例如：

(14) 你<u>干啥</u>呢？

(15) 你想<u>干啥</u>？

此外，东北官话中"干啥"还经常用于"来""去"的前面，表示后面动作的目的。例如：

 （16）你<u>干啥</u>来了？

 （17）你<u>干啥</u>去了？

在上例中"干啥"表示"做什么"的语义已经弱化，已经具有明显的表示目的的意思，上例都可以变换为

 （18）你来<u>干啥</u>？

 （19）你去<u>干啥</u>？

上例都是询问"来""去"的目的，语义重心在动词"来""去"上。

"干啥"除了询问目的外，在东北官话中还用于询问原因，可见"干啥"在东北官话中发生了词汇化，由词组词汇化为一个具有表疑问功能的疑问代词，相当于"为什么"，语义减弱，功能性增强。例如：

 （20）你<u>干啥</u>不去？

 （21）你<u>干啥</u>不回家？

 （22）<u>干啥</u>不给我打个电话啊？

 （23）<u>干啥</u>总干仗？

 （24）你<u>干啥</u>吃它？

 （25）你<u>干啥</u>说这些？

上例中的"干啥"都用于询问原因，相当于"为什么"，主要做状语。但是跟其他表示询问原因的疑问代词不同的是，"干啥"表示一种质问、追究的语气，表达说话人的不满和责备，语气非常强烈，表达较为强烈的主观愿意。

综上所述，东北官话询问原因的疑问词比较多，但在疑问语气和主观意图方面存在差别，分工不同。

（六）问情状

东北官话中，询问情状主要使用"咋""咋的""咋样""怎的"这四个

基本形式，此外，还有"啥样式儿""啥样儿""咋回事儿"这三个组合形式。例如：

（1）你最近咋样啊？

（2）你脚咋了？

（3）这咋的了，吃块肉咋还吃抽筋了呢？

（4）我要回家了，你到底怎的？

（5）你要烫成啥样式儿啊？

（6）他把那屋整成啥样了？

总体来说，上述问情状的疑问代词主要分为三类：

一类是"咋样"，相当于"怎么样""怎样"，主要做谓语或补语。做谓语时，语义指向主语的人或事物，是对人或事物情状的询问，如下面的例（7）和例（8）；做补语时，语义指向述语的动作，是对动作完成情况或状态的询问，如下面的例（9）和例（10）。东北官话的"咋样"在疑问的同时带有一定的关心的语气，如例（1）说话人之前已经知道听话人的情况，想在此基础上询问最新的动态。"咋样"也带有一定的亲切性，语气较为轻松、随意，如果是较为正式的场合或较为严肃的话题，年轻人一般用"怎样"，而老派在所有语境都使用"咋样"，只是在相同的语境中，"咋样"比"怎样"的追究性弱。再如：

（7）这菜咋样？

（8）你就说我这人咋样？

（9）那事儿办咋样了？

（10）学咋样了，会没会？

一类是"咋""咋的""怎的"，相当于"怎么"。东北官话中使用频率最高的就是"咋的"，用法十分灵活，后文将会对"咋的"进行专门研究，这部分不再赘述。"咋"用于询问情状时，只做谓语，不做其他句法成分。下例中的"咋"都可以换成"咋的"，但与"咋的"相比，"咋"的语气较为舒缓，较为轻松，一般不用于询问十分糟糕的情状。句法方面，"咋"一般独立做谓语，不受状语修饰，也不能带宾语，这一点也跟"咋的"不同。例如：

　　（11）他咋了？不高兴。

　　（12）眼睛咋了？这红呢。

　　（13）你咋了？笑这开心。

　　一类是"啥样式儿""啥样"，相当于"什么样"，可以做补语，如上面例（5）和例（6）中的"啥样式儿"做补语，是对述语动作结果的情状的询问。也可以做定语，对中心语性状的询问，如下面例（14）；最常见的还是由"啥样式/啥样+的"组成的"的"字短语，是对其所转指的人或事物的询问，如下面例（15）是对买的东西的情状的询问。

　　（14）你想要啥样式儿窗帘？

　　（15）买啥样的？

（七）问方式

　　东北官话最常用的问方式的疑问代词主要是"咋"和"怎"，这两个疑问代词不仅可以用于询问原因和情状，还可以用于询问方式。上文说过"咋""怎"用于询问情状时，只能做谓语，而询问方式时，只能做状语。"咋"和"怎"没有分工的不同，只是老派和新派的区别。例如：

　　（1）我咋问人家啊？

　　（2）他咋去的上海啊？

　　（3）你怎走啊？

　　（4）你怎知道的呢？

　　除此之外，东北官话"咋"经常与泛义动词"整"合用，用于询问"整"这个动作的方式，由于使用频率高，使用范围广而逐渐凝固为一个词"咋整"，相当于"怎么办"。如例（5）说话人意在询问某物品的处理方式，例（6）意在询问上班之后的生活方式及交通方式，其中"咋整"的词汇化程度更高，从句义来看，"整"没有可支配的受事，语义虚化，"咋整"主要起到询问方式的作用，表达功能义。例如：

（5）你拿回来的这玩意儿咋整啊？

（6）那你上班后咋整啊？还能天天跑通勤啊？

（八）问数量

东北官话中，询问数量的疑问代词主要有"几""多""多些""多少"。例如：

（1）要几个啊？

（2）干了几天了？

（3）你买几斤？

（4）你买多少？

（5）你这活干多少了？

（6）你俩了解多少？

（7）买了多些了？

（8）这多钱啊？

一般情况下，"几"不能单独使用，通常要加上可计数的单位名词组合，中间一定要有量词。例如，"几本书""几袋米"等。东北官话没有"几+名词"的形式。当询问的数量后面没有数量单位时，用"多少"，比如，例（4），或者问"你要几斤"，或者问"你买多少"，但不会说"你买多少斤"。再如，上例（5）和例（6）。疑问代词"多些"通常使用时说话人的心理预设是已经了解了对方买了至少两件物品，用于对复数形式的提问，是对已然事件所涉及的数量的提问，如上例（7）。"多"用于询问数量时，主要用于询问价格，如上例（8）。

（九）问程度

东北官话中，询问程度主要使用疑问代词"多"，其读音不同于普通话，不读阴平，而读为阳平。"多"做状语，所修饰的对象主要是形容词和心理动词。"多"用于对性状和心理感受的询问。例如：

（1）这河多深？

　　（2）你说这山海拔得<u>多高</u>啊？

　　（3）到底<u>多漂亮</u>啊？

　　（4）你有<u>多</u>想他？

　　东北官话在问程度时，还经常在"多"的前面加个"有"，特别是对心理动作状态进行询问时，一定要加"有"，如例（4）。例（1）至例（3）还经常有下面的说法：

　　（5）这河有<u>多深</u>？

　　（6）你说这山海拔得有<u>多高</u>？

　　（7）到底有<u>多漂亮</u>啊？

（十）问选择

　　东北官话中，问选择主要是由"哪"［nei²¹³］跟其他量词组合后进行提问，对语境依赖程度较大，表示从若干个中间选择一个。例如：

　　（1）要<u>哪</u>本儿啊？

　　（2）选<u>哪</u>个？

　　（3）买<u>哪</u>件儿啊？

　　（4）你是这里面的<u>哪</u>个啊？

二、特指问的简略格式

　　东北官话中，特指问的简略格式主要有"NP+呢？"和"VP+呢？"两种。与普通话特指问简略式是相同的，一般要结合整体语境来理解，语境不同，疑问点也各不相同。

（一）NP+呢？

　　"NP+呢？"格式可以位于始发句中，也可以位于后续句中，疑问点依据位置不同，指代不同。

　　1. 位于始发句

　　"NP+呢？"位于始发句的情况分为两种：一种是在前面有话题的基础上

转换话题的始发句；另一种是前面没有话题，存在某种特定情景的始发句。在这种情况下，该格式通常用来询问处所，即询问"NP 在哪儿"。例如：

（1）今天就整这些吧。欸，你姥爷呢？

（2）［情景：老师走进教室找人］晓萌呢？

2. 位于后续句

"NP+呢？"格式位于后续句中的情况是特别常见的，通常询问的是"状况"，即"NP 怎么样了"。但具体所指的疑问焦点要根据前句 S 内容而定，简略式与前句 S 形成对举关系。例如：

（1）问属性和身份

（1）我这个是纯金的，你那个呢？

（2）我们三月份考，你们学校呢？

（2）问打算

（1）你爸今晚搁外头儿吃，你呢？

（2）我过两天去郑州，你呢？

（3）问时间

（1）你们明天六点到，那我们呢？

（2）微微 26 号回大连，阳阳呢？

（4）问看法

（1）我不想去，你呢？

（2）这个不咋好吃，你那个呢？

（5）问处所

（1）这是你充电器，我的呢？

（2）这是旧的，新的呢？

（二）VP+呢？

"VP+呢？"格式在东北官话中也是很常见的省略形式，但是相对于"NP+呢？"格式，其疑问功能相当单一，主要有两种不同的疑问功能。

一种是询问"怎么办"。这是一种表示存在假设条件的疑问，通常要在句子前面加上"要"字来引导，使得疑问句假设义更突出，意思是"如果VP，那么怎么办呢？"例如：

（1）要不来呢？_{如果不来怎么办呢？}

（2）要吃完了呢？_{如果吃完了怎么办呢？}

（3）要不给呢？_{如果不给怎么办呢？}

另一种是询问"为什么"。这是一种"咋"类句型的隐现。下面例（1）表示"咋还不来呢？"，例（2）表示"咋还睡觉呢？"。

（1）还不来呢？_{为什么还不来呢？}

（2）还睡呢？_{为什么还在睡呢？}

三、东北官话特指问与普通话的不同

总体来说，东北官话虽然在一定程度上受到了普通话的影响，但仍保留了很多方言特色，下面从疑问代词与疑问结构两方面进行分析。

（一）疑问代词

我们将东北官话使用频率高的疑问代词与普通话使用频率高的疑问代词进行分类比较，从而总结其共性与差异，如表9-2-2所示。

表9-2-2　东北官话与普通话常用疑问代词词表

疑问信息	普通话	东北官话
人	谁	谁、哪个、啥人
事物	什么	啥、啥玩意儿、什么玩意儿、哪门子
时间	什么时候	啥前儿、多咱、多前儿、啥时晚儿

疑问信息	普通话	东北官话
处所	哪、哪里	哪儿、啥地方、哪疙儿、哪疙瘩、哪场儿、哪块儿、哪边儿、哪个犄角旮旯儿、哪两溜儿
情况	怎么样、怎样、怎么	咋、咋样、咋的、怎的、啥样式儿、啥样儿
原因	为什么、怎么	咋、怎么、怎、干啥、为啥、咋回事儿
方式	怎么、怎样	咋、怎、咋整
数量	多少	多、几、多少、多些
程度	多+形容词	多+形容词/心理动词
选择	哪个	哪个

在比较过后，我们总结出东北官话的疑问代词有以下几个特点：

第一，东北官话疑问代词可以分为两大系统：独立使用系统与组合使用系统。常用的疑问代词数量多，种类丰富，各个疑问代词各司其职，分工较为明确。

第二，对于同一个疑问信息，东北官话有多个疑问代词用来提问，比如，问处所，除了"哪儿"之处，还使用"啥地方、哪疙儿、哪疙瘩、哪场儿、哪块儿、哪边儿、哪个犄角旮旯儿、哪两溜儿"。

第三，东北官话中存在着两个功能显赫的疑问代词"咋"和"啥"，不仅这二者本身使用范围广，而且由其作为基础而构成的组合式疑问代词较为丰富且常用。东北官话有大量的疑问代词是"咋"和"啥"的组合式。

（二）疑问结构

东北官话中的特指问的疑问代词虽与普通话在表达形式上不同。值得注意的是，在东北官话中，还存在一种特指句倒装式结构。为了突出疑问焦点，将其前移。例如：

（1）干啥啊你？你干吗呢？

（2）咋的了他呀？他怎么了？

（3）啥啊吵吵吵的？吵什么呢？

（4）因为啥啊又？又因为什么啊？

（5）跑哪疙瘩去了他？他跑哪儿去了？

（6）看啥玩意儿呢都？都看什么呢？

（6）咋啊又？又怎么了？

（7）咋的，不高兴了呢？怎么不高兴了呢？

第三节　正反问

　　东北官话中，正反问的使用频率非常高。东北官话主要用疑问形式来表达，既有与普通话相同的用法，也有与普通话不同的具有方言特色的用法，后者使用频率更高，且与普通话正反问句存在较大差异。东北官话中，有一种格式介于是非问与正反问之间，形式上与正反问相似，但是去掉了正反问句中的否定词后面的谓词部分，只剩下否定词"不"或者"没"。我们将东北官话特有的正反句总结为"VP+Neg？"，东北官话一般用这类正反问形式。本节针对"VP+Neg？"格式的VP构成、"VP+Neg"在东北官话中的常见类型、"VP不？"与"VP没？"的区别等三个方面来对东北官话正反问句"VP+Neg？"格式进行描述与分析。下面详细分析这类正反问形式的构成特征及其特色之处。

一、"VP+Neg？"格式中的"VP"

　　正反问句"VP+Neg？"在东北官话中的使用频率特别高，虽然此格式中只剩下肯定项与否定词并列组合的形式，但是从答语系统来看，该格式还是要求听话人在肯定形式和否定形式之间做出判断与回答。因此，该格式属于正反问形式，也是汉语史中出现最早的正反问形式。根据"VP"结构形式的不同，做出如下分类：

（一）VP 是词

1. 单音节动词或形容词

(1) 他去不？

(2) 你睡没？

(3) 这写对不？

2. 双音节动词或形容词

(1) 你吃饭没？

(2) 姐姐漂亮不？

(3) 你睡觉不？

（二）VP 述宾结构

1. 单宾结构

(1) 你擦玻璃不？

(2) 你整点菜没？

2. 双宾结构

(1) 找他钱没？

(2) 告他那事儿不？

（三）VP 是述补结构

(1) 跑一趟不？

(2) 你躺下没？

(3) 你俩玩得开心不？

(4) 你俩吃饱没？

（四）VP 是兼语结构

(1) 叫他来不？

（2）让我去不？

（五）VP 是主谓结构

（1）小王身体实成儿不？

（2）她牙治好没？

（六）VP 是连谓结构

（1）回家吃不？

（2）去玩不？

（七）VP 是状中结构

（1）你认真写不？

（2）可劲吃没？

（3）把鸡肝儿拿出来没？

（4）把饺子热了不？

（5）让别人看见没？

（6）让人家笑话不？

（八）VP 是重叠式

（1）尝尝不？

（2）走走没？

（3）考虑考虑不？

（4）答谢答谢没？

二、"VP+Neg?" 常见类型

邵敬敏曾指出，"VP+Neg?" 格式正反问存在三种类型：一种是表示对已发生的动作进行询问，一种是与特殊动词"有"组合而成的"有+O+不?"格式，一种是"不 V 不?"格式。此三种格式属于古汉语演变后遗留的正反问格式。在东北官话中，"VP+Neg?"及其变式出现的频率较高，除了"VP+不?""VP+没?"等单一格式外，还存在在正反问中添加动态助词或者作为其体标记，亦存在与特殊动词"有"组合而成的正反问格式。东北官话也会出现"不V不?"格式，但出现频率没有前几种格式高。

（一）VP+没?

东北官话中，"VP+没?"格式表示的是一种已然体，是对已经发生的动作行为进行询问。例如，

(1) 你吃饭没？

(2) 听明白没？

(3) 答谢答谢没？

(4) 去医院没？

(5) 你看过江姐没？

(6) 齐书记你俩通话没？

(7) 跟厂子请假没？

例（4）中，说话人询问听话人是否已经去过医院了，是对"去医院"这一行为的询问，例（2）对听者是否"听清楚"进行询问。例（3）对是否答谢某人，对某人进行回礼进行提问。在东北官话中，还可以出现由时态助词"了"与"没"组合而成的表已然的"了+没?"结构。例如，

(1) 看着了没？

(2) 随礼了没？

(3) 他胖点了没？

(4) 经理知道了没？

(5) 主任走了没？

(6) 饭好了没？

(7) 下雨了没？

(8) 锁门了没？

上文例子中，"了"若省略，句子依然成立，但是意义不相同。"VP+了+

没?"是强调动作是否完成,是对动作的提问;而"VP+没?"一方面可以对动作进行提问,另一方面也可以对状态进行提问,语义依赖语境的不同而不同。例如,"锁门了没?"强调"是否锁门了";而"锁门没?"可以是强调"是否锁门了",也可以是"门锁着呢吗?"的意思。

(二) VP+不?

东北官话中,"VP+不?"格式表示一种未然体,询问某种行为状态在现在或未来的时间点上是否发生变化。例如,

> (1) 来不?
>
> (2) 能改不?
>
> (3) 你要不?
>
> (4) 闹心不?
>
> (5) 门给你带上不?

此外,否定词"不"还可以和"了"组合而成"不+了?"的正反问形式,"VP+不+了?"格式属于一种继续体,询问的是某种行为动作是否发生。例如,

> (6) 你睡觉不了?
>
> (7) 还来不了?
>
> (8) 那你还溜达不了?
>
> (9) 这衣服你还穿不了?
>
> (10) 你俩还联系不了?
>
> (11) 这几天还想家不了?

否定词"不"之前还可以加上动态助词"了",构成"VP+了+不?"格式,询问动作是否继续或者原来的想法是否会付诸实践。例如,

> (11) 你睡觉了不?
>
> (12) 你俩还联系了不?
>
> (13) 你还回原单位了不?

（14）你现在还去食堂了不？

在东北官话中，"VP+不？"存在"VP+了+不？"和"VP+不+了？"两种形式，而"VP+没？"却只有"VP+了+没？"一种变式，这与"VP+Neg？"格式表达的语义和"了"有很大关系。"VP+没？"格式是对动作已发生的询问，而"VP+不？"格式既可以对现在进行的动作进行询问，也可以对未来的动作进行询问，存在两种格式。

（三）不+"VP+Neg"？

"不+'VP+Neg？'"格式在东北官话中是存在的，具有一定的语用功能。例如，

（1）不你是臭显摆不？

（2）不你是闲的不？

（3）不你去不？

（4）不你俩知道不？

前一个否定词"不"是对于对方说话的终结，属于一个独立的话语标记，有自己的语篇意义。而承接的下文是表示说话人主观感受或者是对某种事实是否存在进行的询问。在读音上，前一个"不"较为短促。

三、正反问句"VP+Neg？"的方言特色

以上具体分析了东北官话"VP+Neg？"形式中VP的具体结构及"VP+Neg？"形式的常见类型，下面将东北官话的正反问与普通话加以对比，以挖掘东北官话正反问的方言特色。

与普通话对比，东北官话正反问具有以下几个特点：

（一）主要用用"VP+Neg？"形式的正反问

普通话用"VP+Neg+VP？"形式的正反问，而东北官话主要用"VP+Neg？"形式的正反问，很少用前省式，不使用完全式。具体来说，当VP为单音节词时（用A表示），东北官话一般用"A+Neg？"形式，但也可以使用

"A+Neg+A？"；当 VP 为双音节词时（用 AB 表示），东北官话一般用"AB+Neg？"形式，也可以使用"A+Neg+AB？"，但一定不使用"AB+Neg+AB？"形式，只是使用"AB+Neg？"形式的频率高。当 VP 为述宾短语时，一般情况下东北官话用"VP+Neg？"形式，也可以使用"V+Neg+V+O？"这种前省的形式，但一般不使用普通话的"VP+Neg+VP？"这种完全式；当述宾短语为双宾语结构时，东北官话也用"VP+Neg？"形式，一般既不用"V+Neg+V+O+O？"这种前省的形式，也不用完全式。当 VP 为述补短语、兼语短语、连谓短语、主谓短语、状中短语时，东北官话仅用"VP+Neg？"形式，既不用前省式，也不用完全式。当 VP 是一个重叠式时，无论是单音节还是双音节，东北官话都只用"VP+Neg？"形式，而不用其他形式。下面分别进行说明。

1. VP 为单音节动词或形容词

东北官话这两种形式都有，前者使用频率高。

（1）他俩来不？→他俩来不来？

（2）你俩去不？→你俩去不去？

（3）这个好不？→这个好不好？

（4）这做对不？→这做对不对？

（5）菠菜贵不？→菠菜贵不贵？

2. VP 为双音节动词或形容词

在普通话中，"AB+Neg+AB？"格式通常有两种省略形式：一种是前省式"A+Neg+AB？"，另一种是后省式"AB+Neg+A？"。有的方言中，二者是同时并存的，例如，粤方言就同时存在"吃不吃饭？"与"吃饭不吃？"两种格式。在东北官话中，也使用前者"A+Neg+AB？"格式，只是"AB+Neg？"这种形式使用频率更高。例如，

（1）他吃饭不？→他吃不吃饭？→＊他吃饭不吃饭？

（2）中午睡觉没？→中午睡觉没睡觉？→＊中午睡没睡觉？

（3）你俩回家不？→＊你俩回不回家？

（4）还上学不？→还上不上学啊？→ ＊还上学不上学？

（5）你老丈人知道不？→你老丈人知不知道？→ ＊你老丈人知道不知道？

（6）姐好看不？→姐好不好看？→ ＊姐好看不好看？

3. VP 为述宾短语

述宾短语的宾语可以由名词或名词性短语充当，也可以由谓词及谓词性短语充当。下面两种形式都可以使用，但主要使用前者，后者一般在追问时使用，但不会使用 VP 的完全形式，如一般不说"你打电话没打电话？"。

（1）他答应这事儿没？→他答没答应这事儿？

（2）你打电话没？→你打没打电话？

（3）今天打球没？→今天打没打球？

（4）你通知开会没？→你通没通知开会？

（5）他承认打架没？→他承没承认打架了？

（6）你俩看打球不了？→你俩看不看打球了？

当 VP 为双宾结构时，则仅能使用完全省略式，后者这种前省式也很少使用或一般并不使用。例如，

（1）找他钱没？→找没找他钱？ ＊→找他钱没找他钱？

（2）告他那事儿不？→告不告诉他那事儿？ ＊→告他那事没告他那事儿？

4. VP 为连谓短语和兼语短语

当 VP 为连谓短语、兼语短语时，东北官话一般用"VP+Neg?"形式，很少使用前省式，即前项仅保留连谓短语的第一个谓词，特别是老派不会使用这种形式，只是年轻人使用，一般也是在表述追问的时候，因此在例句的后面用"（?）"表示。总之，"VP+Neg?"仍是最常使用的形式，而且一定不会使用完全式。例如，

（1）叫他来不？→（?）叫没叫他来？→ ＊收他来不叫他来？

（2）让我去不？→（?）让不让我去？→*让我去不让我去？

（3）回家吃不？→（?）回不回家吃？→*回家吃不回家吃？

（4）去玩不？→（?）去不去玩？→*去玩不去玩？

5. VP 为述补短语、状语短语和主谓短语

当 VP 为述补短语、状中短语、主谓短语时，东北官话仅用"VP+Neg?"形式，既不用前省式，也不用完全式。例如，

（1）跑一趟不？→*跑不跑一趟？

（2）你躺下没？→*你躺没躺下？

（3）你俩玩得开心不？→*你俩玩得开心不开心？

（4）你俩吃饱没？→*你俩吃饱没吃饱？

（5）你认真写不？→*你认不认真写？

（6）可劲吃没？→*可没可劲吃？

（7）把鸡肝儿拿出来没？→*把没把鸡肝拿出来？

（8）把饺子热了不？→*把不把饺子热了？

（9）让别人看见没？→*让没让别人看见？

（10）让人家笑话不？→*让不让人家笑话？

（11）小王身体实成儿不？→*小王身体实成儿不实成儿？

（12）她牙治好没？→*她牙治好没治好？

6. VP 为动词重叠式

当 VP 是一个重叠式时，无论是单音节还是双音节，东北官话都只用"VP+Neg?"形式，而不用其他形式。例如，

（1）尝尝不？→尝尝不尝尝？→*尝不尝尝

（2）走走没？→走走没走走？→*走没走走？

（3）考虑考虑不→考虑考虑不考虑考虑？→*考虑不考虑考虑？

（4）答谢答谢没？→答谢答谢没答谢答谢？→*答谢没答谢答谢？

（二）做可能初语时，使用"能+VC+ Neg"形式的正反问

当"VP+Neg+VP？"正反问中的 VP 是可能补语时，东北官话没有相应的正反问形式，而是用具有方言特色的"能+VC+ Neg"的形式，既用正反问"VP+ Neg +VP"的省略式"VP+Neg"，同时还要在前面加表示可能的能愿动词，二者缺一不可。例如，

（1）你吃得了吃不了？→你能吃了不？→＊你吃不吃了？→＊你吃了不？

（2）你用得完用不完？→你能用完不？→＊你用不用完？→＊你用完不

（三）"VP+Neg"在结构和语义方面具有更多的可能性

东北官话正反问"VP+Neg"在结构与语义方面比普通话的是非问具有更多的可变换性。不可使用"VP+Neg+VP？"的正反问却可以变换为是非问形式。例如，

（1）你认真写不？→＊你认不认真写？→你认真写吗？

（2）可劲吃没？→＊可没可劲吃？→你可劲吃了吗？

（3）把鸡肝儿拿出来没？→＊把没把鸡肝拿出来？→把鸡肝拿出来了吗？

（4）把饺子热了不？→＊把不把饺子热了？→把饺子热了吗？

（5）让别人看见没？→＊让没让别人看见→让别人看见了吗？

（6）让人家笑话不？→＊让不让人家笑话？→让人家笑话吗？

（7）尝尝不？→＊尝尝不尝尝？→＊尝不尝尝？→尝尝吗？

（8）走走没？→＊走走没走走？→＊走没走走？→走走吗？

（9）考虑考虑不→＊考虑考虑不考虑考虑？→考虑吗？

（10）答谢答谢没？→＊答谢答谢没答谢答谢？→答谢了吗？

（四）"VP+Neg"可代替普通话中的"要不要……""是不是……"

普通话中的"要不要……""是不是……"正反问形式在东北官话中用

"VP+Neg?"形式代替。例如，

　　（1）把饺子热热不？——<u>要不要把饺子热一下？</u>

　　（2）给他点钱不？——<u>是不是给他点钱？</u>

　　（3）衣服洗不？——<u>要不要把衣服洗一下？</u>

第四节　选择问

　　选择问也是东北官话疑问范畴较为常见的一种疑问形式。东北官话选择问句中一般会在句末出现语气词，也有时因为语气较强硬，不需要添加语气词。本节主要讨论东北官话选择问的结构类型。

　　普通话中，选择问句用连词"（是）……还是……?"来连接两个选择项。东北官话一般会同时使用这两个连接词，或使用省略形式。根据省略的连词的不同，可以将东北官话选择问分为以下几个小类：

一、是……还（是）……啊？

　　（1）是吃饭还是吃馒头？

　　（2）是你今个走还是明个走？

　　（3）是你去还是她去啊？

　　在这类选择问中，第一个连词"是"不能省略，"还（是）"中的"是"可以省略，通常前后两项具有对举关系，以谓词性居多。如例（3）"是你去还是她去啊？"，选择项"你去"和"她去"构成对举关系。

二、……是……？

　　（1）你去是不去？

(2) 你吃是不吃？

(3) 小蒙，你接是不接？

(4) 这笔你用是不用？

这类选择问是将第一个"是"省略，将第二个"还是"中的"还"也省略的形式。此外，这类正反问还有一个显赫的特征，就是可供选择的两项之间是一正一反的关系，即是"VP+是+不VP"的形式。在肯定形式和相应的否定形式中选择一个，普通话有两种说法：一是用选择问的形式，如"是想去还是不想去？"；二是用正反问的形式，如"想去不想去"，但后者是常见用法。在东北官话中，也有这两种用法，只是都用省略式，选择问说成"想去是不想去？"；正反问说成"想去不"。这两种都很常见，二者功能不同。正反问是一般的正常的询问，而使用选择问时，是一种追问，预设已经问过相同的问题，至今尚未有答案，因而再次发问。因此，这种选择问会表示一种深究性，甚至会带有说话人不耐烦的情绪。例如，"去还是不去啊？"说话人希望得到准确答案，这句话的隐现前提是说话人已经等了很久了，带有不耐烦的情绪。

三、（是）……还是咋的？

(1) 你是去还是咋的？

(2) 你是玩还是咋的？

(3) 穿这个还是咋的？

(4) 吃饺子还是咋的？

在东北官话中，还存在用前一连接词"是"连接具有实际意义的谓词，而另一连接词"还（是）"连接"咋的"的选择问句，其中前一连接词还可以省略。"咋的"具有谓词性，是指除前一项选择外其他可能存在的选择。例如，"吃饺子还是咋的"意思是说话人询问听者是打算吃饺子还是打算吃别的，听话人要在吃饺子和除了饺子以外还可以吃的食物之间进行选择。而且，在使用这种选择问时，说话人是有心理判断的，他认为对方会选的那项会放在选择问的前项。回答一般先会对前项做个判断，在回答"吃饺子还是咋的"时，回答一方即使不选择前项"吃饺子"而有其他答案，也会说"不吃饺子，吃面条"。首先是对"吃饺子"的否定判断，然后再给出自己的答案。

四、（是）……还是啥/谁啊？

选择问句除了可以对谓词性成分进行询问外，还可以对人或事物等名词性成分进行询问，构成"（是）……还是啥/谁啊？"的选择问句，第一个连接词"是"也可以省略。例如：

（1）是钱还是啥啊？

（2）橡皮啊还是啥啊？

（3）是你爸还是谁啊？

（4）小蒙还是谁啊？

当选择问的前项是名词性成分时，选择问的后项用名词性疑问代词"啥"来询问跟前项相关的可能作为询问点的事物，用"谁"来询问跟前项的人相关的可能作为询问点的某个人。例（1）"是钱还是啥啊？"询问袋子里装的是"钱"还是其他可能的东西。例（4）询问是"小蒙"还是其他可能相关的人。

第五节　反问模式

东北官话存在着一定的具有特色的语法现象，反问句就是其中之一。跟普通话相比，东北官话中的反问句不仅使用频率高，而且数量多，结构形式灵活，语义功能多样。我们对东北官话反问句的结构类型和语义功能做穷尽性的描写分析，以构建东北官话反问句的总体概貌，并对东北官话最为常用的由"咋的"构成的反问系统进行个案分析。

一、东北官话反问模式概貌

东北官话的反问句使用频率高，用法灵活。下面对东北官话反问句的结构类型加以全面梳理，同时分析每类结构的使用特点，并将其与普通话的用法相比，从而进一步揭示东北官话反问句的独特之处。

（一）东北官话反问句的结构分析

东北官话反问句的结构类型灵活多样，包括是非问、特指问、正反问和选择问四种形式。但每一种形式内部都存在着和普通话的不同之处，下面详细讨论。

1. 是非问形式的反问句

常见的由是非问形式构成的反问句包括由疑问语气词构成的是非句和不含疑问语气词、仅由疑问语调构成的是非问两种形式。

（1）包含疑问语气词

（1）A：我眼镜呢？

B：这不你眼镜吗？

（2）都抹脚了不吗？

（2）不含疑问语气词

东北官话是非问形式反问句的最大特点就是经常省略判断动词"是"。

例（1）言者想表达的意义是"这是你眼镜"，如果用反问句，普通话一般说成"这不是你眼镜吗"。但是东北官话的反问句通常像例（1）这样说。

例（2）用普通话说应该是"都抹脚了不是吗"，但东北官话中的"是"在反问句中没有出现，否定副词"不"直接出现在语气词"吗"的前面。

2. 特指问形式的反问句

东北官话特指问形式的反问句最具地方特色，不仅疑问词多，而且由疑问词构成的疑问形式也比普通话丰富，有些形式可能不容易被外地人理解。下面从特指问中疑问词的类型入手，全面展示东北官话的这类反问句。

（1）"啥"类

可以说，"啥"本身就是东北官话中极为常用的一个疑问代词，由"啥"构成的反问句自然也非常常见，而且具体用法较为灵活多样。其中的"啥"都可以替换为"什么"，只是后者在东北官话中几乎不用。

①VP 啥

在东北官话中，这类由动词或形容词跟"啥"构成的反问句较为常见。使用这类反问句一般有两种情况。第一，当言者对听者的行为或观点不满意，从而让对方停止动作或打消念头时，常常用这类反句形式，如下面例（1），而不是直接说"你别抱了"。第二，当听者想对言者的提问做出否定回答时，也常常用反问句来应答，如例（2）中的"我还去啥"，句尾还可以带语气词"啊"。有时后面还跟着一个从正面直接陈述的否定句，如例（2）中的"不去了"，从而增强了否定语义。再如，"漂亮啥？一点也不漂亮"，"去啥？不去了"。例如：

（1）你瞅人这老多，他都睡了，你说你抱啥呀？

（2）A：你还去不？

　　　B：你都这么说了，我还去啥？不去了。

②×啥×

这里面包括两种情况：一是前后×相同，"×啥"的后面再重复使用一次×，就构成此类反问模式，如上面的例（1）和例（2）。再如，"我去啥去呀，人家根本没邀请我"，"他忙啥忙？我看他整天闲得难受"。去掉后一个VP，仍然是一个反问句，只不过加上VP后，反问语气更强烈一点，对VP的否定具有不容置疑的意味。二是前后两个×原本是一个词或一个短语，如下面例（3）和例（4）中的"着急""和好"，"啥"用在其中，表示对整个词语的否定。例如：

（1）我喝啥喝呀？我还没吃饭呢。

（2）还研究啥研究啊？快拉倒吧。

（3）着啥急呀？

（4）还和啥好呀？

③ VP 啥的

VP 后面加"啥的"构成的反问句也是东北官话的一种反问模式，只是在使用上受到限制，VP 只限于"忙、急、烦、气、怕"等，这类词具有通过一定的动作、体态、表情将内在心理表现出来的特征，尽管语义内涵是抽象的，但是可以让人看到、听到或感受到。比如，下面例（1）中的"忙"一定是通过大口吃饭、狼吞虎咽等动作表现出来了，即对方也看到了"忙的样子"；如果一个人不停地走来走去、露出焦躁的神情，我们会看到他"急的样子"。当说话人看到对方呈现出 VP 的样子时，以反问的方式劝说对方别 VP。例如：

（1）你看你慢点吃，忙啥的？

（2）A：嗑啥瓜子啊？

　　　B：嗑瓜子怕啥的啊？

④VP 的啥事啊

这是一种比较通用又相对固定的反问句，说它通用是因为这类句子以反问的语气表达了说话人的不满意、不高兴甚至气愤和愤怒。说它固定是因为其中的 VP 仅限于能跟"啥事"搭配的动词，主要是"整、办、做"，其中"整"最为常用。此类反问句可以通过较强的语气质问听话人，此时通常有主语"你"，比如，下面的例（1）。也可以通过较弱的语气自言自语，委婉地表达说话人的不满和失望，此时通常以"这"为主语，比如，下面的例（2）。

（1）你办的啥事啊？

（2）这整的啥事啊？

⑤啥玩意

这是一个以反问语气表示否定语义的固定结构，可以单独使用，也可以做谓语和主宾语。当"啥玩意"单用时，通常语气比较强烈，表示对人或事件的不满或指责，认为不应该是这样的。如下面例（1）"啥玩意"后面出现了"这样式的"，其指代的具体内容正是"啥玩意"所否定的，在这句话中以显性的方式表现出来。当然，"这样式的"也可以不出现，以隐性方式存在，由于语境和语篇的原因，只说"啥玩意"也是对"这样"的否定。例如：

  （1）啥玩意？这样式的。

  （2）这啥玩意？白说了。

  （3）你说啥玩意？孩子这忙的，不能把场子扔了啊！

  （4）啥玩意能懂啥？

  "啥玩意"做谓语时，主语通常是"这、那"，"啥玩意"是对主语所指代的人或事物的不满和否定。另外，"这啥玩意"还有另一种用法，以一种自言自语的方式表达对刚刚发生的事情的不满，刚才的事情没有办成，问题没有处理好，事态没有向自己预计的方向发展，由此而生发的不满意又无力改变，随即以嘟囔的方式表达一种后悔、无奈、不满的意思。如例（2），此种用法的反问语气较弱。

  "啥玩意"做主宾语时跟前两种情况不同，"啥玩意"相当于"啥"，例（3）就是"你说啥"，用陈述语气表达就是"你不能这么说"；例（4）就是"啥能懂啥"，第二个"啥"不表疑问，是一种虚指用法，用陈述语气表达就是"当然能懂啥"。

  ⑥VP 干啥

  这类反问句也较为常见，其中的 VP 都指动作行为，"干啥"就是对发出 VP 这个动作加以否定。再如，"浪费这时间干啥，走吧"。

  （1）你说那些干啥呀？赶紧写礼，写完礼好进去。

  （2）没事儿上这来干啥？

  ⑦去（来）干啥去（来）

  这类反问句相对固定，不能更换其中的成分，下面例（1）停顿处在第一个"去（来）"的后面，它以反问的语气表达对"去"或"来"这两个动作的否定。这类构式跟"去（来）啥去（来）"是有差异的，后者是单纯的对

"去"或"来"这两个动作的否定，而这类构式还涉及"去"和"来"后面的表示目的的谓词性成分，其与"去"和"来"构成连谓结构，这类反问句是对整个连谓结构的否定。对"去"和"来"动作本身的否定，是以对表目的的 VP 的否定为前提的。比如，"我可不去跟你们凑热闹，我去干啥去呀"，不能跟你们凑热闹，是"去干啥去"的前提。例如：

（1）我也没随礼，跟人没过，我去干啥去呀？

⑧啥 NP 啊

这类反问句有两种用法：第一种表示对 NP 的不满以及对说话人的指责，认为 NP 不好，NP 不应该是这样的。下面例（1）就是此种用法，语义为"你不应该是这个态度"。另一种是一个否定判断，如例（2），语义为"这不是我哥"。例如：

（1）你啥态度啊？
（2）A：这是你哥吗？
　　　B：啥我哥呀，这是我爸。

⑨啥 VP 的

这类反问句也表示一个否定判断，如下面例（1）的语义为"不是有意的"，再如，"啥你买的呀？我买的"语义为"不是你买的"。可以看出，用陈述句直接表述时判断动词"是"一定出现，而用这类反问句时，"是"一般不出现。例如：

（1）啥有意的，我能有意吗？

⑩啥样

"啥样"经常做谓语和补语，并常跟"都"搭配使用，说话者以不满的语气批评和指责对方做得不对。再如，"都乱成啥样了，你还不收拾"。例如：

（1）给咱家都折腾啥样了？你不知道啊？

（2）"咋"类

①咋

"咋"在这里表示原因，用"咋"构成的这类反问句表示以反问的语气指责对方不应如此。"咋"相当于普通话中的"怎么"，只是后者在东北官话口语中用得很少。例如：

（1）这咋还教训起我来了呢？

（2）什么玩意？你没看我正忙着呢吗，你咋看不出眉眼高低

来呢？

②咋的

东北官话中有一些由"咋的"构成的表达反问语气的疑问句式，这些疑问句式表达了一种不同程度和不同类型的反问语气。"咋的"是"怎么的"的意思，其功能相当于一个谓词，在东北官话中较为常用。"咋的"构成的反问句以反问的语气表示不解、埋怨、斥责、反驳等意思。"咋的"在东北官话中的这种独特用法是普通话中的其他疑问代词所不具备的。例如：

（1）那你看，累点能咋的呢？

（2）咋的这牌啊，这不有一炸吗？

（3）打你咋的？

"咋的"也可以换成"怎的""怎么的"，如下面例（4）和例（5），只是前者更为常用。例如：

（4）一个玩，当不当王八能怎的？

（5）那你看，累点能怎么的呢？

③"咋"隐现

东北官话中还有一种包含"咋"这个疑问代词的语义内容，但"咋"字却隐现的反问句，如下面例（1）。我们可以将"咋"字补上，例（1）的完整语义为"这么半天你（咋）还没找着坐呢？"。因此，这类反问句跟第一小类以"咋"构成的反问句的反问模式相同，只是反问语气比较弱，认为不应

该如此，表示"不解、揣摩"的意思。例如：

(1) 这么半天你还没找着坐呢？

(3)"谁"类

"谁"类反问句有两种用法：第一，全称否定，即以反问的语气表示一个全称否定判断，如下面例(1)的语义为"所有人都不是没有父母，没有亲人的"；第二，特指否定，即以反问的语气表示对说话人的否定，如例(2)的语义为"我不敢跟他一般见识"。其实，这一类也可以理解为第一种否定模式，例(2)也可以说是"所有人都不敢跟他一般见识"，只不过在一定的对话语境中，这个全称"所有人"有了固定的所指——说话人，"我"作为说话人得到了突显，成为否定的对象。

(1) 谁没有父母，没有亲人？

(2) 别问我，谁敢跟他一般见识。

(4)"哪"类

①哪

由"哪"构成的反问句是以反问的语气表示对谓词的否定，比如，"我哪去上海了"，语义为"我没去上海"。这类反问句在东北官话中的使用特点是经常省略谓词，如下面例(1)省略了谓词"有"，其语义为"没有那么多说道"。再如，"这话哪我说的呀"语义为"这话不是我说的"，反问句省略了谓词"是"。

(1) 自己家人，哪那么多说道啊？

(2) 我哪认识他？

②哪门子

"哪门子"用在述宾结构中间构成反问句，用于对整个词语的否定。如下面例(1)的语义为"你不应该生气"，再如，"这点道理都不懂，还读哪门子书啊"，语义为"这点道理都不懂，别读书了"。

(1) 我都不着急，你生哪门子气啊？

(2) 这大白天的，睡的哪门子觉呢？

228

3. 正反问形式的反问句

东北官话正反问形式的反问句也比较常用，从结构上看共有两类。

第一类的谓语部分是一个述宾结构，述语多由"能、是、可以"构成，宾语是一个谓词性词语，如下面例（1）的结构为"能不能+宾语"，例（2）的结构为"是不是+宾语"，反问句的语义可以描述为"能/是+宾语"。东北官话正反问形式还有一个特点，"是不是"经常省略为"是不"的形式，如例（3）。

（1）老刘啊，你能不能不让人笑话啊？

（2）那你说明年谢永强生孩子，咱是不是还得二百块钱？

（3）你说咱跟这样的人做亲家，是不丢死人了？

（4）你看看，带不带劲（漂亮）？

第二类是以形容词的正反问形式构成的反问句，多为 AB 式性质的形容词，重叠形式为 A 不 AB，A 一定要重读，通常前面有提醒别人注意的插入语，如上面例（4），其语义为"带劲"。

4. 选择问形式的反问句

这类反问句也比较常用，虽然是选择问的形式，但说话人的语义十分明确，整个反问句否定前一分句，肯定后一分句。如下面例（1）的语义是"吃不重要"，例（2）的语义是"她的事不大"。

（1）那是吃重要还是脚重要啊？

（2）你现在有事也不行啊，你说她的事大，还是咱家现在这事大呀？

东北官话的反问句不仅使用频率高，而且多个反问句连续使用的话语模式十分常见，连续使用两个反问句的现象比比皆是，连续使用三个反问句的也不在少数。例如：

（3）这不明摆着吗？这不拿着人家有外孙子，这不当姥爷了吗？这不在咱们面前这不掩咱们吗？还没看出来呀？

（二）反问句的语义分析

中外学者都将反问句的语义概括为"否定+命题"，认为反问句的反问口气相当于否定口气。如果我们用 p 来表示反问句的表层语义，则可以用-p 来表示其深层语义，即真实语义。"否定"的内涵是十分丰富的，涉及哲学、逻辑学和语言学几个领域，但无论如何，否定的语义都会通过一定的语法形式表现出来。

反问句隐含着否定语义，这些否定语义可以通过跟反问句相应的陈述句的形式表现出来，根据否定语义表现的不同形式，我们将东北官话的反问句从语义上分为两个大类，下面分别讨论。

1. 直接否定

反问句的否定语义仅通过添加否定词，而不需要添加其他词语就可以直接表示出来，称为直接否定。否定词通常是"不、没、别"。

（1）用否定词"不"表现出来

"不"的否定功能主要有下面几种：

①对将要发生的动作的否定

对将来时的否定一般用"不"，反问句中也是如此，只是常用副词"还"来加强否定语气。例如，下面例（1）的语义为"这不用你嘱咐"，例（2）的语义为"我不喝"。

（1）这还用你嘱咐吗？

（2）我喝啥喝呀？我还没吃饭呢。你顺便给我拿点大酱来。

②对"是"的否定

有些反问句是对判断动词"是"的否定，相当于做否定判断，无论反问句是肯定形式"是"，还是肯定形式"不是"，都认为这是在做否定判断，均用无标记形式"是"来代表。只是"是"在东北官话中经常省略，而且反问句本身多为否定形式。例如，下面例（1）的完整式应该为"你不是破费你这"，其语义为"你是破费你这"，例（2）的完整式应该为"我这不是好好跟你说呢吗"，其语义为"我这是好好跟你说呢"。

  (1) 你不破费你这？

  (2) 我问啥罪我问罪呀？我这不好好跟你说呢吗？

③对"能"的否定

  有些反问句是对能愿动词的否定，东北官话中"能"最为常用。例如，下面例（1）是否定形式，语义为"我不能不小心"；例（2）为肯定形式；例（3）是对能愿动词"敢"的否定。

  (1) 我还能不小心吗？

  (2) 那你看，累点能怎么的呢？

  (3) 谁敢跟他一般见识？

④对常理的否定

  对一般道理、常规和惯性的否定多用"不"，反问句也是如此。例如，下面例（1）中说话人的语境是家里正在办喜事，按常理来说，比其他事情重要，因此说话人以选择问的形式对前一分句做出否定，同时肯定后一分句；例（2）的语义为"不争气"。

  (1) 你说她的事大，还是咱家现在这事大呀？

  (2) 咱这俩玩意，他争气吗？

  (2) 用否定词"没"表现出来

  "没"主要用于否定已经发生的动作、性状，有些反问句的否定语义就是通过"没"来表现的。例如，下面例（1）的语义为"那钱我没贪污"，例（2）的语义为"我说这话没有毛病"。

  (1) 另外，你不说一下子，怎么那钱我贪污了是怎么的？是吧？

  (2) 怎么的？嘴碎，我说这话有毛病吗？想抱孙子不对呀？

  (3) 用否定词"别"表现出来

  东北官话有些反问句具有祈使语气的功能，用于劝阻或禁止，例如，下面例（1）的语义为"你别说那些了"，例（2）的语义为"别忙"。

(1) 你说那些干啥呀？赶紧写礼，写完礼好进去。

(2) 你看你慢点吃，忙啥的？

2. 间接否定

反问句的否定语义不能仅通过添加否定词，而需要添加其他词语才可以表示出来，称为间接否定。

（1）用"不应该"表现出来

这类反问句表示否定语义的同时，更为明显地表露说话人的主观态度和主观情感，多为不满、抱怨、置疑，认为对方的行为是不正确的。

①否定上下句

下面例（1）的语义为"不应该这样整"，是对前句所述动作行为的否定。例（2）不满的语气更为明显，是对后一句动作行为的否定，"不应该这样式的"。例（3）的否定语义更为隐晦，抱怨语义极为明显，说话人通过抱怨间接指出前一件事情做得不对，其语义为"你不应该整上回那事"，也是对前一句的否定。

(1) 你看你别又随我呀，你这一随我，好像你挺怕我似的，这整的啥事啊？

(2) 啥玩意？这样式的。

(3) 你上回整那事，给咱家都折腾啥样了？你不知道啊？

②否定本句

下面例（1）的说话人认为"他不应该这个态度"，例（2）的说话人认为"不应该教训起我来"。都表达了一定的不满和置疑。

(1) 你看他什么态度到这来？

(2) 这咋还教训起我来了呢？

（2）用"不能（不会）"表现出来

这类反问句用于表达说话人认为对方没有理由或没有必要这样做，是说话人的一种主观推测和估计，语气较为轻松。下面例（1）的说话人认为"你不能这烦我吧", 例（2）的说话人认为"按理说你不会是有意的", 例（3）的说话人认为"这么多年你不能不了解我"。

(1) 咋的, 你就这烦我啊?

(2) 你有意的怎么的?

(3) 这么多年你还不了解我?

(3) 用"不认为"表现出来

下述例（1）是由肯定和否定形式并列构成的正反问反问句, 语义为"咱是还得二百块钱", 从中似乎看不出反问句的否定语义是如何表现出来的, 没有添加否定词, 也没有添加其他词语, 反而是将表示否定的"不是"去掉了。这类反问句看起来跟一般反问句存在差异, 不符合反问句的语用功能, 但这其实是一种间接否定。这类反问句虽然包含正反两种形式, 但正面的是说话人所确定的, 即确定"是……"; 反面的是说话人要否定的, 即否定"不是……", 这种否定是间接的, 可以用"不认为……"的形式将其表现出来。例如:

(1) 那你说明年谢永强生孩子, 咱是不是还得二百块钱?

(2) 你说咱跟这让的人做亲家, 是不丢死人了?

(3) 老刘啊, 你能不能不让人笑话啊?

例（1）的语义为"不认为不是还得二百块钱", 正反问反问句的反面才是这类反问句的语义核心。例（2）是正反问的省略形式, "是不是"省略为"是不", 其语义为"不认为不丢死人了"。"是不"还可以进一步省略为"不", 例（2）变为"不丢死人了", 从正反问变成了是非问, 语义为肯定形式"丢死人了"。我们可以看出, 正反问的反面形式"不是"中的"不"是重要的核心成分, 不能省略。这类正反问的核心语义就在于对这个"不"的否定, 即"不认为不"。例（3）也是如此, 其语义为"不认为不能……"。

(三) 东北官话反问句的语用特点

普通话及其他方言中都有反问句, 但东北官话的反问句具有突出的语言特色。

1. 使用频率高

东北官话反问句在交际过程中的使用频率非常高，应答者的言语行为中通常会出现反问形式。我们对《乡村爱情交响曲》中的反问句做了抽样统计，第一集出现了 102 句，第二集出现了 108 句，这些数字表明，对于仅有 45 分钟的剧情来说，反问句的使用频率很高。

2. 连续使用

多个反问句连续使用的话语模式在东北官话中十分常见，连续使用两个反问句的现象比比皆是，连续使用三个反问句的也不在少数，下面对至少由三个反问句构成的反问句群加以分析。

从总体来看，反问句群成员之间的语义是密切相关的，这种相关性不是时间序列中的前后相继，不是情节序列中的环环相扣，不是空间和地域序列的承接。反问句群的语义具有自己的特点，大体可以分为三种。

（1）后句进一步解释前句

（1）这不明摆着事吗？这不拿着人家有外孙子，这不当姥爷了吗？这不在咱们面前这不掩咱们吗？还没看出来呀？

（2）还用问我吗？这么多年你还不了解我？我这心不都放果园身上了吗？

（3）你是人不是人啊？你那嘴能不能有个把门的？你少说一句能死啊？

例（1）连续使用四个反问句，后三句以反问的语气对第一句中"明摆着的事"加以解释，而仅仅解释并不是说话人言语行为的全部内容，还有一项更为核心的交际目的是将心中对对方的不满和责备通过言语表现出来。

例（2）连续使用三个反问句，后两个用来解释"还用问我吗"的原因。

例（3）也是连续使用三个反问句，第一句的语义为"你不是人"，说话人这样说是因为她认为对方这样说话不对，正常人不会这样说话。后两句进一步解释"你不是人"的原因，同时对对方加以否定和批评。

（2）后句跟前句语义相同

　　（1）那你说要孙子这个事我有毛病吗？我有什么错吗？不对吗？

　　（2）你没看我正忙着呢吗？你咋看不出眉眼高低来呢？我这抱着志高，我哪有时间啊？

　　（3）我说这话有毛病吗？想抱孙子不对呀？那你不想抱啊？

例（1）连用三个反问句，从不同角度阐释同一个语义，增加了反问气势，具有不容置疑的意味，并达到质问对方且让对方无言以对的效果。例（2）和例（3）也是如此。

（3）前两种情况交错使用

　　（1）广坤，你这不骂人呢吗？我能教他这个吗？再说，他一百天，他能懂啥呀？你这说话是不是未免有点太损点了？

　　（2）你给我闭嘴，大人说话你在这老插什么嘴呀？怎么不懂礼貌呢？这是不尊重老人知道吗？完蛋的玩意，你还在那说啥呀？你。

例（1）连用了四个反问句，第二、三句都是对第一句的解释，说话人认为自己没有做错，对方那样说话，是在骂人。第四句与第一句语义相同，突出表明不赞同对方的观点，不满意对方的言论。例（2）也是如此，第一句的语义为"不能插嘴"，第二、三句解释不能插嘴的原因，第四句再次表明观点，加强了反问语气。

3. 使用范围广

东北官话的反问句使用范围也比较广，不仅广泛用于不同年龄、性别、职业、阶层等社会团体中，而且用于交际过程的每一个阶段中，既有首发句，也有后续句，既有交际的起点，也有交际的终点。例如：

　　（1）老七：你说你这当老人的老给小蒙施加什么压力呀？
　　　　　广坤：我什么时候我施加压力了？这是我们老谢家子孙后代的事，知道不？

　　（2）玉田妈：你说咱跟这样的人做亲家，是不丢死人了？

　　　玉田爸：你说那有什么用？现在换也不赶趟了，你说那有

　　什么用啊？

　　例（1）和例（2）中交际双方的言语行为都以反问句开始，并以反问句结束。反问句既用于首发句，也用于后续句。

二、东北官话由"咋的"构成的反问系统

　　东北官话中有一个使用频率很高的疑问代词——"咋的（地）"，读作"zǎdi［t ʂa²¹³ti⁰］"，《现代汉语词典》（第7版）没有收录，一些方言词典比如《汉语方言大词典》只收录了"咋"，其中跟东北官话有关的词条有两项：

　　（1）<代>怎；怎么；怎样。举的例句是"我心想，不管~的，先看看再说。"

　　（2）<代>这样；如此。举的例句是"她不是李桂荣的相好吗？""可不是~的！"

　　《简明东北官话词典》收录了"咋的"，其解释为：

　　（1）怎的；

　　（2）怎么样。

　　《现代汉语词典》（第7版）和《汉语方言大词典》对"怎的"解释都是"怎么；怎样"。根据《简明东北官话词典》，"咋的"应该解释为：

　　（1）怎么，怎样；

　　（2）怎么样。

　　而这正是《汉语方言大词典》对"咋"一词的解释，这样看来，"咋的"和"咋"应该是同一个词，至少意义相同，那么《汉语方言大词典》"我心想，不管~的，先看看再说"中，替代符号"~"既然可以换成"咋"，也应该可以换成"咋的"，显然换成后者会出现羡余"的"。

　　其实，在东北官话中，"咋"和"咋的"是完全不同的两个词，"咋"就

是"怎",在东北官话中用法比较简单而固定,就是做状语询问性质、况状、方式、原因等,比如,"你咋不去了呢?""这可咋说呀?"而"咋的"作为疑问代词,不仅跟"咋"的用法相差很大,而且跟普通话中其他疑问代词的差别也比较大。可以说,东北官话"咋的"主要具有下面三个特点:

第一,从分布来看,"咋的"主要做谓语,功能相当于一个谓词。

第二,从语义来看,"咋的"具有实指和虚指两种意义:实指即表示询问,用于疑问句,比如,"他咋的了,怎么哭了?"虚指即没有疑问,用于陈述句,比如,"不管咋的,人家最后帮忙了。"

第三,从语用来看,"咋的"构成的疑问句并不限于特指问,还包括是非问和选择问。而且,由"咋的"构成的疑问句,都具有不同程度的反问语气。

此外,"咋的"在东北官话中的使用频率非常高。由此可以说,普通话中找不到任何一个词跟"咋的"的用法和使用频率都相同。还要指出的是,"咋的"在东北官话中没有《汉语方言大词典》所说的第二个义项——"这样,如此"的意思,我们认为"咋的"是疑问代词,而不是指示代词,原因下文有述。可见,"咋的"是一个还未有人揭开其神秘面纱的方言词,前人或对其认识不足,或对其认识存在偏差。鉴于此,我们通过对大量用例的详细分析,展示东北官话由"咋的"构成的疑问句的全貌,因为由"咋的"构成的疑问句都具有不同程度的反问语气,我们因此建筑了由"咋的"构成的反问系统,从中可以反映出"咋的"的上述三个特点,从而使人们对"咋的"的意义和用法有一个感性和理性的认识。

(一)由"咋的"构成的疑问句的类型及特点

做谓语是"咋的"的主要用法,由"咋的"做谓语构成的疑问句有三种类型:特指问、是非问和选择问。

1. 特指问句

以"咋的"为疑问代词和疑问焦点构成的特指问句可以根据主语功能的不同分为两类:

(1)主语是人称代词

(1)你们都看我干什么,我<u>咋的</u>了?我也没说什么呀?

（2）你怎么还说呢？不是告诉你别说了吗？你<u>咋的</u>？还越说越来劲了呢。

（3）A：你还想打我呀？

B：就打仗了，你<u>咋的</u>？

上述例句根据动作发生时间的不同，谓语"咋的"也用于表示不同的语义内涵。例（1）中"咋的"询问过去发生的动作行为，意为"做什么了""发生什么事情了"，表现了说话人对说话当时自身所处状况的一种否定性反驳。

例（1）中说话人反问"我咋的了"，就是不认为自己做错事情的意思。这种用法的"咋的"相当于普通话中的"怎么"，"咋的了"可以换为"怎么了"。例（2）中"咋的"用于询问目前进行的动作及性状，意为"是怎么回事"，表示了说话者不理解或置疑对方的行为，认为对方不应该有如此表现。例（2）中说话人反问"你咋的"，显然认为对方不应该说个不停。普通话中没有与这种用法的"咋的"相对应的代词，单独用"怎么"或"怎么样"放在这两个句子中都不能构成合格的句子，只能用"（是）怎么回事"来替代"咋的"。可以看出"咋的"跟"怎么"和"怎么样"都不同，"咋的"可以自由地做谓语，而"怎么"和"怎么样"不可以。例（3）中"咋的"用于询问将要发生的某种动作行为，相当于"做什么"，"你咋的"就是对"你能做些事情"的反驳。这种用法的"咋的"前面经常有能愿动词，可见"咋的"属于谓词。这种用法的"咋的"在普通话中可以用"能怎么样"来表示，一定得加能愿动词。

（2）主语是谓词性成分

这类句子的主语通常是动词性结构或主谓结构，表示过去、现在或将来发出的某种动作行为，谓语是"咋的"。这里"咋的"可以用"不是吗""不对吗"或"不行吗"替换，例（4）表示"我坐下歇会儿不行吗"，例（5）表示"打你不对吗、不行吗"。这种用法的"咋的"在普通话中可以用"能怎样"或"怎么了"替换。

（4）A：你怎么坐下了？没好呢。

B：我坐下歇会儿<u>咋的</u>了？还得累死呀？

（5）A：哎！你怎么打人呢？

B：我就打你了，打你<u>咋的</u>？

2. 是非问句

由"咋的"做谓语构成的是非问句也包含两种类型：一种是正式句，另一种是易位句。

（1）正式句

正式句的主语从语气角度来看有两种类型：一种是陈述语气，另一种是反问语气。

①主语为陈述语气

这类疑问句中并没有是非问句常见的疑问语气词"吗""吧"等，但其中做谓语的"咋的"可以用普通话中的"是吗""对吧""是不是"替换。如"过电了咋的"就是"过电了是吗"。普通话中没有与"咋的"相应的疑问代词，普通话中也没有此类疑问句式。

（8）看你抖的，过电了<u>咋的</u>？

（9）你还要跟我们一起去呀？不放心<u>咋的</u>？

②主语为反问语气

（10）A：听说他从镇上调回来了，这不挺好吗？

B：可不挺好<u>咋的</u>？

（11）A：人家都上城里打工去了，你知道不知道？

B：谁不知道<u>咋的</u>。

（2）易位句

这是一类由"反问句+咋的"构成的极为特殊的疑问句式，在结构和语义方面具有下列特点：

第一，主语一定包括否定语素。

第二，主语一定表达肯定语义，"可不是"的意思为"就是"，"那不得

239

去"意思为"得去","谁不知道"意思是"都知道"。

第三，主语不包含疑问代词时，整个句子只能用于后续句，作为对前一小句的回答，比如，例（10）就是对"这不挺好吗?"的回答。当主语包含疑问代词时，比如，例（11），整个句子可以作为一个独立的句子使用，而不一定用于后续句中。例如：

（12）A：明天早上你们一起从这儿发出，去城里培训。

　　　B：咋的，我也要接受培训吗?

（13）A：我今天不跟你去花圃干活了。

　　　B：咋的，没让你看二人转你生气了?

从结构上看，这类句子就是易位句的一种，主语位移到谓语的后面。从语义上看，"咋的"兼有"是不是"和"为什么"的意思，是不是发生了主语所指的事实，为什么发生? 既问是非，又问原因。从语用上看，"咋的"当然是全句的话题焦点，"咋的"后面还可以出现"呀、啊"这样的语气词，除表疑问外，还有提请对方注意的语用意义。"咋的"的这种用法在东北官话中较为常见，这类句式也是东北官话中较为常见的一种话语模式。

3. 选择问句

"咋的"在下面例（14）中充当其中的一个谓词性分句与"这差钱"构成选择问句，"咋的"与"差钱"构成可选项。"咋的"也在例（15）中与"心里憋屈"构成可选项，从中可见"咋的"确实具有谓词性。"咋的"可以用"怎么回事"替换，普通话中没有单独一个疑问代词的用法与此相同。

（14）A：别说话了。一会儿万一要有，咋整啊?

　　　B：你到底有没有? 这差钱还是咋的?

（15）你怎么老搁儿那撞大树呢? 你心里憋屈还是咋的呀?

（二）由"咋的"构成的疑问句的语义分析

东北官话由"咋的"做谓语构成的疑问句，总是包含一种反问语气，通过反问间接地表达说话者的主观态度。根据我们的考察，说话者的主观态度并不完全相同，因此可以把这些不同看成是强弱的差别。通过认真地归纳总结，我们将说话者通过"咋的"类反问句折射出的主观态度按照语义的强弱分为八种类型。

1. 不解、揣摩

由"咋的"构成的选择问句"是VP还是咋的"，表面上看是让对方从"A"或"咋的"中选择一个，实际上说话者旨在表现他对发生"VP"这样的事情很不理解，并且正在揣摩怎么会处于"VP"这样的状态，从而以反问的语气间接表达了说话人认为两者都不应该，也不可能选择的主观态度。如上面例（14）的真正语义是"不应该差钱，也不应该咋的"。这类反问句的主观态度最弱，"咋的"代替不用明确表示或是表义不明的信息，而"VP"才是语义焦点。

2. 不解、反对

东北官话中使用"咋的"构成的是非问句，如上面例（8）和例（9），表面上是询问主语的动作行为或意愿等是否发生或存在，实际上包含了表明说话人主观态度和主观判断的语义信息。具体来说，这类构式以反问的语气明确表达了"偏离说话者的主观预期"的语义内涵，如例（8）"过电了咋的"更准确地说是"难道过电了吗"，这意味着说话人认为对方不应该或不可能过电。例（9）"不放心咋的"就是"难道还不放心吗"，说话人认为对方不应该不放心或没想到对方会不放心。再如，"你还想打谁咋的"就是"难道你还想打谁吗"，说话人认为对方不敢打谁。从中不难看出，这类疑问构式以反问语气表达了说话人不解和反对的主观态度。

3. 置疑、责怪

东北官话由"咋的"构成的易位句式反问句，如上面例（12）和例（13），表面上是询问主语所指事件的是非及原因，实际上是以反问的语气揭示说话者不解和责怪的主观态度。如上面例（12）的真实语义是说话者对"接受培训"这件事感到意外，既不相信也不理解，进而有责怪对方之意。例（13）则表达了说话者认为对方根本不应该"生气"，带有明显的斥责语气。

跟前一种正式句形式的是非问句相比，易位句的反问语气更加强烈一些。因为易位句中主语后置，本来就有突显谓语的作用，这里"咋的"又是疑问焦点，而且带有明显的重音和上升语调，因此全句含有较为明显的质疑和责怪的语义。

4. 置疑、埋怨

由"咋的"做谓语与人称代词构成的特指问句，表面上是让对方就"咋的"做出回答，而这种用法的"咋的"通常用于不如意、不希望发生的动作或性状，上面例（1）的"我咋的了"的确切语义是"我做错什么了"，这句话实际上是以反问的语气表明说话人对"做错什么"的不认可，以及对持有"做错什么"的观点者的质疑和埋怨。因此，"我咋的了"就是"我没咋的"的意思，其中"咋的"重读，是句子的常规焦点。全句可以用升调，也可以用降调，反问的语气是不容置疑的。

5. 不满、斥责

"咋的"作为疑问焦点，表面上是问"是怎么回事"，如上面例（2）。但这种疑问形式并不是要求对方作答，而是直接表达了一种对对方不满意甚至批评的主观态度。例如，"你咋的？还越说越来劲了呢"直接表达了对"你"的批评与阻止。再如，"他们咋的呀？还闹什么？不是说给他们解决了吗"，直接表达了对他们"闹"这种行为的不满与斥责。因此，这类特指问构式是无疑而问，是典型的反问句。

6. 解释、申辩

从形式上看，暗含这类语义的句子是由"咋的"做谓语构成的是非问句形式，如例（10）"可不挺好咋的"相当于普通话中的"可不挺好是不是"，例（11）的"谁不知道咋的"相当于普通话中的"谁不知道是不是"，即对主语所指内容的"是"与"非"进行提问。但是，从句子的语义可以看出，这类疑问句不仅不向对方发出疑问，而且还做出了十分肯定的回答。对例（10）的回答就是"可不挺好"，对例（11）的回答就是"谁不知道"。而"可不挺好"本身就是一个反问句，意思是"挺好"；"谁不知道"本身也是反问句，意思是"谁都知道"。

这类句式通常作为应答句出现，是说话人对对方的提问所做的答复，"可不挺好咋的"是对"是不是挺好"的肯定性回答，"可不是你说的咋的"是对"这是我说的吗"的肯定性回答。跟"是你说的"相比，"可不是你说的咋的"这种反问形式更加增加了解释和申辩的语义。因此，虽然"咋的"可以省略，不影响结构的完整性，但是加上"咋的"更能突显说话者的主观态度。

7. 斥责、反驳

"咋的"作为疑问焦点，表面上是问"做什么"，但实际上以反问的语气直接表达了说话者对对方观点加以反驳的主观态度。"他还能咋的"的意思为"他不能咋的"，也就是"他什么都做不了"。

这类疑问句通常作为后续句出现，始发句一般陈述一个已经发生或将要发生的事实，比如，"结了婚生米做成了熟饭，他还能咋的"；或者指明一些主客观条件及其相应的后果，比如，"你要参与人家就撤出，你还能咋的"。后续句用这种带有强烈反问语气的疑问句来表明对前面陈述的事实束手无策，同时对对方持有的观点加以反驳和斥责，如"你还能咋的"的预设信息是"他想咋的"，这也是"他"所持有的观点，这类句子就是对"他"的反驳和斥责。

8. 不容辩驳

"咋的"表面上是询问对主语的评价，如上面例（5）"打你咋的"相当于"打你怎么了"，"打你不行吗"。但是"咋的"并不是疑问焦点，整个句子也不表示疑问，而是表示一种不容置疑、不容辩驳的主观态度，是对自己所持观点的强烈肯定。比如，"打你咋的"的意思是"我就是要打你"，说话者认为"打你"这个动作是他理所应当发出的，甚至不需要原因。这类反问句所表达的主观态度最为强烈。

综上所述，由"咋的"构成的疑问句的类型与其表示的主观态度之间具有一定的联系，如表9-5-1所示。

表9-5-1　由"咋的"构成的疑问句的功能分析

疑问句的类型	主观态度的强弱（从低到高）
一、选择问句（是差钱还是咋的）	不解、揣摩

续表

疑问句的类型	主观态度的强弱（从低到高）
二、是非问-正式句-正常语气（过电了咋的）	不解、反对
三、是非问-易位句（咋的，没让你去生气了）	置疑、责怪
四、特指问-替代过去发生的动作行为（我咋了）	置疑、埋怨
五、特指问-替代目前进行的动作性状（你咋的）	不满、斥责
六、是非问-正式句-反问语气（谁不知道咋的）	解释、申辩
七、特指问-代替将要发生的动作行为（你能咋的）	斥责、反驳
八、特指问-主语是谓词性成分（打你咋的）	不容辩驳

（三）"咋的"与"怎么""怎么样"的差异

在本节开头提到，一般人都将"咋的"解释为普通话中的"怎么、怎么样"，而我们则认为"咋的"跟任何一个疑问代词都不相同，具有自己独特的用法和语义。上文已经对"咋的"的全面用法进行了详细分析和总结，下面从是否可以替换的角度，讨论"咋的"跟"怎么、怎么样"的区别。

1."咋的"是否可用"怎么""怎么样"代替

我们所讨论的"咋的"能出现的语法位置共有八个（见表9-5-1），下面分别讨论其中的"咋的"跟"怎么""怎么样"的替代关系。

第一个位置中"咋的"不能换成"怎么"或"怎么样"，但可以换成"怎么了"。可以看出"怎么"做谓语是受一定条件限制的，即不能单独做谓语，做谓语要跟其他附加成分如"了"同现。

第二个位置中"咋的"不能换成"怎么"或"怎么样"，除非将"怎么"移至谓词性成分的前面，如"怎么不放心"，但这时"怎么"的意思及全句的语义都发生了变化，此处的"怎么"做状语询问原因。

第三个位置中"咋的"可以换成"怎么"，但是跟"咋的"还存在着三个方面的差异：第一，这不是"怎么"的常见用法；第二，据邵敬敏（1996）此处"怎么"的独立性较强，应该看作是独立成分，不是易位句，不能移到后面的谓语位置上；第三，据吕叔湘（1999），"怎么"用于句首，表示惊异，而"咋的"表示"质"疑和责怪。

第四个位置中"咋的"可以换成"怎么"，但是，"我咋的了"一般用于反问"我做了什么了"，普通话中往往直接用"做什么了""干什么了"来代替"咋的了"。"咋的"具有"做、干"的语义特征，而"怎么"的谓词性不强，没有这样的动作性特征。

第五个和第六个位置中"咋的"不能换成"怎么"或"怎么样"，否则句子不成立。

第七个位置中"咋的"可以换成"怎么样"。但是，"怎么样"做谓语主要用于询问状况，而不是询问动作，其常见用法是"他那人怎么样""其他学校怎么样"。而"咋的"做谓语主要用于询问动作，所以常作"能"的谓词性宾语，共同构成谓语部分，如"你能咋的"。我们在北大语料库检索到"怎么样"的用例9351个，其中"能怎么样"的用法仅159例，可见"怎么样"的动作性也较弱。

第八个位置中"咋的"可以换成"怎么了"，情况与第一类相同，"咋的"可以自由做谓语，而"怎么"一定与同现成分一起做谓语。

2."咋的""怎么""怎么样"三者疑问用法的差异

第一，"咋的"表疑问可以用于特指问句、是非问句和选择问句。"怎么"和"怎么样"用于特指问。

第二，"咋的"具有极强的谓词性和动作性，主要语法功能是做谓语，用于询问动作。"怎么"不具有谓词性和动作性，主要语法功能是做状语，用于询问原因或询问方式。"怎么样"具有谓词性，但不具有动作性，主要语法功能是做谓语和补语，用于询问状况。

第三，"咋的"表示一种反问语气，用于询问动作。据刘月华（1989）、邵敬敏（1996）、肖治野（2009），"怎么"的主要语法功能是做状语，用于询问原因或询问方式，用于询问原因时，"怎么"总是表示一种反诘的语气。"怎么样"一般不用于表示反问语气。

综上所述，"咋的"的主要用法是做谓语，询问动作，表示反问语气，我们就讨论表达反问语气的"咋的"，不包括非反问语气的用法。在表达反问语气的用法上，"咋的"的用法是独特的、无可替代的，普通话中的"怎么样"不能用于反问句，而"怎么"表示反问语气时仅用于询问原因，做状语。可见，东北官话中有一些由"咋的"构成的表达反问语气的疑问句式。这些疑问句式包括特指问、是非问及选择问三个大类共八个小类，其中每个小类都相应地表达了一种不同程度和不同类型的反问语气，因此，我们从总体上将由"咋的"做谓语构成的疑问句所表达的反问语气从弱到强分为八个等级。"咋的"在东北官话中的这种独特用法是普通话中的其他疑问代词所不具备的。

东北官话中的"咋"，其后面增加一个语素"的"变成"咋的"，但是"咋的"的语法功能跟"咋"完全不同。"咋的"具有动词的功能，而"咋"具有副词的功能。可以用朱德熙先生区别三个不同的"的"的方法，将"咋的"与"咋"不同的原因归结于"的"，那么，可以说"咋的"的动词性是其后面的"的"赋予的，即这个"的"是构成动词性成分的后附成分，我们大胆地将东北官话中"咋"后面的"的"称为"的$_4$"。东北官话中还有其他词语加"的$_4$"后具有动词性，如"必须的$_4$"，不再具有副词的功能，可以做谓语，可以独立成句，具备了动词的功能。

参考文献

一、著作

[1] 曹志耘. 汉语方言的地理语言学研究 [M]. 北京: 商务印书馆, 2013.

[2] 陈昌来. 介词与介引功能 [M]. 合肥: 安徽教育出版社, 2002.

[3] 陈彭年. 宋本广韵 [M]. 北京: 中国书店, 1982.

[4] 陈前瑞. 汉语体貌研究的类型学视野 [M]. 北京: 商务印书馆, 2008.

[5] 丁力. 现代汉语列项选择问研究 [M]. 武汉: 华中师范大学出版社, 1998.

[6] 丁声树. 现代汉语语法讲话 [M]. 北京: 商务印书馆, 1979.

[7] 傅雨贤. 现代汉语介词研究 [M]. 广州: 中山大学出版社, 1997.

[8] 高名凯. 汉语语法论 [M]. 北京: 商务印书馆, 1986.

[9] 何兆熊. 新编语用学概要 [M]. 上海: 上海外语教育出版社, 2000.

[10] 黄伯荣. 汉语方言语法类编 [M]. 青岛: 青岛出版社, 1996.

[11] 姜望琪. 当代语用学 [M]. 北京: 北京大学出版社, 2003.

[12] 李如龙. 汉语方言学 [M]. 北京: 高等教育出版社, 2001.

[13] 李小凡, 张敏, 郭锐. 汉语多功能语法形式的语义地图研究 [M]. 北京: 商务印书馆, 2015.

[14] 黎锦熙. 新著国语文法 [M]. 北京: 商务印书馆, 1924.

[15] 刘丹青. 语序类型学与介词理论 [M]. 北京: 商务印书馆, 2003.

[16] 刘丹青. 语法调查研究手册 [M]. 2 版. 上海: 上海教育出版

社，2017.

[17] 刘丹青，曹瑞炯. 语言类型学 [M]. 上海：中西书局，2017.

[18] 鲁允中. 普通话的轻声和儿化 [M]. 北京：商务印书馆，1995.

[19] 陆丙甫，金立鑫. 语言类型学教程 [M]. 北京：北京大学出版社，2015.

[20] 吕叔湘. 近代汉语指代词 [M]. 上海：学林出版社，1985.

[21] 吕叔湘. 中国文法要略 [M]. 北京：商务印书馆，1993.

[22] 吕叔湘. 现代汉语八百词 [M]. 北京：商务印书馆，1999.

[23] 聂志平. 黑龙江方言词汇研究 [M]. 长春：吉林人民出版社，2005.

[24] 马庆株. 汉语动词和动词性结构 [M]. 北京：北京语言学院出版社，1992.

[25] 马真. 现代汉语虚词研究方法论 [M]. 北京：商务印书馆，2003.

[26] 彭利贞. 现代汉语情状研究 [M]. 北京：中国社会科学出版社，2007.

[27] 齐沪扬. 现代汉语空间问题研究 [M]. 上海：学林出版社，1999.

[28] 钱曾怡. 汉语官话方言研究 [M]. 济南：齐鲁书社，2010.

[29] 桥本万太郎. 语言地理类型学 [M]. 北京：世界图书出版社公司，2014.

[30] 邵敬敏. 汉语方言疑问范畴比较研究 [M]. 广州：暨南大学出版社，2010.

[31] 邵敬敏. 现代汉语疑问句研究 [M]. 上海：华东师范大学出版社，1996.

[32] 沈家煊. 不对称和标记论 [M]. 南昌：江西教育出版社，1999.

[33] 沈家煊. 语法六讲 [M]. 北京：商务印书馆，2011.

[34] 石毓智. 肯定和否定的对称与不对称 [M]. 北京：北京语言文化大学出版社，2003.

[35] 石毓智，李讷. 汉语语法化的历程：形态句法发展的动因和机制 [M]. 北京：北京大学出版社，2001.

［36］史金生. 现代汉语副词连用顺序和同现研究［M］. 北京：商务印书馆，2011.

［37］太田辰夫. 中国语历史文法［M］. 北京：北京大学出版社，2003.

［38］王健. 苏皖区域方言语法比较研究［M］. 北京：商务印书馆，2014.

［39］王力. 中国现代语法［M］. 北京：商务印书馆，1943.

［40］王世凯. 东北方言与文化［M］. 北京：中国国际广播出版社，2014.

［41］吴福祥. 汉语语法化研究［M］. 北京：商务印书馆，2005.

［42］项梦冰. 连城客家话语法研究［M］. 北京：语文出版社，1997.

［43］徐赳赳. 现代汉语篇章语言学［M］. 北京：商务印书馆，2010.

［44］徐列炯，刘丹青. 话题的结构和意义的研究［M］. 北京：外语教学与研究出版社，2007.

［45］许慎. 说文解字［M］. 北京：中华书局，2013.

［46］杨荣祥. 近代汉语副词研究［M］. 北京：商务印书馆，2005.

［47］袁家骅. 汉语方言概要［M］. 2版. 北京：语文出版社，2001.

［48］张斌. 现代汉语描写语法［M］. 北京：商务印书馆，2010.

［49］张伯江. 从施受关系到句式语义［M］. 北京：商务印书馆，2009.

［50］张伯江，方梅. 汉语功能语法研究［M］. 南昌：江西教育出版社，1996.

［51］张国宪. 现代汉语形容词功能与认知研究［M］. 北京：商务印书馆，2006.

［52］张敏. 认知语言学与汉语名词短语［M］. 北京：中国社会科学出版社，1998.

［53］张亚军. 副词与限定描状功能［M］. 合肥：安徽教育出版社，2002.

［54］张谊生. 现代汉语副词研究［M］. 上海：学林出版社，2000.

［55］张谊生. 现代汉语虚词［M］. 上海：华东师范大学出版社，2000.

［56］张谊生. 现代汉语副词探索［M］. 上海：学林出版社，2004.

［57］赵元任. 汉语口语语法［M］. 北京：商务印书馆，1979.

［58］中国社会科学院语言研究所. 中国语言地图集［M］. 2版. 北京：

商务印书馆，2012.

[59] 朱德熙. 语法讲义 [M]. 北京：商务印书馆，2016.

二、译著

[1] BERNARD C. 语言共性和语言类型 [M]. 沈家煊，罗天华，译. 北京：北京大学出版社，2010.

[2] BERND H, KUTEVA T. 语法化的世界词库 [M]. 龙海平，谷峰，肖小平，译. 北京：世界图书出版公司，2012.

[3] GOLDBERG A E. 构式：论元结构的构式语法研究 [M]. 吴海波，译. 北京：北京大学出版社，2007.

三、期刊

[1] 柴世森. 试论汉语双音动词 AABB 重叠形式 [J]. 河北大学学报，1980 (1)：115-123.

[2] 常纯民. 试论东北方言程度副词 [J]. 齐齐哈尔师范学院学报，1983 (3)：115-121.

[3] 曹志耘. 南部吴语的小称 [J]. 语言研究，2001 (3)：33-44.

[4] 陈昌来. 汉语介词的发展历程和虚化机制 [J]. 柳州职业技术学院学报，2002 (3)：15-22.

[5] 陈鸿迈. 海口方言的指示代词和疑问代词 [J]. 中国语文，1991 (1)：34-40.

[6] 陈平. 汉语定指范畴和语法化问题 [J]. 当代修辞学，2016 (4)：1-13.

[7] 陈平. 释汉语中与名词性成分相关的四组概念 [J]. 中国语文，1987 (2)：81.

[8] 陈卫强. 汉语方言反复问句研究 [J]. 广西社会科学，2006 (9)：161-164.

[9] 陈一. 再论专职的名、动前加成分 [J]. 汉语学习，1997 (1)：10+

13+11-12+14.

[10] 陈玉洁. 中性指示词与中指指示词 [J]. 方言, 2011（2）：172-181.

[11] 陈泽平. 方言词汇的同源分化 [J]. 中国语文, 2000（2）：146-150+191.

[12] 陈泽平. 福州方言的否定词和反复疑问句 [J]. 方言, 1998（1）：63-70.

[13] 陈泽平. 北京话和福州话疑问语气词的对比分析 [J]. 中国语文, 2004（5）：452-458+480.

[14] 迟永长. 辽宁口语中的程度副词 [J]. 辽宁大学学报, 1996（6）：105-106.

[15] 褚泽祥. 单音名词的 AABB 叠结现象 [J]. 汉语学报, 2000（2）：19-32.

[16] 褚泽祥. 汉语规范化中的观察、研究和语值探求：单音形容词的 AABB 差义叠结现象 [J]. 语言文字应用, 1996（1）：80-85.

[17] 崔建新. 可重叠为 AABB 式的形容词的范围 [J]. 世界汉语教学, 1995（4）：14-22.

[18] 戴庆厦, 蒋颖. "参考语法"编写的几个问题 [J]. 云南师范大学学报, 2007（1）：109-113.

[19] 邓思颖. 问原因的"怎么"[J]. 语言教学与研究, 2011（2）：43-47.

[20] 董正存. 情状副词"反正"的用法及相关问题研究 [J]. 语文研究, 2008（2）：12-16+22.

[21] 董正存. 词义演变中手部动作到口部动作的转移 [J]. 中国语文, 2009（2）：180-183.

[22] 杜永道. 华县话反复问句的几种特殊形式 [J]. 中国语文, 1990（3）：186-187.

[23] 范庆华. 东北方言中附加式词 [J]. 延边大学学报（社会科学版）, 1992（2）：83-88.

［24］方梅. 指示词"这"和"那"在北京话中的语法化［J］. 中国语文, 2002（4）: 343-356+382-383.

［25］冯春田. 合音式疑问代词"咋"与"啥"的一些问题［J］. 中国语文, 2003（3）: 234-241+288.

［26］甘于恩. 闽方言疑问句比较研究［J］. 暨南学报, 2007（3）: 159-163+209-210.

［27］高航, 严辰松. "头"的语法化考察［J］. 外语研究, 2007（2）: 7-11+80.

［28］郭校珍. 山西晋语的疑问系统及其反复问句［J］. 语文研究, 2005（2）: 49-54+61.

［29］郭志良. 有关"AABB"重叠式的几个问题［J］. 语言教学与研究, 1987（2）: 60-70+36.

［30］郭中. 论汉语小称范畴的显赫性及其类型学意义［J］. 中国语文, 2018（2）: 163-176+255.

［31］郝红艳. 江苏沭阳方言的"待、搁、蹲"［J］. 方言, 2015（2）: 151-158.

［32］贺巍. 获嘉方言的疑问句: 兼论反问句两种句型的关系［J］. 中国语文, 1991（5）: 333-342.

［33］胡彩敏. "搁"的新用法: 介词［J］. 汉语学习, 2007（1）: 97.

［34］胡孝斌. 动词重叠AABB式的语法化［J］. 汉语学习, 2006（4）: 18-25.

［35］华玉明. 双音节动词重叠式AABB的状态形容词功能［J］. 唐都学刊, 2003（2）: 121-124.

［36］江蓝生. 时间词"时"和"後"的语法化［J］. 中国语文, 2002（4）: 291-301+381.

［37］金树祥. 基于大规模语料库的现代汉语AABB结构研究［J］. 山东理工大学学报, 2006（5）: 72-77.

［38］康瑞琮. 东北方言中的反复问句［J］. 天津师大学报, 1987（3）:

71-72.

[39] 李桂周. 也谈名词的 AABB 重叠式 [J]. 汉语学习, 1986 (4):
11-13.

[40] 李劲荣. 双音节性质形容词可重叠为 AABB 式的理据 [J]. 上海师
范大学学报, 2004 (2): 65-70.

[41] 李晋霞. 动词 AABB 重叠式探讨 [J]. 河南师范大学学报, 1999
(3): 85-88.

[42] 李明. 从"容"、"许"、"保"等动词看一类情态词的形成 [J].
中国语文, 2008 (3): 228-238+287-288.

[43] 李延瑞. 福州话反复问句的特点 [J]. 福州师范大学学报, 1987
(3): 94-102.

[44] 李荣. 官话方言的分区 [J]. 方言, 1985 (3): 2-5.

[45] 李如龙. 论汉语方言的类型学研究 [J]. 暨南学报, 1996 (2):
91-99.

[46] 李如龙. 关于方言基本词汇的比较和方言语法的比较 [J]. 汉语学
报, 2012 (3): 57-62+96.

[47] 李艳华. 谓词性 AABB 加叠的语义分析 [J]. 语言教学与研究,
2009 (3): 74-80.

[48] 李宇凤. 反问的回应类型与否定意义 [J]. 中国语文, 2010 (2):
114-123+191.

[49] 李宇明. 汉语复叠类型综论 [J]. 汉语学报, 2000 (3): 4-15.

[50] 李宇明. 论词语重叠的意义 [J]. 世界汉语教学, 1996 (1):
11-20.

[51] 梁晓玲. 黑龙江方言的量词 [J]. 方言, 2010 (3): 273-278.

[52] 林华勇. 现代汉语副词研究回顾 [J]. 中国语文, 2003 (2):
43-49.

[53] 刘翠香. 山东栖霞方言中表示处所/时间的介词 [J]. 方言, 2004
(2): 125-130.

[54] 刘丹青. 苏州方言的发问句与"可VP"句式 [J]. 中国语文, 1991 (1)：27-33.

[55] 刘丹青. 汉语中的框式介词 [J]. 当代语言学, 2002 (4)：241-253+316.

[56] 刘丹青. 汉语的若干显赫范畴：语言库藏类型学视角 [J]. 世界汉语教学, 2012 (3)：291-305.

[57] 刘丹青, 唐正大, 陈玉洁等. 汉语方言语法调查问卷 [J]. 方言, 2017 (1)：1-10.

[58] 刘延新. 谈东北方言形容词 Add—ddA 形式等 [J]. 辽宁大学学报, 1988 (6)：97-99.

[59] 刘宇. 东北官语中表持续体动词重叠的限制条件及其理据分析 [J]. 牡丹江师范学院学报, 2010 (2)：68-70.

[60] 刘月华. 用"吗"的是非问句和正反问句用法比较 [J]. 语言教学与研究, 1988 (2)：25-34.

[61] 柳英绿, 盛丽春. 东北方言与普通话附加式合成词对比分析 [J]. 东疆学刊, 2016 (1)：91-95+112.

[62] 陆俭明. 由"非疑问形式+呢"造成的疑问句 [J]. 中国语文, 1982 (6)：435-438.

[63] 陆俭明. 现代汉语副词独用刍议 [J]. 语言教学与研究, 1982 (2)：27-41+49.

[64] 罗福腾. 牟平方言的比较句和反复问句 [J]. 方言, 1981 (4)：284-286.

[65] 罗福腾. 山东方言里的反复问句 [J]. 方言, 1996 (3)：69-74.

[66] 聂鸿英. 东北方言名词略析 [J]. 延边大学学报, 2015 (4)：109-114.

[67] 聂志平. 黑龙江方言口语中的代词 [J]. 齐齐哈尔师范学院学报, 1995 (1)：81-87.

[68] 聂志平. 东北方言中带后缀"实"、"楞"的双音词语 [J]. 大庆高

等专科学校学报，1998（1）：60-66.

[69] 聂志平. 东北方言中一些带后缀的后附式双音词语 [J]. 呼兰师专学报，2000（2）：50-56.

[70] 聂志平. 黑龙江方言口语中的介词 [J]. 佳木斯大学社会科学学报，2003（2）：46-48.

[71] 聂志平. 从封闭形式类角度看黑龙江方言与北京话的一致性 [J]. 汉语学报，2006（2）：24-30+95.

[72] 马彪. 古代汉语状态词缀的变化发展 [J]. 语言科学，2008（5）：539-553.

[73] 马彪. 汉语状态词缀构成的语用词缀系统 [J]. 世界汉语教学，2010（2）：170-182.

[74] 马庆株. 自主动词和非自主动词 [J]. 中国语言学报，1988（3）：157-181.

[75] 米兰. 关于"谁们"的说法 [J]. 中国语文，1986（5）：361.

[76] 彭小川. 广州话是非问句研究 [J]. 暨南学报，2006（4）：112-117+152.

[77] 彭小川. 关于是非问句的几点思考 [J]. 语言教学与研究，2006（6）：1-8.

[78] 彭小川，张秀琴. 粤语阳江话是非问句句末的"麽"、"呢"连用 [J]. 中国语文，2008（1）：58-60.

[79] 彭兰玉. 衡阳方言的语气词 [J]. 方言，2003（2）：171-176.

[80] 覃远雄. 南宁平话的介词 [J]. 广西民族学院学报，1999（2）：85-87.

[81] 邱广君. 谈东北方言中的后缀"巴（儿）" [J]. 汉语学报，1998（5）：24-26.

[82] 任海波. 现代汉语 AABB 重叠式词构成基础的统计分析 [J]. 中国语文，2001（4）：302-308+383.

[83] 邵敬敏，王鹏翔. 陕北方言的正反是非问句：一个类型学的过渡格

式研究［J］. 方言，2003（1）：40-48.

　　［84］邵敬敏. 上海方言的话题疑问句与命题疑问句［J］. 华东师范大学学报，2007（4）：68-72.

　　［85］邵敬敏. 是非问内部类型的比较以及"疑惑"的细化［J］. 世界汉语教学，2012（3）：347-356.

　　［86］邵敬敏，周娟. 汉语方言正反问的类型学比较［J］. 暨南学报，2007（2）：108-117+155-156.

　　［87］施其生. 汕头方言的反复问句［J］. 中国语文，1990（3）：182-186.

　　［88］施其生. 台中方言的中性问句［J］. 语文研究，2008（3）：56-59.

　　［89］史金生. 情状副词的类别和共现顺序［J］. 语言研究，2003（4）：1-9.

　　［90］宋金兰. 甘青方言选择问的特点［J］. 民族语文，1993（1）：32-36.

　　［91］宋娜，贝罗贝. 保定方言时间前置介词"投"及其历时演变：兼与普通话后置介词"之前"比较［J］. 中国语文，2019（1）：102-110+128.

　　［92］宋学. 辽宁语音说略［J］. 中国语文，1963（2）：104-114.

　　［93］王红梅. 吉林洮南方言中的后缀"的"［J］. 北方论丛，2003（6）：77-80.

　　［94］王继红. 重言式状态词的语法化考察［J］. 语言研究，2003（2）：72-79.

　　［95］王建军. 与动词重叠式 AABB 相关的两个问题［J］. 徐州师范学院学报，1989（1）：103-110.

　　［96］王双成. 西宁方言的介词类型［J］. 中国语文，2012（5）：469-478+480.

　　［97］汪平. 苏州话里表疑问的"阿、曾阿、啊"［J］. 中国语文，1984（5）：354-356.

　　［98］王世华. 扬州话里两种反复问句共存［J］. 中国语文，1998（2）：

415-416.

[99] 吴福祥. 关于语法化的单向性问题 [J]. 当代语言学, 2003 (4): 307-322+379.

[100] 肖治野. "怎么1" 与 "怎么2" 的句法语义差异 [J]. 汉语学习, 2009 (2): 44-49.

[101] 谢晓安, 张淑敏. 甘肃临夏方言的疑问句 [J]. 中国语文, 1990 (6): 433-437.

[102] 徐杰. 疑问范畴与疑问句式 [J]. 语言研究, 1999 (2): 22-36.

[103] 徐烈炯, 邵敬敏. "阿V" 及其相关疑问句式比较研究 [J]. 中国语文, 2012 (5): 163-174.

[104] 严宝刚. 北京话介词 "奔" 的产生和发展 [J]. 长江大学学报, 2011 (7): 103-105.

[105] 杨德峰. 试论副词作状语带 "地" 的问题: 兼论重叠式副词作状语多带 "地" 的动因 [J]. 暨南大学华文学院学报, 2002 (3): 42-49.

[106] 尹世超. 东北官话副词 [J]. 中国方言学报, 2010 (1): 121-140.

[107] 尹世超. 东北官话的介词 [J]. 方言, 2004 (2): 117-124.

[108] 游汝杰. 吴语里的反复问句 [J]. 中国语文, 1993 (2): 93-102.

[109] 于霭芹. 广东开平方言的中性问句 [J]. 中国语文, 1992 (4): 279-287.

[110] 禹和平. 汉语双音节形容词 AABB 重叠式的语法功能考察 [J]. 云南师范大学学报, 1998 (4): 127-131.

[111] 袁毓林. 正反问句及相关的类型学参项 [J]. 中国语文, 1993 (2): 103-111.

[112] 袁毓林. 从焦点理论看句尾 "的" 的句法语义功能 [J]. 中国语文, 2003 (1): 3-16+95.

[113] 张爱民. 形容词重叠式作状语与作其它成分的比较 [J]. 语言教学与研究, 1996 (2): 67-78.

[114] 张伯江. 疑问句功能琐议 [J]. 中国语文, 1997 (2): 104-110.

[115] 张大鸣. AABB 式词浅析 [J]. 辽宁大学学报, 1986 (1): 26-27+7.

[116] 张国宪. 状态形容词的界定和语法特征描述 [J]. 语言科学, 2007 (1): 3-14.

[117] 张理明. 试论动词 AABB 重叠式 [J]. 汉语学习, 1984 (4): 1-11.

[118] 张敏. 从类型学和认知语法的角度看汉语的重叠现象 [J]. 方言, 2002 (4): 37-45.

[119] 张小克. 长沙方言的介词 [J]. 方言, 2002 (4): 331-339.

[120] 张小克. 略论普通话介词的数量 [J]. 辞书研究, 2004 (5): 155-157.

[121] 张秀松. "毕竟"的词汇化和语法化 [J]. 语言教学与研究, 2015 (1): 105-112.

[122] 赵果. 类型学视野下"头"的共词化分析 [J]. 当代修辞学, 2017 (3): 80-89.

[123] 朱德熙. 现代汉语形容词研究 [J]. 语言研究, 1956 (1): 83-112.

[124] 朱德熙. 说"的"[J]. 中国语文, 1961 (12): 1-15.

[125] 朱德熙. 关于汉语方言里的两种反复问句 [J]. 中国语文, 1985 (1): 10-21.

[126] 朱德熙. "V-Neg-VO"与"VO-Neg-V"两种反复问句在汉语方言里的分布 [J]. 中国语文, 1991 (5): 321-332.

[127] 朱景松. 动词重叠式的语法意义 [J]. 中国语文, 1998 (5): 378-386.

[128] 朱莹. 吉林市方言的儿化现象 [J]. 长春大学学报, 2009 (3): 38-40+57.

四、论文

[1] 盛益民. 吴语绍兴柯桥话参考语法 [D]. 天津: 南开大学, 2014.

［2］邢昌义. 东明方言介词研究［D］. 济南：山东师范大学，2012.

［3］张敏. 汉语方言反复问句的类型学研究［D］. 北京：北京大学，1990.

五、工具书

［1］陈刚. 北京方言词典［Z］. 北京：商务印书馆，1985.

［2］方清明. 现代汉语介词用法词典［Z］. 北京：商务印书馆，2017.

［3］汉语大词典编委会. 《汉语大词典》：第一卷［Z］. 上海：上海辞书出版社，1986.

［4］李荣. 现代汉语方言大词典［Z］. 南京：江苏教育出版社，2002.

［5］罗竹风. 汉语大词典［Z］. 上海：汉语大词典出版社，1991.

［6］马思周，姜光辉. 东北方言词典［Z］. 长春：吉林文史出版社，2005.

［7］孟琮，郑怀德，孟庆海. 动词用法词典［Z］. 上海：上海辞书出版社，1987.

［8］许宝华，宫田一郎. 汉语方言大词典［Z］. 北京：中华书局，1999.

［9］许皓光，张大鸣. 简明东北方言词典［Z］. 沈阳：辽宁人民出版社，1988.

［10］尹世超. 哈尔滨方言词典［Z］. 南京：江苏教育出版社，1997.

［11］尹世超. 东北方言概念词典［Z］. 哈尔滨：黑龙江大学出版社，2010.

［12］郑怀德，孟庆海. 形容词用法词典［Z］. 北京：商务印书馆，2003.

［13］中国社会科学院语言研究所词典编辑室. 现代汉语词典：第7版［Z］. 北京：商务印书馆，2016.

六、外文文献

［1］TRAUGOTT E C, TROUSDALE G. Constructionalzation and Constructional Changes［M］. Oxford：Oxford University Press，2013.

［2］HOPPER P J, TRAUGOTT E C. Grammaticalization［M］. Cambridge：Cambridge University Press，1993.

[3] LEVINSON S C. Pragmatics [M]. Cambridge: Cambridge University Press, 1983.

[4] DIXON R M W. Basic Linguistic Theory [M]. Oxford: Oxford University Press, 2009.

[5] LAKOFF G, JOHNSON M. Metaphors We Live By [M]. Chicago: ChicagoUniversity Press, 1980.

后　记

　　我对汉语语法的研究始于 2002 年，那一年我考上了汉语言文字学方向的硕士研究生，师从刁晏斌教授。老师的智慧、严谨、勤奋和对我们的严格要求深深地影响了我们，每周一次的组会、每周一次的检查读书笔记、一篇又一篇研究综述的写作任务等都让我不敢有一丝的懈怠。感谢我的恩师、感谢我的母校辽宁师范大学，我顺利地完成学业并顺利地考到了苏州大学攻读博士学位。在苏州大学读书的三年，是人生中无比幸福的光阴。我的博导朱景松先生治学严谨、宽厚仁爱，为弟子们提供了很多读书的便利。在老师的课堂上，我了解到太多以前不熟悉的领域，除了我的专业"语法学"之外，老师的"语义学""语言中的逻辑""西方语言学理论"这些课讲解细致，深入透彻。我沉浸其中，我喜欢语言学理论，喜欢语义学的研究方法，我享受着每一次头脑风暴。每次下课我都会带着问题向老师请教，现在想想，当时给我们讲授了一个下午的老师还要再回答我的问题，那时真的是不太懂事，不懂得体味老师的辛苦。这么多年，我一直感念师恩，无以回报。只是去苏州的时候去看看老师，几年前带着孩子去过一次，老师和师母非常开心，临走师母还给孩子带了一大盒巧克力……

　　我也十分感念苏州大学，它改变了我对大学校园的认知。百年东吴大学留下来的哥特式建筑群及中间那片大大的草地让我们十分向往，每天都有坐在那片草地上带着书、带着笔记本电脑的学生，三五成群地，在暖阳下享受午后光阴。那片草地的旁边还有校本部的图书馆，里面凉爽清新，也是午休的好去处。百年东吴大学除了那些老建筑，还有园林。曾经有一个绵绵的雨天，是那种在北方长大的我从未见过的那种细而绵的若有若无的雨，我从校园的九曲长廊经过，突然顿悟为什么江南自古出才子。我十分珍惜这样的求学生活，读书辛苦，却乐在其中。我的研究方向从硕士到博士一直都是汉语语法，研究对象主要是普通话的语法现象。博士期间，在老师的引导下，我对认知语言学及当时刚刚引入汉语语法学界不久的构式语法很有兴趣，毕业论文做了相关研究。

毕业后，我回到了我的母校工作，开始几年仍然做普通话语法研究。做方言语法缘于我所在的专业和团队承担了中国语言资源保护（辽宁汉语方言）调查与研究的任务，我也参与其中。在这5年的时间里，我对汉语方言有了进一步的认识。我扩大了研究视野，发现了汉语方言中的语法现象的研究价值。我的方言学和音韵学基础受益于苏州大学的汪平老师和张玉来老师，印象最深的是玉来老师的考核方式是闭卷考试，我们要背出他讲义中的韵和摄……这些知识背景和方言调查的实战经验让我对方言语法研究充满热情，也很想为家乡方言语法研究做出贡献。这几年我不断关注方言语法研究成果，默默向前辈时贤学习，逐渐习得了一些研究要领，此书是我多年研究的心得。

深深感谢我的导师刁晏斌教授和朱景松教授，感谢这些年传授我知识的所有老师们！感谢辽宁师范大学，感谢苏州大学！感谢学院洪飏院长对我的关怀和支持，感谢我所在的文学院语言学团队的支持和鼓励。感谢我的父母替我分担家务，照顾孩子。感谢爱人王虎，他是我求学途上和人生路上的好伙伴。感谢我的女儿王绎然，她聪明可爱，和我一起读书，一起努力。

　　我也深爱家乡，深爱东北这片土地，愿我的研究能为家乡尽一点绵薄之力。

张明辉

2022 年 4 月 12 日于大连清熙园